Die kühne Reisende

Vivienne de Watteville (1900–1957) besucht nach dem frühen Tod der Mutter, einer Engländerin, 1909 in England ein Internat. Die Ferien verbringt sie mit ihrem Vater Bernhard Perceval von Wattenvyl, ein Schweizer Maler, Abenteurer und passionierter Jäger. Sie erbt seine Freude am Abenteuer, am Nervenkitzel der Jagd, vor allem aber die Liebe zur Natur. Als junge Frau reist sie zweimal nach Kenia, 1923/24 gemeinsam mit dem Vater, 1928/29 nach seinem Tod allein. Ihre Erlebnisse und Eindrücke hält sie in zwei aufsehenerregenden Büchern fest: *Out in the Blue* (1927), dt. *In blauen Fernen*, und *Speak to the Earth* (1935), das hiermit erstmals auf Deutsch vorliegt. 1930 heiratet sie den englischen Offizier George Goschen, bekommt zwei Töchter und lebt bis zu ihrem Tod in England.

Klaudia Ruschkowski, Autorin, Kuratorin, Dramaturgin und literarische Übersetzerin, lebt in Volterra, Italien und Berlin. Sie konzipiert Kunst- und Literaturprojekte und ist als Hörspielautorin tätig. Sie übersetzt aus dem Italienischen und Englischen, zuletzt Etel Adnan, Vincenzo Latronico, Enrico Deaglio.

Susanne Gretter studierte Anglistik, Romanistik und Politische Wissenschaft in Tübingen und Berlin. Sie lebt und arbeitet als Verlagslektorin in Berlin. Sie ist Herausgeberin der Reihe Die kühne Reisende.

Vivienne de Watteville

Allein und frei

Rückkehr nach Kenia

Aus dem Englischen und mit einem Vorwort
von Klaudia Ruschkowski

Vivienne de Watteville
(1900–1957)

Denn dein Bund wird sein mit den Steinen auf dem Felde, und die wilden Tiere werden Frieden mit dir halten … Frage doch das Vieh, das wird dich's lehren, und die Vögel unter dem Himmel, die werden dir's sagen, oder die Sträucher der Erde, die werden dich's lehren, und die Fische im Meer werden dir's erzählen.

Hiob 5.23 und 12.7/8

Inhalt

Edith Wharton: Zum Geleit 9

Vorwort
von Klaudia Ruschkowski 13

Teil I

Bei den Elefanten

Kapitel 1 Aufbruch 25

Kapitel 2 Das Camp in Selengai 43

Kapitel 3 Momente, die wirklich zählen 65

Kapitel 4 Kidongoi und die Menschenfresser 80

Kapitel 5 Ol Doinyo Orok – der Schwarze Berg ... 105

Kapitel 6 Löwen und Elefanten 130

Kapitel 7 Zuhause in Namanga 157

Kapitel 8 Alles über Elefanten 177

Kapitel 9 Regenzeit 190

Teil II

Der Berg (Mount Kenia)

Kapitel 10 Die Berghütte auf dem Mount Kenia 209

Kapitel 11 Lake Ellis und Coryndon Peak 222

Kapitel 12 Einsamkeit, Bergseen, Gipfel und Gletscher 239

Kapitel 13 Das Feuer 266

Kapitel 14 Arche Noah 281

Edith Wharton

Zum Geleit

Ich erinnere mich noch daran, wie Du mir *Out in the Blue* gabst, liebe Vivienne, und ich nach der Lektüre ausrief: »Bitte schreib noch so ein faszinierendes Buch wie dieses, in dem aber niemand ein Tier töten will und alle für immer glücklich leben!«

Eine tollkühne Bitte, dachte ich nach genauerer Überlegung; nicht, dass ich an Deiner Fähigkeit zweifelte, noch so ein faszinierendes Buch zu schreiben, aber ich fürchtete, dass es über Großwild, das von menschlicher Gewalt nicht betroffen ist, kaum mehr zu sagen gibt als über Länder, die auch ungeschoren bleiben …

Nun, meine Befürchtungen waren unbegründet, ich hätte es wissen können. Denn schließlich (und Du hast es wohl vermutet, sonst hättest Du mich nicht um dieses Vorwort gebeten), habe auch ich dieses Leben gelebt und diese Sprache gestammelt, auch wenn es sich bei meinem Bergzelt nur um den Lampenschirm der Bibliothek, bei meiner Wildnis um einen Garten und bei meinen Gnus, die sich zum Trinken anschleichen, um zwei gerissene und hochnäsige Pekinesen handelte; und als Eingeweihte war mir bewusst, dass diejenigen, die wissen, wie man mit den Tieren spricht, auch wissen, wie man über sie spricht.

Wirklich wunderschön hast Du das auf diesen sonnendurchfluteten, winddurchwehten Seiten bewiesen. Von den Elefanten, die mit ihren Freunden toben oder Dir durch die Bäume ironisch zublinzeln bis hin zum allerkleinsten Vogel, der in Deine Hütte hüpft, alle hatten sie so viel zu erzählen, als hätten sie schon seit Ewigkeiten auf eine Vertraute wie Dich gewartet; und es wäre Dir wohl nie gelungen, all ihre Geschichten in ein einziges Buch zu packen, wenn der Engel des Feuers Dich nicht plötzlich aus dem Paradies vertrieben hätte, wo Ihr, Du und die Tiere, so glücklich um die Remington geschart lagt.

Aber, wie schade, dass er Dich so bald vertrieben hat! Ich bedaure den überstürzten Bericht dieser langsamen, schüchternen Verständigungsversuche; ich sehne mich nach einer Fortsetzung dieser Geschichte über Lebewesen, die auf Deinen dicht bevölkerten Seiten flüchtig auftauchen und wieder verschwinden wie die elektrisierenden Bekanntschaften, die man in der Hektik des Reisens macht und verliert.

Du hattest – jedenfalls scheint es mir so – genau die richtige Sprache gefunden, um uns von diesen Wüsten- und Bergfreundschaften zu erzählen; schwer zu fassende, behutsame Sätze, veränderlich und flirrend wie das Blattwerk ihres Waldes, und Worte, die sich ihnen wie Hände lockend entgegenstrecken. Seit Farrers naturhafter Sprache bin ich keiner mehr begegnet, die ihrem Gegenstand so angemessen gewesen wäre; und just in dem Moment, wo du dich dem geheimnisvollen Zentrum Deines Themas nähertest, als die Blumen und Vögel und die wilden Huftiere sich um Dich drängten, um Dir ihre letzten Geheimnisse anzuvertrauen – als Du sozusagen kurz davor warst, »das Ohr des Elefanten zu streicheln« –, kam der Absturz, der Himmel wurde schwarz, und die goldenen Tore fielen krachend zu. …

Doch glücklicherweise dank Deiner nicht für uns, Deine dankbaren Leserinnen und Leser. Da sind wir wieder, in Deinem unschuldigen Bestiarium, wir brauchen nur Dein Buch aufzuschlagen, oder auch nicht, um die nimmermüden Botschaften der Natur durch Deine Augen zu sehen und durch Deine Ohren zu hören.

Viele werden Dir das sagen, noch mehr werden es denken und hätten doch gern den Mut, Dir das auch mitzuteilen. Ich halte mich für privilegiert, denn ich durfte Dich als erste an Deine wilden Orte begleiten und erzählen, was ich dort vorfand, und andere einladen, meine Freude zu teilen.

Sainte Claire le Château, Januar 1935

Vorwort

I

Sieben Jahre hatten Bernhard von Wattenwyl und seine Tochter Vivienne für eine Expedition gespart, die sie durch Kenia, Uganda und Belgisch-Kongo führen sollte. Zwischen 1914 und 1916 war Bernhard bereits zwei Jahre in Zentralafrika gewesen, hatte eine Safari durch den Nordosten Rhodesiens unternommen und eine Sammlung von Trophäen mitgebracht, die er dem Naturhistorischen Museum Bern überließ. Bernhard von Wattenwyl beziehungsweise Bernard de Watteville, 1877 in Trélex in der französischsprachigen Schweiz geboren, stammte aus einer Berner Patrizierfamilie, war in Genf aufgewachsen und hatte in England Malerei studiert. Seine eigentliche Leidenschaft galt jedoch der Jagd, vor allem der Großwildjagd. Als das Berner Museum einen Kurator berief, der sich für die Erneuerung der Sammlung afrikanischer Tierwelt einsetzte, bot sich die lang ersehnte Gelegenheit: Die Museumsleitung erklärte ihre Bereitschaft, sich finanziell an der Expedition zu beteiligen, vor allem die Kosten für die Verpackung und den Transport von Häuten und Skelettteilen zu übernehmen. Bernard und Vivienne überschlugen ihre Ersparnisse: Aufgestockt mit einem Teil des Familienvermögens würde es reichen, um zwei Jahre unterwegs zu sein.

Am 4. Mai 1923 brachen die beiden von England aus auf und liefen einen Monat später in den Hafen von Mombasa ein. Vivienne war zweiundzwanzig Jahre alt. Sie hatte zugunsten dieses

Abenteuers auf ein Studium verzichtet. Sie würde das Reisetagebuch führen und die Expedition fotografisch dokumentieren. In Nairobi kauften sie Ausrüstung und Proviant und warben mit Hilfe des Jagdaufsehers nahezu vierzig Lasten- und Waffenträger, Abbalger und Hilfskräfte an, ehe sie sich im Juni zu Fuß auf den Weg in die Wildnis machten. Selbst damals war diese Art der Safari bereits aus der Mode, man bewegte sich in speziellen Jagdwagen, die großen Safaris waren in jeder Hinsicht weit großzügiger ausgestattet. Aber Bernard und Vivienne ließen sich ihren Enthusiasmus nicht nehmen. Fußmärsche erschienen ihnen entschieden romantischer als Autofahrten.

Sie wanderten nach Norden und an den Osthängen des Mount Kenia bis zum Oberlauf des Tana, weiter nach Meru, von dort über die Isiolo-Ebenen zum Uaso-Nyiro-Fluss und den Lorian-Sumpfgebieten, eine unendliche Weite aus Gras, Schlamm und Fata Morganas, stießen dann wieder auf den Tana und fuhren in Einbäumen bis zur Küste hinunter. In Lamu wurden die bisher erbeuteten Häute – Antilopen, Zebras, Giraffen, Hyänen, einige Löwen und ein Elefant –, an deren Konservierung Vivienne im Laufe der Zeit zunehmend verantwortlich beteiligt war, in Kisten verpackt, nach Marseille verschifft und von dort nach Bern transportiert. Sieben Monate dauerte dieser erste Marsch, bei dem sie etwa zweitausend Kilometer zurücklegten, mehrmals in Todesgefahr gerieten, sich beide mit Malaria infizierten und sporadisch unter heftigen Fieberanfällen litten. Doch die Jagd war erfolgreich, und Bernards Durst nach Aktion nahm unaufhörlich zu. Er schoss, was ihm an Großwild vor die Flinte kam.

Viviennes größte Freude lag in der Beobachtung der Tiere und der Landschaft. Die afrikanische Wildnis hatte sie gefangengenommen. Sie war in sie eingezogen. Bereits in ihrem ersten Buch *Out in the Blue* bemerkt sie, »dass wir nicht ein unendlich kleiner, von Raum und Zeit begrenzter Funke sind, sondern ein Teil von Himmel und Erde und allen Elementen, dass unsere Seele so weit ist wie die großen Fernen ...«. Schon bald begann sie, in Afrika »die wahre Freiheit« zu erfassen. Was sie trotz anfänglicher Gewissensbisse nicht daran hinderte, die »herrlichen Tiere« zu töten, fasziniert von dem Nervenkitzel, den sie bei ihrer Verfolgung empfand, »diesem Wahnsinn, wenn dir das Herz bis zum Halse schlägt, wenn du vor Angst und Aufregung keuchst, ja, dich fast Todesangst ergreift und du gleichzeitig fast gleichgültig und furchtlos bist«.

II

Vivienne de Watteville kam am 19. August 1900 in Hopesay, Shropshire, zur Welt. Bernard, kaum bei seinem Mallehrer Sir Hubert Herkomer in England eingetroffen, hatte sich in Florence Emily Beddoes verliebt, die Tochter von Henry Willoughby Beddoes, einem pensionierten Marinekapitän. Bernard und Florence heirateten am 13. Oktober 1899. Als kleines Mädchen besaß Vivienne, wie Fotos zeigen, viel Ähnlichkeit mit ihrer Mutter, hatte deren verträumte graue Augen. Mit zunehmendem Alter ähnelte sie zusehends ihrem hochgewachsenen Vater – die gleichen auffällig geschwungenen Lippen, der gleiche ruhige, direkte Blick. Als Kind nannte sie ihren Vater »Dadboy«, als junges Mädchen »Brovie«. Beide Namen passten zu Bernhard von Wattenwyl, einem Peter Pan, der nie wirklich erwachsen geworden war und den man häufig für Viviennes älteren Bruder hielt. Er war künstlerisch, musikalisch, philosophisch, aber sein Herz hing am Abenteuer.

Weihnachten 1909 starb Florence, kaum dreißig Jahre alt, an Krebs. Für Vivienne und Brovie brach eine Welt zusammen. Viviennes Erziehung teilte Brovie nun mit seiner Mutter Blanche Eléonore de Gingins, genannt Grandminon, eine emanzipierte und eigenwillige Frau, und mit Florences unverheirateter älterer Cousine Alice Mary Blandford, Tante Semi. Drei Individualisten, die Vivienne mit Zuneigung überschütteten, aber nicht in der Lage waren, eine Harmonie herzustellen, sodass Viviennes Leben, wie sie bald bemerkte, einem »Strudel aus Widersprüchen« glich. Vorbei war auch die Zeit der Kleider, Röcke und Rüschen, Brovie machte einen Jungen aus ihr, brachte ihr Fischen, Klettern und Schießen bei. »Seit ich klein war, habe ich alles durch die Augen eines Mannes gesehen, habe mich unter Männern zuhause gefühlt, ihre Gesellschaft bevorzugt und wusste wenig über Frauen«, berichtete Vivienne, »meine Jugend war die eines abenteuerlichen Jungen … Trotz dieser eigenartigen Erziehung war ich zum Glück ganz weiblich, besaß einen großen mütterlichen Instinkt, habe mich aber nie für häusliche Kleinigkeiten interessiert …« Grandminon hatte zweimal geheiratet, konnte die Männer im Grunde genommen aber nicht ausstehen. Tante Semi scheint diejenige gewesen zu sein, die zu vermitteln suchte und in der Vivienne eine schwesterliche Freundin fand. Von Brovie wurde sie fest an die Kandare genommen, er wachte eifersüchtig über jede ihrer Regungen. Fünfzehn Jahre lang übernahm sie die schwierige Rolle von Sohn, Tochter und Lebensgefährtin in einer Person.

Seit dem Tod der Mutter besuchte Vivienne eine Internatsschule, die Sommer verbrachte sie mit Brovie in Norwegen. Im Sirdal in der südnorwegischen Provinz West-Agder hatte er kurzerhand einen Berghang, einen Forellenfluss und zwei Seen gepachtet und eine Holzhütte gebaut. Brovie war der Kapitän, Vivienne hieß Murray, der erste Maat. Brovie jagte Schneehühner und Rentiere und trieb Vivienne die Berge hinauf, bis sie um Gnade flehte oder sich weinend vor Wut ins Heidekraut warf. Und doch war es, wie sie erinnerte, »die schönste Zeit, die man sich nur vorstellen konnte … und ich wurde dadurch so robust wie ein kleines norwegisches Pony.« Wenn dann gar nichts mehr half, fand sie Trost bei der Natur, die ihr im Laufe der Jahre immer mehr bedeutete: »Sie trat an die Stelle der Mutter, die ich geliebt und verloren hatte.«

III

Nach kurzer Station in Nairobi machten sich Brovie und Vivienne im Sommer 1924 zum zweiten Teil ihrer Safari auf. Zwei Monate wurde im kenianischen Aberdare Gebirge gejagt, dann ging es weiter nach Uganda und an die Grenze zum Kongo. Das unberührte Seengebiet im östlichen Kongo war damals ein Paradies für wilde Tiere. Es wimmelte von Antilopen, Wasserböcken, Büffeln und auch von Löwen. Brovie konnte nicht genug bekommen. »Es schien«, schrieb Vivienne, »als hätte er jede Hemmung, jede Vorsicht über Bord geworfen.« Zwölf Löwen hatte er bereits geschossen, in einer Woche allein fünf. Manche waren nur verwundet, und er setzte ihnen nach, bis er sie – oft aus nächster Nähe – töten konnte. Mit Mwanguno, dem Chefabbalger, und einigen Helfern schabte Vivienne die Häute – vor wenigen Monaten noch den Tränen nah beim Anblick der Kadaver, war sie nun fasziniert vom Auskratzen der Nasenlöcher, dem Abziehen der Ohren und dem Säubern der Lippen, verätzte sich die Hände durch die Säuren, die zum Gerben der Häute verwendet wurden, und hatte wegen ihrer Tatkraft im Camp Anerkennung gefunden.

Südlich von Lake Edward, im Grenzgebiet zwischen dem Kongo und Uganda, erlitt Vivienne einen schweren Anfall von Spirillumfieber. Brovie machte sich daher am 30. September 1924 allein auf den Weg ans Seeufer, zur Löwenjagd. Nur Stunden später schleppte er sich ins Camp, blutüberströmt, das Gesicht leichenblass, kaum fähig zu sprechen. Einem Löwen, den er angeschossen hatte, war er unüberlegt ins dichte Schilf gefolgt. Das Tier hatte ihm aufgelauert, ihn angegriffen, ihm furchtbar zugesetzt und seine Arme und Beine bis auf die Knochen zerfleischt, ehe er es mit einem letzten Schuss töten konnte. Der Löwe brach über ihm zusammen, die Klauen so tief in sein Fleisch gebohrt, dass er sie einzeln herausziehen musste, ehe er unter dem Kadaver hervorkriechen konnte. Viviennes einziger Gedanke bestand darin, Brovie, der entsetzliche Schmerzen litt, die nächsten sechs

Tage am Leben zu halten – so lange würde es dauern, bis ein Arzt einträfe. Brovie überstand die Nacht, überlebte den nächsten Tag, doch starb am Abend des 1. Oktober 1924 – nicht ohne seiner Tochter das Versprechen abzunehmen, die Haut »dieses herrlichen Löwen«, der ihm überlegen gewesen war, zu bewahren. »Wäre ich in der Zivilisation gewesen«, schrieb Vivienne an Alice Blandford, »ich weiß nicht, was aus mir geworden wäre, doch in der Wildnis – oh! Ich kann Dir nicht sagen, welche Kraft man aus diesen großen einsamen Weiten gewinnt …«

Vivienne präparierte den Balg, unter Schock und vom Fieber geschüttelt, ließ den Vater begraben und führte die Expedition – fünfzig Männer, die von ihr abhingen – nach Entebbe am Victoria-See.

Dann machte sie sich trotz aller Einwände noch einmal auf den Weg, um Brovies Sammlung mit einem »weißen Nashorn« zu komplettieren – das, meinte sie, war sie ihm schuldig. In ihrem dritten, posthum erschienenen Buch *Seeds that the Wind May Bring* heißt es: »Die Zeit, die ich nach Brovies Tod in der Wildnis verbrachte, gab mir ein so intensives Bewusstsein, dass die gewöhnliche Existenz zum Schatten verblasste. Dort draußen in der Weite des Kongo wurden die Weichen für mich gestellt … Für Brovie musste ich ein Buch über unsere Erlebnisse schreiben: *Out in the Blue*, der Titel stand schon fest. Dann würde ich frei sein, auch frei, um nach Afrika zurückzukehren, allein … um dem Geist zu folgen, der mich rief.«

IV

Nach allem, was sie erlebt hat, ist Vivienne de Watteville von einem Gedanken beseelt: Es muss möglich sein, dass der Mensch in Frieden mit der Natur lebt … dass er nicht als Jäger kommt, um zu töten, als Blindwütiger, um zu zerstören, sondern begreift, dass er genauso Teil der Natur ist wie jede Pflanze, jedes Tier, nicht mehr, nicht weniger.

Es wird nicht leicht, noch einmal und allein nach Afrika aufzubrechen. Vor der Welt begründet Vivienne ihre Unternehmung damit, sie wolle diesmal mit Fotoapparat und Filmkamera in die Wildnis gehen, um mit den Tieren Freundschaft zu schließen – ein Ansinnen, das bei der Mehrzahl ihrer Bekannten auf Unverständnis stößt. Nur von Grandminon kommt bedingungslose Unterstützung. Nachdem sie in Nairobi endlich die Genehmigung der Behörden erhalten hat, macht sie sich im Juni 1928 in Begleitung einiger der Träger, die bereits während der Expedition mit Brovie dabei waren, auf den Weg in das Massai-Gebiet an der Grenze zwischen Kenia und Tansania. »Ich ging zurück, auf meine eigene Art«, schreibt sie in *Allein und frei*. »Das erste Mal kam ich als Fremde. Ich wusste nicht, was Afrika für mich bereithielt. Jetzt kehrte ich zurück, weil ich unter seinem Bann stand. Afrika hatte mich gelehrt, dass man sich selbst nur in urwüchsigen Weiten finden, dass man nur dort die Bedeutung des Wortes Einheit erfassen kann.« Und: »Wer sein Leben finden will, muss es zuerst verlieren.«

Die Reise, die Vivienne in diesem Buch beschreibt, ist zum einen eine schmerzhafte Auseinandersetzung mit der Vergangenheit – alles erinnert an Brovie –, zum anderen eine Abbitte gegenüber den Tieren, die beide so hemmungslos gejagt hatten. Und schließlich begegnet man einer jungen Frau, die darum ringt, unabhängig zu sein, die lernt, auf eigenen Beinen zu stehen und den heikelsten Situationen mutig zu begegnen. Der es allmählich gelingt, den Schmerz zu akzeptieren und die Einsamkeit auszuhalten, sich in ihr zu erfahren, ohne zu zerbrechen, aus ihr schließlich Bewusstsein und Lebensfreude zu ziehen – im Einklang mit der Natur. »In der Natur lernst du, dich selbst als das zu erkennen, was dir am nächsten ist, womit du leben und arbeiten musst. Danach kannst du deine Existenz in den Millionen schöner und spannender Dinge um dich herum vergessen. Das ist die höchste Prüfung, da in der Natur nichts Falsches existieren kann.«

Allein und frei erzählt von den zwei Etappen dieser Reise: Während der ersten – sie dauert fünf Monate – nähert Vivienne sich den Tieren, beobachtet und fotografiert Zebras, Gnus, Giraffen, Nashörner, die Vogelwelt und vor allem Elefanten. Sie setzt sich und ihre kleine Truppe Gewaltmärschen aus, überwindet innere wie äußere Grenzen, besteigt den Ol Doinyo Orok, den Schwarzen Berg, kämpft sich durch Wälder und Sümpfe und ist mehr und mehr durchdrungen von der unbeschreiblichen Schönheit der Wildnis. Malariaschübe, kleinere und größere Katastrophen, elende Sehnsucht, Erschöpfung, Trostlosigkeit, die Erkenntnis, dass man den wilden Tieren zwar ab und zu nahekommen kann, dass aber stets ein entscheidender Abstand bleiben wird – all dies mündet dennoch in die Sätze: »Das erste Feuer züngelte unter dem Dach der Akazie, und aus der Stille jenseits von ihr drang der tausendfache Gesang der Grillen. Alles zusammen berührte eine halbvergessene Saite, erweckte eine Schwingung, die lange geruht hatte, und ich war plötzlich so glücklich, als wäre ich nach Jahren des Umherirrens nach Hause gekommen.«

Die zweite Etappe führt Vivienne auf den Mount Kenia. Den Januar und Februar 1929 verbringt sie in einer kleinen Hütte, dreitausend Meter hoch, auf dem Berg, der dem ostafrikanischen Stamm der Kikuyu als heilig gilt. Zwei Monate der Abgeschiedenheit, zum Teil mit Hezekiah und Magadi, den beiden einheimischen Begleitern, zum Teil vollkommen allein – eine spirituelle Reise. Vivienne erkundet die Bergwelt in all ihren Nuancen, schließt Freundschaft mit Vögeln und kleinen Tieren, sammelt Samen und Blumen, meditiert und schreibt. Im Januar wird sie Zeugin der dritten Besteigung des Mount Kenia durch Eric Shipton, Percy Wyn-Harris und Gustav Sommerfelt, die sie darauf zu den Südgletschern des Berges mitnehmen. Ein Buschbrand vernichtet Meilen von Wald und Heideland. Unzählige Vögel und Kleintiere flüchten sich in den Umkreis der Hütte, die wie durch ein Wunder von den Flammen verschont bleibt. Sie wird zu einer »Arche Noah«. Vivienne teilt ihre letzten Vorräte mit den Tieren, bevor sie schließlich ins Tal und in die Zivilisation zurückkehrt.

V

Als das Buch *Allein und frei (Speak to the Earth)*, das Vivienne zwischen 1929 und 1930 auf der Mittelmeerinsel Port-Cros wenige Kilometer vor der Côte d'Azur schrieb, im März 1935 erschien, hatte sich ihr Leben bereits entscheidend verändert. Auf der Fähre von Hyères zu der kleinen Insel, auf die sie sich nach ihrer Rückkehr aus Afrika geflüchtet hatte, war sie Captain George Gerard Goschen begegnet, von allen Freunden nur »Bunt« genannt. Fotografien zeigen, dass er Brovie bemerkenswert ähnlich sah, er muss aber, wie sein bester Freund Tommy Lascelles versicherte, »ein wahrer Sonnenschein« gewesen sein. Im Gegensatz zu Brovie, »dessen Suche nach Einfachheit«, so Vivienne, »ihn in ein immer dichteres Dickicht an Komplexität führte, *war* Bunt einfach … die Reinheit des Herzens«. Er teilte Viviennes Liebe zur Literatur, zu Musik und Natur. Die beiden heirateten am 23. Juli 1930 in Binsted, Hampshire – nachdem Vivienne Bunts Anträge mehrfach abgewiesen hatte, erfüllt von Panik, ihre soeben erst gefundene Freiheit gleich wieder zu verlieren. Aber: Die Ehe – Grandminon zufolge »das längste Wort, das unsere Sprache kennt« – wurde glücklich. 1933 verlor Bunt, der immer etwas zu tun hatte, aber nie einem wirklichen Beruf nachging, den größten Teil seines Vermögens an der Börse. Von da an lebte das Paar ausschließlich von Viviennes Kapital – zwischen 1932 und 1934 auf Wild Acre in Farnham, Surrey, dann mit den beiden Kindern Tana und David Bernard in Sussex, nur unterbrochen von kürzeren Reisen durch die Vereinigten Staaten, in die Schweiz und auf die Kanarischen Inseln. 1950 starb Alice Blandford und vermachte Vivienne ihr Haus in Hopesay. »Vivienne und Bunt«, schrieb ihre Tochter Tana Goschen, »lebten immer einfach und glücklich, und obwohl keiner der beiden eine professionelle Arbeit verfolgte, waren sie unentwegt beschäftigt und schrieben eine Menge, jeder in seiner ›Höhle‹.« Zwischendurch hielt Vivienne Vorträge über Afrika und verfasste Artikel für Zeitungen.

Zu Beginn des Sommers 1957, vier Jahre nach Georges Tod, wurde bei Vivienne Krebs diagnostiziert, es ging sehr schnell, sie starb am 27. Juli. Die letzten Wochen ihres Lebens nutzte sie, um alles zu regeln, ihre Augen der Augenbank zu vermachen und dafür zu sorgen, dass das Manuskript zu ihrem dritten Buch, *Seeds that the Wind May Bring*, in die richtigen Hände gelangte. Es sollte 1965 veröffentlicht werden.

Ihr Leben in Afrika hatte sie gelehrt, dass die höchste Botschaft der Natur in der Freundschaft Gottes liegt. Im Gegenüber mit der Natur, im Gefühl, ihr anzugehören, war Vivienne zu einem religiösen Menschen geworden, ein Prozess, den sie in *Allein und frei* zum Ausdruck bringt. Nicht ohne Grund setzte sie ihrem Buch einen Psalm voran, worin sich die Geisteshaltung zeigt, die sie durch ihre Erfahrungen gewonnen hatte.

So ungewöhnlich und mutig, wie Vivienne de Watteville lebte, starb sie auch, im Bewusstsein, dass das »Leben das herrliche Experiment ist und der Tod das große Abenteuer, wenn sich der Nebel endlich soweit lichtet, dass wir klar sehen können«.

Klaudia Ruschkowski

Literatur:

Vivienne de Watteville, *Out in the Blue*, Methuen, London 1927

Vivienne de Watteville, *Seeds that the Wind May Bring*, Methuen, London 1965

Alexander Maitland, Einführung zu Vivienne de Watteville, *Speak to the Earth*, Methuen, London 1986

Lukas Hartmann, *Die Tochter des Jägers*, Fischer Taschenbuch Verlag, Frankfurt a. M. 2004

Teil I
Bei den Elefanten

Kapitel I

Aufbruch

»Du hast also vor, schnurstracks auf einen wilden afrikanischen Elefanten loszusteuern und ihn zu streicheln?«, fragte er.

Verdrossen schnippte ich meine Zigarette ins Rote Meer. Die Leute zogen meistens solche Schlüsse, wenn ich ihnen davon erzählte. Aber von ihm hatte ich etwas anderes erwartet. Ich war enttäuscht. Warum hatte ich nicht einfach gesagt, ich würde nach Ostafrika zurückkehren, um Großwild zu fotografieren, und Schluss? Hätte ich meine Filmkamera nicht an der Flotte von kleinen, mit Waren gefüllten Booten ausprobiert, die sich in Aden auf unser Schiff stürzte, nichts hätte mir das Geständnis abgerungen, dass ich in ganz besonderer Absicht allein in die Wildnis ging. Als er aber zu bedenken gab, dass eine 16 mm Filmkamera bei wilden Tieren nicht viel ausrichten würde und hinzufügte, ein Teleobjektiv sei unerlässlich, tappte ich in die Falle.

»Die Fotos sind unwichtig«, entfuhr es mir, »es geht mir darum, mich mit den Tieren anzufreunden!«

Ich hatte wirklich gehofft, er würde es bleiben lassen, vorschnell über das Streicheln von Elefanten zu reden. Trotzdem erwischte es mich nicht ganz unvorbereitet. Es schien sich um die übliche Antwort zu handeln, für die sich selbst meine besten Freunde nicht zu schade waren, die mir alle einhellig eine kalte Dusche verpassten. Einsamkeit sei töricht, sagten sie, und sich mit den Tieren anzufreunden reiner Wahnsinn. Aber egal, was man auch vorhat, und sei es nur eine Fahrradtour – Freunde können anscheinend nicht anders, als einen davon abzuhalten, obwohl sie ja nicht entmutigend klingen wollen.

Die wichtigste – und einzige – Unterstützung erfuhr ich durch den Menschen, an den man zuletzt denken würde. Meine abenteuerlichsten Reisepläne stießen immer auf das offene Ohr meiner Großmutter. *Sie* verpasste mir nie eine kalte Dusche. Im Gegenteil, sie goss das entflammbarste Öl ins Feuer, und am Ende ließ sie sich unweigerlich von meinem Enthusiasmus anstecken und seufzte: »Ach, wenn ich nur vierzig Jahre jünger wäre, dann würde ich dich begleiten!«

»Einsamkeit? Das ist das Schönste auf der Welt«, erklärte sie, »nur so lernen wir einmal etwas.«

Vermutlich ist ihr nie in den Sinn gekommen, dass es gefährlich sein könnte, sich mit wilden Tieren anzufreunden, und unwahrscheinlich dazu. Ihr Glaube an das Vorhaben war grenzenlos. Sie schwärmte für Tiere und hielt es für eine schöne Idee. »Ich bin übrigens sicher, dass es dir gelingen wird, wenn du es ernsthaft versuchst«, setzte sie hinzu.

In mir keimte der heimliche Verdacht auf, meine Großmutter wäre auch überzeugt gewesen, dass es nur zum Besten sei, wenn ich mich einer Schar hungriger Löwenjungen zum Fraß vorgeworfen hätte – wie in der Geschichte von Buddha und der Tigerin. Aber das tut hier nichts zur Sache. Was ich wollte, war ihre Ermutigung. Sie verstand nicht nur, dass Afrika mich zurückzog, sondern auch, was an Afrika diese Sehnsucht geweckt hatte, die weder gestillt noch zum Schweigen gebracht werden konnte. Ihr Verständnis war Balsam und Motivation zugleich. Auch nur einen anderen Menschen zu finden, der etwas so betrachtet und empfunden hat wie wir, wappnet uns gegen eine Welt des Unglaubens.

Das erste Mal kam ich als Fremde. Ich wusste nicht, was Afrika für mich bereithielt. Jetzt kehrte ich zurück, weil ich unter seinem Bann stand. Afrika hatte mich gelehrt, dass man sich selbst nur in urwüchsigen Weiten finden, dass man nur dort die Bedeutung des Wortes Einheit erfassen kann. Diese Entdeckung war zu kostbar, um sie in den Alltag zu tragen oder in den groben Stoff von Worten zu kleiden. Nach außen tat ich also zwangsläufig so, als wolle ich mich mit den Elefanten anfreunden.

Das erste Mal war ich mit meinem Vater losgezogen, um eine Sammlung der Tierwelt Ostafrikas für das Naturhistorische Museum Bern anzulegen. Das war sein Traum gewesen. Wir hatten ihn beide lange geteilt und dafür gespart. Mein persönlicher Traum bestand aber immer darin, unbewaffnet in die Wildnis zu gehen und die Freundschaft der Tiere zu gewinnen. Ich beneidete niemanden mehr als Androklos, der durch Zufall einem Löwen begegnet war, dem ein Dorn in der Pfote steckte. Ihm gelang es, den Dorn herauszuziehen, und er erwarb sich dadurch die lebenslange Treue des Tieres.

Jetzt kehrte ich also auf meine eigene Art zurück.

Insgeheim und mit einem Nervenkitzel, als würde ich die Schule schwänzen, stellte ich nach und nach meine Ausrüstung zusammen und wurde schließlich gerade von denjenigen beschämt, die mein Vorhaben am meisten missbilligten. Sie versorgten mich mit jeder Menge Zubehör – aufgehäuft wie glühende Kohlen. Zumindest kam es meinem schlechten Gewissen so vor. Aber niemand nahm mich ernst. Als ich stolz verkündete, ich hätte meine Überfahrt gebucht, zuckten sie die Achseln, was heißen sollte, dass Überfahrten auch leicht wieder storniert werden konnten. Ich konnte es selbst kaum glauben, bis ich mich tatsächlich an Bord des wohlbekannten B&I Liners im Hafen von Tilbury befand, mit vor Aufregung klopfendem Herzen den Schiffsgeruch einsog und die Winden über der offenen Luke ein weiteres Mal knirschen und ächzen hörte.

Ich hatte eine Deckkabine backbord. Aus Erfahrung wusste ich inzwischen, wie es sich mit der Nachmittagssonne im Roten Meer verhielt. Während alle Welt hin- und hereilte, Mitteilungen verschickte, Gepäck anwies, nach Briefen oder Cocktails fragte und sich verabschiedete, war ich damit beschäftigt, mich einzurichten. Von Natur aus unordentlich, wirkte keine Regel stärker auf mich als die von der sprichwörtlichen Ordnung in einer Kapitänskajüte. Ich hatte mir größte Mühe gegeben, ein reisetaugliches Bücherregal und andere nützliche Vorrichtungen zu konstruieren, die eine Kabine oder ein Zelt innerhalb von kürzester Zeit in ein Zuhause verwandelten. Die Leute machen sich vor der Abfahrt sinnlos unglücklich, dachte ich, als ich Reisewecker, Aneroidbarometer und Kompass sorgsam symmetrisch im Regal verteilte. Einen Arm voll Lieblingsbücher, ein oder zwei Bilder und ein paar Decken und Baumwolltücher zur Tarnung des Gepäcks – das ist schon alles. Man nimmt sein Zuhause mit, wohin man geht. Das ist Freiheit im wahrsten Sinn des Wortes.

Ich liebte jede Schraube, jeden Bolzen der alten *Mantola*, erstens, weil sie ein Schiff war, und zweitens, weil sie mich zu meinem Herzensziel brachte. Ich musste mir um nichts Sorgen machen, weder um familiäre Bindungen noch um den Broterwerb. Mein Los war das beneidenswerteste der Welt. Ich war ein freier Mensch und brach auf eigene Faust zu einem Abenteuer auf.

Verzaubert sah ich Port Said wieder, blickte über die regenbogenfarbene Wüste, als wir den Suezkanal hinunterfuhren und angelte in Port Sudan die ganze Nacht lang nach unbeschreiblich leuchtenden Fischen. So jung und närrisch wie ich war, änderte ich das Programm, indem ich in pechschwarzer Nacht die schwindelerregende Eisenleiter zum Hafenleuchtturm hinaufkletterte und den erstaunten alten Araber, der dort Dienst tat, bat, mir das rotierende rote Leuchtfeuer zu zeigen. Die Operettenbilder des Ostens waren für mich so real wie die Arabischen Nächte, die Basare mit ihren farbenprächtigen Teppichen, Juwelen, Seidenstoffen und Schnitzereien – alle made in Birmingham, wie meine gescheiten Mitreisenden behaupteten – so echt wie die Schätze des Aladdin.

Und dann Afrika selbst. Für fast jeden an Bord etwas, wohin man nur widerwillig zurückkehrte. Eine weitere Amtszeit, ein weiterer Kampf mit den Kaffeepflanzen, mit allen möglichen anderen Feldfrüchten gegen Heuschrecken, Krankheiten und Dürren. Hitze, Staub, Beschwerden, Fieber, Einsamkeit, Elend und Exil – für all das stand Afrika. Ein herzloser Kontinent, dem man das eigene Auskommen abringen muss. Was immer man auch dort in Angriff nahm, es gab keinen einfachen Weg. Man arbeitete bis an den Rand der Erschöpfung und kämpfte meist einen aussichtlosen Kampf.

Auch ich hatte Afrika für unversöhnlich gehalten. Der Name beschwor endlose Märsche durch dornige Wüsten, Durst und Elend. Und wie all die anderen wurde auch ich so unwiderstehlich von ihm angezogen wie eine Nadel vom Magneten. War es nur, weil Afrika einen so viel erdulden ließ, einen aus einer allzu bequemen Zivilisation herausriss, um sich elementaren Schwierigkeiten und Gefahren zu stellen, einen den vitalen Problemen von Leben und Tod näherbrachte? Wer weiß. Jäger, Siedler, Regierungsbeamter – sie alle verfluchten Afrika, sie alle kehrten dahin zurück. Afrika erzeugt eine der stärksten Bindungen der Welt. Diejenigen, die es verlassen haben, werden meilenweit gehen, um jemanden zu treffen, der gerade von dort zurückgekommen ist, genau aus ihrem Gebiet. Hitze, Staub, Moskitos – banale Kleinigkeiten … im Nachhinein bedeutungslos. Was aber noch lange im Gedächtnis bleibt, ist jenes schwer fassbare Etwas, nach dem alle mehr oder weniger suchen und auf das Afrika, in seltenen Momenten an einsamen Orten, einen einzigartigen, unvergesslichen Blick gewährt.

Wir liefen in den Hafen von Kilindini ein, wo Palmen so grün und üppig an der Küste wehten, dass man meinte, eine Oase vor sich zu sehen, nach fast einem Monat auf See. Das Wasser lag still und blau wie in einer Lagune. Dann brach sich die spiegelgleiche Fläche vor den Kräuseln unserer Bugwelle, unsere Ankunft ließ etwa zwanzig leuchtendbunte Boote ausschwärmen – Kanus, Segelschiffe, einheimische Boote aller Art –, und kurz darauf war der Hafen ein Ort fröhlicher Lebendigkeit. Scharen schreiender, erwartungsvoller Einheimischer säumten den Kai, hier und da bahnte sich ein Inder, den man an seiner westlichen Kleidung und dem Tropenhelm erkannte, den Weg durch das Gedränge, und eine Handvoll Europäer wartete auf Freunde, die sich an Bord befanden. Überstürzt oder langatmig nahm man von Freundschaften Abschied, die im Laufe eines Monats entstanden waren, eilte zur Gangway und traf sich im Zollamt prompt wieder.

Dies erstreckte sich über eine halbe Meile, unter seinem Wellblechdach herrschte sengende Hitze, das Identifizieren und Zusammensuchen des Gepäcks dauerte lange und erforderte die ganze Aufmerksamkeit. Der Zoll auf Kameras und Schallplatten war horrend. Ich bildete mir auf meine Ehrlichkeit in solchen Angelegenheiten etwas ein, leider ein großer Fehler.

Aber selbst die Zollabfertigung kann nicht ewig dauern. Ich rief mir ins Bewusstsein, dass ich auf der geliebten, roten afrikanischen Erde stand und dass die Scharen schreiender, schwitzender Einheimischer in langen, weißen Kanzus oder khakifarbenen Shorts, das Hemd möglichst darüber, alle zum Bild gehörten.

Der Zug Nairobi – Kisumu – Entebbe war genauso voll mit grobkörnigem, rotem Staub und missmutigen, schwarzgekleideten amerikanischen Geistlichen, wie die Tradition es wollte. Vier Jahre hatten aber leider die Gewohnheiten verändert. Er war jetzt so unerhört modern, dass er einen Speisewagen besaß. Der Schaffner strahlte.

»Wir brauchen jetzt sechs Stunden weniger von hier bis nach Nairobi«, informierte er mich stolz. Ich hätte gern die sechs zusätzlichen Stunden in Kauf genommen und wäre, wie in den geruhsamen alten Tagen, zu den Mahlzeiten auf ein Nebengleis hinabgeklettert. Damals saß man mit den Mitreisenden an einem langen Tisch in der Bahnstation und wurde von einem

Heer fieberhaft umherschwirrender Inder bedient. Es ging dort viel zu bunt zu, als dass man allzu große Neugier auf das verschwendet hätte, was vor einem auf dem Teller lag, und zwischen den Bissen schaute man sich nach den perlengeschmückten und in Decken gehüllten Afrikanern um, die ihren Kopf zur Tür hereinsteckten. Hinter ihnen zeichneten sich die Konturen der Palmen und flachen Schirmakazien ab, schwarz vor dem hellen tropischen Mond. Zum Nachtisch gab es Papaya, vielleicht eine Grenadille oder einen Zimtapfel, und falls noch Zeit blieb, konnte man draußen mehr davon kaufen, malerisch von einem noch malerischen Einheimischen auf Matten drapiert. Damals hatte es der Zug nie eilig. Er stieß ein oder zwei ungeduldige Pfiffe aus, reine Formsache, worauf die Uneingeweihten ihren Kaffee in qualvoller Hast hinunterstürzten. Aber er wartete immer. Waren dann alle sicher an Bord, setzte er sich nach vielem Pfeifen und Schnauben, begleitet vom entzückten Geschrei der Zuschauer wieder in Bewegung, stieß Dampf aus und hinterließ einen Schweif aus Funken und roter Glut in der silbrigen Nacht.

Das waren die Tage der Romantik – mit einem großen R. Die menschenfressenden Löwen vom Tsavo, die während der Brückenarbeiten am Tsavo River zahlreiche Arbeiter der Kenia-Uganda Eisenbahnlinie getötet hatten, gehörten zur jüngsten Geschichte, und selbst eine einfache Zugfahrt besaß abenteuerliche Aspekte.

Der neue Speisewagen unterschied sich nicht wesentlich von anderen Speisewagen, nur das Essen war vielleicht ein wenig schlechter. Er sparte natürlich Zeit, es hieß aber auch, dass man am nächsten Morgen viel zu früh in Nairobi eintraf.

Bei Sonnenaufgang beobachtete ich Herden von Zebras und Gnus, die über die Athi-Ebene zogen. Ich hätte mir gewünscht, der Zug würde mitten unter ihnen stehenbleiben. Zugleich schaute ich ungeduldig auf die Uhr. Wir näherten uns Nairobi, und ich zitterte vor Aufregung. Ob es sich verändert hatte? Wie bald könnte ich auf Tour gehen? Würde ich einige unserer alten Boys wiederfinden?[1] Fragen über Fragen, die mir durch den Kopf gingen. Endlich fuhr der Zug in den Bahnhof ein. Ich ließ das Fenster herunter und streckte den Kopf hinaus, um nach einem Träger zu rufen.

Ehe ich noch recht begriffen hatte, was geschah, drängten sich zwanzig Träger unter dem Fenster und begrüßten mich mit hektischem Geschrei. Ich erkannte Bokari, Jim, Asani, Mwanguno und die meisten der alten Truppe mit ihren hinreißenden, wüsten Gesichtern, die zum Willkommen von einem Ohr bis zum anderen strahlten. Vier Jahre waren vergangen, seit ich mit meinem Vater die Safari durch Kenia, Uganda und den Kongo unternommen und sie dabei zuletzt gesehen hatte. Ich traute meinen Augen kaum. Es war ergreifend, dass sie sich an mich erinnerten – wahrscheinlich hatten sie im Jagddepartment von meiner Rückkehr gehört. Ich war so überwältigt durch dieses Willkommen, mir fiel kein einziges Wort Swahili mehr ein.

Dann stand ich mitten in der aufgeregten Menge, schüttelte reihum Hände und sagte wahllos Hurra! und Jambo!, als plötzlich einer der Adjutanten des Government House auftauchte, sich vorstellte und mir mitteilte – leicht ironisch, wie mir schien –, er sei gekommen, um mich abzuholen. Ich dankte ihm und fühlte mich unversehens wie ein Kind, das man beim Raufen mit den Dorfjungs erwischt hat.

Während die Boys das Gepäck zügig ins Auto luden, versuchte ich ihm zu erklären, dass es sich um unsere alten Träger handelte. War es nicht großartig von ihnen, zum Zug zu kommen? Großartig oder nicht, es ließ ihn kalt, und wahrscheinlich ging ihm durch den Kopf, dass er sich die Mühe hätte sparen

1 Da es sich von selbst versteht, dass sich das Wort »Boy« auf einheimische Träger oder Bedienstete bezieht, wird es im Text nicht in Anführungszeichen gesetzt.

können, höchstpersönlich zu diesem schrecklich frühen Zug zu kommen, wenn er geahnt hätte, wie viele Menschen mich abholten. Jedenfalls vergab er mir, und kurze Zeit darauf fuhren wir durch die langen Eukalyptusalleen, Nairobis größte und vielleicht einzige Schönheit. Sie führten aus der Stadt hinaus, vorbei an Bungalows mit breiten Veranden und an noch taufeuchten Gärten im frühen Sonnenschein.

Nach der Hitze auf dem Roten Meer, den engen Quartieren auf dem Schiff, dem groben Staub und der Schwüle während der Zugfahrt erschien mir die kühle, dämmrige Weitläufigkeit des Government House wie ein Traum. Die Mitarbeiter bemerken es vielleicht nicht mehr, sie sind daran gewöhnt, aber ich war nur eine Besucherin, und der Zauber überdauerte den Besuch. Gegenüber dem sengenden Himmel und dem Staubgeruch strahlten die hohen, weißen Säulen mit ihren leuchtend kobaltblauen Schatten eine fast alpine Frische aus, und in einem Land, wo das Gras fast immer braun ist, hatte der weiche, tiefgrüne Rasen im Hof etwas von der verträumten Freude des Omar Chayyam[2].

Die Tage vergingen wie im Flug, und das einzige, was mich beunruhigte, war meine Tour. Hier herrschte wieder England. Und da stand ich, auf der Schwelle, zum Aufbruch bereit, und konnte niemanden dazu bringen, mein Vorhaben ernst zu nehmen. Wann immer ich davon sprach, lachten alle gutmütig und schlugen eine Tennispartie oder einen Ausritt auf der Athi-Ebene vor, als sei ich von einer unseligen Idee besessen, die man durch gutes, hartes Training loswerden könne. Außerdem war der oberste Wildhüter auf Safari, was die Dinge am meisten verzögerte. Kaum kam er zurück, stürzte ich zu ihm. Er war ein alter Freund, und ich zählte darauf, dass er mir helfen wür-

2 Omar Chayyam (1048–1131), persischer Mathematiker, Astronom, Philosoph und Dichter. [KR]

de. Ich brauchte seine Genehmigung, um in das südliche Massai-Wildreservat an der Grenze zu Tansania zu gehen. Man hatte mir gesagt, dies sei bei Weitem das beste Gebiet, voller Wild und, ein besonderer Vorteil, ganz unberührt, denn Jagdgesellschaften hatten keinen Zutritt. Die heißbegehrte Genehmigung war aber auch schon Fotografen verweigert worden.

»Und woher weiß ich«, fragte mich der Wildhüter, »dass du nichts in sogenannter Selbstverteidigung schießt? Fotografen sind oft die schlimmsten Sünder.«

Ich versicherte ihm, das würde nicht geschehen. »Außerdem«, setzte ich hinzu, um meiner Aussage Gewicht zu verleihen, »geht es mir vor allem darum, mich mit dem Wild anzufreunden.«

»Was?«, stieß er hervor. »Mit wilden Tieren Freundschaft schließen, sie vielleicht streicheln, was? Unsinn! Solch eine Dummheit werden sie nie erlauben.«

Ich versuchte, die Sache geradezurücken. »Nicht gerade Freundschaft schließen«, beschwichtigte ich. »Es geht um eine Geisteshaltung. Ich will sie nicht schießen, das ist alles.«

Wie alle, die wirklich etwas von wilden Tieren verstehen, sah er bei diesen kindischen Theorien rot. Aber er schrieb mir die Genehmigung, segnete auch die Träger ab, die ich brauchte, und sagte zum Abschied: »Wenn du wirklich gehen willst, komm zum Essen, wir planen deine Route.«

Über alle Maßen beschwingt, stieß ich im Government House als erstes mit dem Privatsekretär zusammen.

»Das will gar nichts heißen«, versicherte er mir mit unverhohlener Lust, »und ich persönlich werde alles tun, was in meiner Macht steht, um den Gouverneur zu einem Rückzieher zu bewegen.«

»Wenn das so ist, kann ich ja gleich das erste Schiff nach Hause nehmen«, konterte ich fröhlich, doch innerlich niedergeschlagen. Mir wurde langsam klar, dass es nicht so einfach sein würde, eine Handvoll Träger zu sammeln und auf eigene Faust in die Wildnis zu ziehen, wie ich erwartet hatte. Durch besondere Umstände war ich schon einmal allein mitten in Afrika gewesen, und ich wäre nie darauf gekommen, jetzt beim zweiten Mal solchen Schwierigkeiten zu begegnen.

Der Sekretär führte mir klar und deutlich die andere Perspektive vor Augen: Sollte mir etwas zustoßen, dann gäbe das schrecklichen Ärger, und mit Sicherheit würden all die falschen Leute zur Rechenschaft gezogen.

Hier wurde die Debatte abgebrochen, Zeit, sich zum Essen umzuziehen. Nachdenklich ging ich hinauf, und das erste, worauf mein Blick fiel, war die Barrikade aus feinsäuberlich geschichteten Proviantkisten, Tornistern, Kameras und Gepäckstücken, die eindrucksvoll wie die Chinesische Mauer quer durch mein Zimmer verlief. Tagtäglich war ich durch die Stadt und den indischen Basar gezogen, hatte Vorräte und Windlichter, Seile, Messer, Wasserflaschen, Töpfe, Pfannen und all die aufregenden, für eine Safari unabdinglichen Requisiten besorgt, und jetzt war alles da, bis hin zum kleinsten Detail. Der Startschuss könnte in diesem Moment fallen, der Ausrüstung blieb nichts hinzuzufügen.

Als der Essensgong ertönte, hatte ich meinen Schlachtplan entworfen. Ich würde an diesem Abend alles auf eine Karte setzen. Man muss den Stier bei den Hörnern packen, dachte ich, und brachte mich geistig für das riskante Unternehmen in Stellung. Alles, selbst ein klares, eindeutiges Nein, schien mir besser als diese unerträgliche Ungewissheit. Ich fühlte, dass meine einzige Chance darin bestand, direkt mit dem Gouverneur zu sprechen, ehe mein selbsternannter Gegenspieler mir zuvorkam.

Am späteren Abend ergab sich eine hervorragende Gelegenheit, die ich beim Schopf ergriff. Alles hing von den nächsten fünf Minuten ab, es war extrem wichtig. Meine Kehle wurde vor Aufregung trocken, in meinem Kopf herrschte plötzliche Leere. Als ich den Sprung wagte, war mein Lampenfieber jedoch wie weggeblasen. Ich stand der Sache fast unpersönlich gegenüber, als handele es sich um das Schicksal irgendeines anderen und nicht um mein eigenes, das gerade auf dem Spiel stand. Ich achtete darauf, keine Bitte zu äußern und sagte nur, wie leid es mir tue, solche Umstände bereitet zu haben und dass ich natürlich bereit sei, mein Vorhaben sofort aufzugeben und ohne großes Aufheben nach Europa zurückzukehren.

Seine Exzellenz meinte, das wäre doch sehr schade und setzte wohlwollend hinzu, es könne sicherlich etwas arrangiert werden. Ob ich nicht einen weißen Jäger mitnehmen oder mich einer anderen Expedition anschließen wollte? Nein? Nun, alles nicht so gravierend, ich solle mir keine Sorgen machen.

Ich strahlte vor Dankbarkeit. Um sicherzugehen, dass dem Privatsekretär neue Anzeichen von Euphorie verborgen blieben, zog ich mich früh auf mein Zimmer zurück. Jim, mein persönlicher Boy, breitete gerade das Moskitonetz aus, als ich die Tür öffnete, und beim Hinausgehen hielt er kurz inne, um vielleicht zum fünfzehnten Mal die heikle und gefürchtete Frage zu stellen: »Wann gehen wir auf Safari, Memsahib?«

Diesmal sah ich seiner Frage gelassen entgegen, denn ich konnte annähernd wahrheitsgemäß erwidern: »Wahrscheinlich übermorgen!«

Unerklärlicherweise war der Kampf nach jenem Abend gewonnen. Jeder, der zuvor Sand ins Getriebe gestreut hatte, zeigte sich plötzlich hilfsbereit, selbst der Privatsekretär war alles in allem bemerkenswert liebenswürdig. Ich fragte ihn später, warum er meinen Aufbruch verhindern wollte.

»Teilweise aus Neid«, erwiderte er unbefangen. »Weißt du, ich hätte alles darum gegeben, so eine Möglichkeit zu haben.«

Kein anderer hätte jedoch großherzigere Wiedergutmachung leisten können, und die besten Freundschaften beginnen oft unerwartet und alles andere als vielversprechend. Er dachte nicht nur daran, mir Bücherpakete zu schicken, mitten in der dürstenden Wüste trafen auch überraschend Proviantkörbe ein, aus denen wie durch ein Wunder frisches Obst und Gemüse, Butter und Eier zum Vorschein kamen.

Jetzt, da die Hauptsache geklärt war, musste ich mich nur noch für die Route entscheiden. Ich rief den Wildhüter an und fragte, ob die Einladung zum Essen noch gelte. »Komm sofort ins Büro«, lautete seine Antwort. »Denys ist gerade hier, keiner kennt sich im Grenzland von Tansania besser aus als er.«

Ich legte den Hörer auf, sprang ins Auto – wie die Filmdetektive sind Besucher hier immer privilegiert, was Fahrzeuge betrifft – und fuhr zum Jagddepartment.

Oft ist das Beste an der Reise, sie auf dem Papier zu entwerfen und sich über Landkarten zu beugen. Als ich eintraf, lagen die Karten schon über den Schreibtisch gebreitet, und beide Männer waren gänzlich in sie vertieft. Zwar würde ich es sein, die diese Pläne in die Tat umsetzte, aber sie hatten zumindest ihren Spaß daran, sich alles auszudenken. Zeit war kein Thema. Das gab ihnen einen ungewöhnlichen Spielraum. Die meisten Jagdgesellschaften wollten in allerkürzester Zeit so viele Meilen zurücklegen wie nur menschenmöglich. Es war Mitte Juni, der Regen würde nicht ernsthaft vor November einsetzen. Sie hatten also fünf ganze Monate, die sie nach Lust und Laune verplanen konnten – eine große Herausforderung. Kaum einer kann es sich leisten, fünf Monate lang in der Wildnis zu sitzen und darauf zu warten, dass irgendetwas passiert. Und doch ist bei jeder Form von Naturstudie – und besonders bei der Fotografie – Zeit das einzig unverzichtbare Element.

Der Wildhüter war der Meinung, ich müsse unbedingt mit einem mindestens dreiwöchigen Aufenthalt in Selengai beginnen, einem dreißig Meilen von Kiu entfernt gelegenen Wasserloch, auf halbem Weg nach Mombasa. Er machte mir gleich eine Skizze. Denys unterbrach ihn: »Was ist mit Magadi? Das kann sie nicht auslassen. Nicht so viel Wild, aber den Natronsee muss man gesehen haben, unbeschreiblich, die Farbeffekte.« Sie kamen überein, Selengai und Magadi zu kombinieren und fuhren in einem abenteuerlichen Zickzack die Karte entlang.

Ich erinnerte sie so taktvoll wie möglich daran, dass Zeit zwar keine Rolle spielte, Geld unglücklicherweise doch. Da die Massai noch nie Lasten getragen haben und es vermutlich auch nie tun werden, war ich für die Transporte auf einen indischen Lastwagen angewiesen, neben den Imperial Airways wohl die kostspieligste Art zu reisen, die man sich vorstellen kann. Sie wischten das Argument beiseite, zu unbedeutend, um darüber zu reden, und nahmen mich an die Kandare.

»Also, nach Magadi«, hieß es, »sieh mal, hier ist es, nur dreißig Meilen westlich von Kajiado, von dort sind es nur sechzig Meilen bis Selengai, von Selengai gerade mal dreißig bis Kiu – also, nach Magadi wieder zurück nach Südosten – ein weiteres Zick, wie ich bemerkte – zum Ol Doinyo Orok, dem Schwarzen Berg, so nennen ihn die Massai. Da solltest du Elefanten finden, am besten, du kampierst ein paar Wochen in der Gegend. Dann quer hinüber nach Amboseli – ein trockener Salzsee, das Wild liebt ihn –, über El Kinunet nach Loitokitok, direkt an den Hängen des Kilimandscharo. Von dort aus kommst du gut in die Gegend um Rombo und zum Quellgebiet des Tsavo. Aber es gibt keine Straße, da brauchst du Träger. Das können wir regeln, wenn es soweit ist. Am Tsavo entlang nach Süden – großartiges Wildreservat, noch immer voller Löwen – bis zum Lake Chala, ein ungewöhnlicher Ort: Die Einheimischen schwören, dass in diesem Kratersee ein Ungeheuer haust, am Ufer soll es auch einen Baum geben, aus dem Wasser rinnt. Übrigens einer der schönsten Plätze des ganzen Landes, um Vögel zu beobachten. Wenn du genug hast, kannst du nach Taveta marschieren, von dort aus nimmst du den Zug nach Nairobi.«

Ich verübelte ihnen dieses zahme Ende.

»Wenn ich schon bis zum Kilimandscharo komme«, meldete ich mich das erste Mal zu Wort, »werde ich mich bemühen, auf den Gipfel zu klettern, bevor ich mir eine Fahrkarte kaufe.«

Bis zum heutigen Tag, das muss ich gleich gestehen, ist Lake Chala für mich nichts als ein geheimnisvoller Name, den Natronsee von Magadi mit seinen prismatischen Farbschimmern kenne ich nur vom Hörensagen, ich habe den Kilimandscharo nicht bestiegen, ich bin nicht einmal bis zu seinen Ausläufern gelangt. Stattdessen geschahen andere Dinge.

Schließlich kam der große Tag. Der Gouverneur musste für einige Zeit nach Mombasa, und seine Mitarbeiter fuhren mit dem Zug voraus, um Vorbereitungen zu treffen. Ich begleitete sie bis nach Kiu, eine schöne Reise, und war fast traurig, als ich mich von ihnen verabschiedete, selbst vom Privatsekretär, der mir im letzten Moment ein Exemplar von Kinglakes *Eothen*[3] in die Hand drückte und meinen Dank so unwirsch wie immer zurückwies. Als ich in Kiu ausstieg, war das Abendrot vom Himmel verschwunden, und über die weiten, sanften Ebenen brach die Nacht herein. Meine Ausrüstung wurde ausgeladen und auf dem Bahnsteig abgestellt, und die sechs Boys standen zitternd daneben im Wind, der unaufhörlich über alle afrikanischen Gleise weht. Der indische Stationsvorsteher kam auf uns zu und schwenkte eine Sturmlaterne. Meine Freunde schärften ihm ein, sich um mich zu kümmern, und der Zug setzte sich langsam wieder in Bewegung. Sie winkten zum Abschied, und ihre letzten Worte waren, wie sollte es anders sein: »Pass auf dich auf und streichele nicht zu viele Löwen und Elefanten!« Und schon wurde der Zug mit seinen Lichtern und seinem freundlichen Getöse von der Dunkelheit verschluckt.

Kiu verwandelte sich sofort in eine schwarze Wüste, dem Heulen des Windes, der heimischen Hunde und der hellbraunen Sprösslinge des Stationsvorstehers preisgegeben. Ich schlug

3 Der englische Historiker Alexander William Kinglake (1809–1891) veröffentlichte 1844 mit *Eothen or Traces of Travel Brought Home from the East* eine episodische Darstellung seiner Reisen in den Orient: auch heute noch ein Klassiker der englischen Orient-Literatur. [KR]

mein Nachtlager im Warteraum auf. Er war zugig und düster, der Boden knarzte, und das einzige Fenster ging zum Hinterhof des Stationsvorstehers. Einheimische schrien heiser und unnötigerweise, wie mir schien, über die Gleise hinweg, Jim begann bedrückt mit dem Auspacken, und selbst den Koch deprimierte die Lage, umso mehr als ich die Schlüssel zu sämtlichen Proviantkisten verlegt hatte. Was mich betrifft, ich war endlich frei und um mit Robert Louis Stevensons *Vagabunden* zu sprechen:

Mit dem heiteren Himmel über mir
Und der Straße vor Augen.

Aber es ließ sich nicht leugnen: Mein Hochgefühl war zerplatzt wie eine Seifenblase. Von allen Orten eignete sich Kiu am allerwenigsten für die Eröffnungsszene eines großen Abenteuers. Wie hatte ich mich gesehnt, hatte geplant, die Stunden gezählt, und jetzt, wo ich gestartet war, überkam mich das Heimweh, und ich fühlte mich, so absurd das auch klingen mag, jämmerlich allein. Vielleicht hatten sie ja doch alle Recht, und es war wirklich nichts als eine fixe Idee.

Ich konnte es mir leisten, meine Torheit zuzugeben und mir ein klein wenig Heimweh zu gönnen, denn im Hinterkopf wusste ich nur zu genau, dass alles in Ordnung sein würde, sobald ich dem Staub von Kiu und dem schrillen Ton zu vieler indischer Stimmen entkommen war. Ich würde mein Tagebuch nicht in dieser Nacht beginnen, es hätte nicht den richtigen Klang. Ich legte mich früh schlafen. Abgesehen vom Tosen und Klirren der Güterzüge, die jähe Lichtstreifen an den Himmel warfen, wurde ich bis zum Sonnenaufgang durch nichts gestört – und im goldenen Licht der Morgensonne sah selbst der Hinterhof mit seinen Schrott- und Müllhaufen fast schön aus. Rasch sprang ich auf. Ich wollte mich so schnell wie möglich auf den Weg machen.

Doch der versprochene, vorab per Brief bestellte Laster hatte eine Panne. Er sah wirklich schrottreif aus, mit einem suppentellergroßen Loch im Kühler. Der Fahrer versicherte mir, in nur einem Monat würde er wieder in bester Ordnung sein. Ein Monat in Kiu! Ich unterdrückte ein Schaudern und lief von einer Garage zur anderen, bis ich schließlich auf jemanden stieß, der einen Ford Kastenwagen besaß. Zwei Touren wären nötig, um alle Boys und die komplette Ausrüstung nach Selengai zu bringen, nach langwierigen Verhandlungen zu einem Preis von fünfunddreißig Pfund. Das war natürlich himmelschreiend, aber es gab keine Alternative, und die Flucht aus Kiu schien mir unter allen Umständen erstrebenswert. Mit einer Verspätung von nur drei Stunden – für den Osten so gut wie gar nichts – fuhren wir los. Es wurde eine denkwürdige Fahrt auf einer praktisch nicht vorhandenen Spur. Wie die Wahnsinnigen ratterten wir durch Flussbetten, holperten über Löcher und kurvten um die Bäume. Bis wir die dreißig Meilen nach Selengai geschafft hatten, war es später Nachmittag. Der Fahrer stand zu seinem Wort und brach ohne Pause oder Mahlzeit sofort zur zweiten Tour auf.

Dreißig Meilen hatten Wunder bewirkt, um die Landschaft zu verändern, und mich aus den endlosen, winddurchfegten Ebenen von Kiu herausgebracht. Zwar war das Land noch immer flach, aber wogendes Dornengestrüpp und ferne Hügel milderten die Strenge. In Selengai gabelte sich das breite trockene Flussbett um eine Insel aus Bäumen, die an Ulmen erinnerten. In der Nähe befand sich das Wasserloch, und von dort aus zog sich ein Bach durch den blendend weißen Sand. Ich überquerte ihn und ging auf der Suche nach dem Platz für das Camp ein Stück in den Busch hinein. Ich wollte eine ganze Weile hier bleiben, der Ort musste daher gut gewählt sein. Unter einer ausladenden Schirmakazie, die dem Zelt Schatten spendete, fand ich ihn schließlich. Vor ihr lief das Gelände nach Südosten sanft auf eine Lichtung zu, hinter der die Bäume am Fluss die Ferne schön umrahmten. In meinem Rücken erhob sich eine sparsam bewaldete Anhöhe.

Die Boys machten sich daran, das Gras zu mähen und den Boden zu ebnen. Als alles getan war, zogen sie auf Kommando an den Seilen, das Zelt schnellte unter fröhlichem Flattern wie ein entfaltetes Segel in die Höhe, und mein Herz hüpfte vor Freude.

Der Traum war endlich wahr geworden. Bei Sonnenuntergang stahl ich mich über die Anhöhe davon, um in der Unendlichkeit der Stille seine Realität auszukosten. Um mich herum liefen die Ebenen auf die fernen Berge zu, die in der Nacht zerschmolzen, und über allem zeigte der Kilimandscharo einen schwachen Schimmer von Schnee unter den ersten Sternen.

Als ich zurückkehrte, wartete der Fahrer, der inzwischen mit der zweiten Fuhre eingetroffen war, auf Auskunft, wann ich den Laster haben wollte, den ich in Kajiado bestellt hatte. Auf keinen Fall vor einem Monat, erwiderte ich im Überschwang des Augenblicks, beobachtete, wie die Rücklichter seines Wagens in der Dunkelheit verschwanden und meine letzte Verbindung zur Zivilisation damit unwiderruflich gekappt wurde.

Das erste Feuer züngelte unter dem Dach der Akazie, und aus der Stille jenseits von ihr drang der tausendfache Gesang der Grillen. Alles zusammen berührte eine halbvergessene Saite, erweckte eine Schwingung, die lange geruht hatte, und ich war plötzlich so glücklich, als wäre ich nach Jahren des Umherirrens nach Hause gekommen.

Kapitel 2

Das Camp in Selengai

Wieder und wieder lockte er mich. Ein glockenheller Ton, dreimal hintereinander. Das war der Ruf des Wiedehopfs, und weil er so eingängig ist, weckt er mehr als jeder andere Klang die Erinnerung an einen afrikanischen Morgen. Nachdem ich Afrika verlassen hatte, hörte ich ihn das nächste Mal auf Teneriffa, was eine qualvolle Sehnsucht entfachte, und in Südfrankreich rief er dann: »Komm doch zurück, komm doch zurück«, mit einer Beharrlichkeit, der ich nur gehorchen konnte.

Jetzt *war* ich zurück, und sein Ruf, der in mein schläfriges Bewusstsein drang wie Kieselsteine, die einer nach dem anderen in einen Teich geworfen werden, enthielt Erfüllung und keinen schmerzlichen, schwer mitteilbaren Kummer mehr. Ich genoss die tiefe Zufriedenheit dieses ersten Erwachens unter der Zeltplane, lag still da und lauschte dem anhaltenden Gurren der Tauben, süß und zäh wie Honig. Allmählich drangen die dumpfen Stimmen der Boys in mein Bewusstsein, die sich irgendwo in der Ferne unterhielten, und das Knistern der Holzscheite. Ich öffnete die Augen und blickte in ein grünes Märchenland. Die frühe Morgensonne drang durch die Wände und das Dach des Zeltes, alles schwamm in einem leuchtend grünen Licht, durch das die Zweige rhythmische Muster sandten. In meinem Baum lebte eine Kolonie kleiner Vögel. Ihr Zwitschern und Flattern umgab mich von allen Seiten, als ich mich im Bett aufsetzte und durch die Lüftungsschlitze des Zeltes einen Blick auf die sonnendurchflutete, von Tau schimmernde Lichtung warf. Die Schirmakazien zeichneten sich emaillegrün vor dem makellos blauen Himmel ab. Eine zarte Rauchwolke stieg gemächlich von meinem nächtlichen Feuer auf und zog einen milden Schleier über die fast grelle Intensität der Farben hinter ihr, und als ich aus dem Bett sprang und zum Zelteingang lief, sog ich den vertrauten, halb vergessenen Duft von Tau und Holzrauch ein.

Monat für Monat sieht man den Morgen über dem Buschland aufziehen, an seine neugeborene Frische und Schönheit wird man sich dennoch nie ganz gewöhnen können. Man weiß, wie es sein wird, und doch bringt jeder Morgen ein neues Erstaunen mit sich, ein neues Wunder.

Alles steckte voller Überraschung an diesem ersten Tag, an dem Erwartung und Wirklichkeit endlich zusammentrafen, und es waren nicht nur die großen Dinge, sondern auch die vergessenen Kleinigkeiten, deren Wiederfinden ich so genoss: Beispielsweise unter dem Baum zu frühstücken, während das Zirpen der Zikaden durch die Stille drang, und wie gut Porridge im Freien schmeckt; nie drinnen sein zu müssen, denn selbst von meiner Wanne aus konnte ich durch den Spalt zwischen »Badezimmer« und Zelt direkt in die Bäume über mir schauen; und wenn ich meine Hand aus dem Bett streckte, fühlte ich gleich neben dem Zeltboden die Erde, warm und unendlich freundlich.

Als ich mit dem Frühstück fertig war, erblickte ich eine Reihe von Einheimischen, die einer hinter dem anderen über die grasbewachsene Lichtung auf mich zukamen, angeführt von einem hochgewachsenen Krieger. Er trug einen Speer in der Rechten und war in eine wallende rote Decke gehüllt. Eine Zeitlang stand er eindrucksvoll da, dann führte Jim ihn zu mir und stellte ihn als Häuptling von Selengai vor, der mit einigen seiner Leute gekommen war, um mich zu begrüßen. Er war sehr freundlich – zum Glück verstand er ein wenig Swahili, anfangs hatte ich keinen Massai Dolmetscher – und kam mit Geschenken beladen, in echter ostafrikanischer Tradition. Mit einer Handbewegung wies er seine Begleiter an, die milchgefüllten Kalebassen abzusetzen, dazu ein lebendes Huhn und ein paar in Bananenblätter gewickelte Eier. Die letzte und größte dieser Gaben, nichts Geringeres als ein junger Widder, schwarz wie Ebenholz, setzte alles daran, sich aus dem Griff seiner Wärter zu befreien.

All dies war höchst unerwartet. Man hatte mir gesagt, dass die Massai es ablehnten, Fremde mit dem Fleisch ihrer Herden zu verpflegen. Das Problem einer Safari in das Wildreservat bestand also darin, die Boys mit Fleisch zu versorgen – wo man mir doch das Versprechen abgenommen hatte, nichts zu schießen. Ich konnte mir diese Begrüßung nicht erklären. Der Häuptling lüftete schließlich das Geheimnis: Er habe von Bwana Decki, dem offensichtlich sehr beliebten einheimischen Generalbevollmächtigten, von meinem Kommen erfahren und sei bereit, jedem, der Bwana Deckis Empfehlung habe, die Tore seines Reichs weit aufzustoßen. Die angemessene Gegengabe hätte in einer Handvoll Silbermünzen bestanden, in einem neuen Jagdmesser, ein paar farbenprächtigen Decken und ein oder zwei Stücken Kautabak. Man hatte mich jedoch ausdrücklich vor Geldgeschenken gewarnt. Selbst Geschenke in Naturalien, hieß es, seien nur beim Abschied angebracht. In puncto materieller Gaben waren mir also die Hände gebunden.[4] Ich zerbrach mir den Kopf über eine angemessene Gegenleistung, bis ich auf den Gedanken kam, dem Häuptling anzubieten, während meines Aufenthaltes in Selengai jeden Kranken seines Stammes zu behandeln. Er ging, sichtlich erfreut über dieses

4 Seit ich Thomsons *Through Masai Land* gelesen habe, wo man ihm (im Jahr 1883) fast alles abgenommen hatte, was er besaß, habe ich verstanden, warum die Regierung diese Regeln zum Schutz von Reisenden aufgestellt hat.

Angebot, und ich ahnte zu diesem Zeitpunkt noch nicht, dass sich das Camp bald in eine Art Feldlazarett verwandeln sollte.

Dies war mein allererster Morgen in freier Natur, und ich brannte darauf, das Land zu erkunden. Die kühlen Stunden waren jedoch bereits dahin. Also beschloss ich, auszupacken und mich häuslich einzurichten.

Die Bücher konnten in ihrer Kiste bleiben, ebenso das Grammophon und die Schallplatten, die in genau passenden ledergefütterten Sperrholzkisten steckten.

Ich wollte das Experiment machen, Musik in die Wildnis zu bringen. Musik war das Einzige, was ich hier draußen wirklich vermisste. Als ich damals Nacht für Nacht allein am Feuer saß und von den lebhaften Flammen zu den Millionen von Sternen aufblickte, die ruhig über mir leuchteten, fühlte ich mich förmlich zermalmt von meiner eigenen Winzigkeit. Ich kämpfte gegen eine elende Sprachlosigkeit, um etwas im Bewusstsein auszudrücken, das über bloße Worte hinausgeht. Auf den Flügeln der Musik schien es endlich möglich, durch die Stille zu fliegen und die Ewigkeit zu umfassen.

Nach langem Überlegen entschied ich mich als erstes für Beethovens »Erzherzog-Trio«. In der afrikanischen Nacht ein überwältigender Effekt: Der schönste aller langsamen Sätze erklang vor einem Hintergrund von Waldgeräuschen, von Grillen, Nachtvögeln und dem fernen Knurren der Löwen.

Am nächsten Morgen stahl ich mich in aller Frühe durch das taufrische Gras hinunter zum Wasserloch, gerade als der volle Mond rot wie eine Melone hinter den Bäumen versank. Es dämmerte, und im Zwielicht machte ich die schattenhaften Umrisse einiger trinkender Gnus aus. Zum Fotografieren war es noch zu dunkel. Ich schlich mich an ihnen vorbei und folgte dem Flussufer. Nach etwa einer Meile blickte ich zu einer idyllischen Biegung hinüber. Die Bäume stießen dort direkt an das Wasser. In diesem Moment ging die Sonne auf und schickte ihre flachen Strahlen über eine Herde von Impalas, die zwischen den Stämmen ästen. Eine ganze Weile blieb ich dort sitzen und beobachtete, wie sie sich umsichtig inmitten der blitzenden Tautropfen bewegten, hier fraßen, dort innehielten, um sich umzuschauen oder ihre goldenen Flanken zu lecken. Die beiden Böcke beugten die Köpfe ins Gras, der dunkle Streifen auf ihrer Nase und die Spitzen ihrer Hörner zeichneten sich scharf gegen die bleichen Stängel ab. Auf einmal scharte sich die Herde aufgeschreckt zusammen, die Böcke stampften mit den Hufen und schnaubten alarmiert, bis sie feststellten, dass es nur ein Affe war, auf einem der hohen Äste über ihnen, worauf sich alle wieder ruhig ans Fressen machten. Ich zweifelte nicht im Geringsten daran, dass ihnen der Affe als Wachposten diente.

Mohamed, ein Askari der Regierung, und Asani, für meine Kameras verantwortlich, waren mir gefolgt und hatten dabei eine große Schar von Gnus gesichtet. Wir pirschten ihnen einige Meilen erfolglos über die baumlose Savanne nach. Sich Gnus zu nähern, ist immer schwierig, doch jetzt, da sie uns bemerkt hatten, konnte nichts ihren Argwohn beschwichtigen. Entschlossen, uns loszuwerden, peitschten sie die Schwänze mit der ihnen eigenen kreisrunden Bewegung über den Rücken, galoppierten los und verschwanden hinter dem Horizont.

Ich verließ meine Deckung hinter einem Grasbüschel und ging zum Fluss zurück. Die Freude des frühen Morgens lag über der Welt und tauchte sie in goldene Transparenz. Savannen, Hügel, Bäume und das wogende, trockene Gras schwammen im Licht, und in weiter Ferne, vor dem blauen Himmel, leuchtete die Schneekappe des Kilimandscharo, die einzige Wolke weit und breit.

Fünf Strauße verlockten mich zu neuer Pirsch, argwöhnische Vögel, die zwar nicht riechen können, aber dafür umso besser sehen, was sie bei Weitem für ihr Manko entschädigt. Später begegnete ich einer Herde Zebras. In der Hoffnung, den morgendlichen Misserfolg wettzumachen, schlich ich mich so vorsichtig wie möglich an. Der Wind wehte in meine Richtung, und ich war schon bis auf gute zwanzig Meter herangekommen, als die ganze Herde ohne Vorwarnung die Flucht ergriff. Die Zebras strömten an mir vorbei, und unter den letzten war ein winziges Füllen, die Streifen zeichneten sich erst unbestimmt auf seinem wolligen Fell ab, dicht gefolgt von seiner Mutter, die es zur Eile antrieb und ihm mit dem Maul sanfte Schubse versetzte.

Als der Donner der Hufe verklungen war, hörte ich einen Massai schrill durch die Zähne pfeifen. Ich entdeckte ihn am Fluss, wo er seine Rinder tränkte. Er war es, der die Zebras in Panik versetzt hatte. Viele erfolgversprechende Pirschgänge wurden auf diese Weise zunichtegemacht, das Land wimmelte von Massai, die ihre Rinder hüteten. Sie tränken ihre Tiere auf raffinierte Art. Anstatt die Herden im Pulk zu einer Wasserstelle hinuntergehen zu lassen, wo die Ersten das Wasser für die Nachfolgenden verunreinigen, bauen sie aus Schlamm am Rande eines Beckens oder am Flussufer einen langen, muldenartigen Trog, etwa dreißig Zentimeter hoch, aus dem alle Tiere gleichzeitig sauberes Wasser trinken können.

Zurück im Camp, schickte ich die Boys noch einmal los, um mir unten im Flussbett ein »Versteck« zu bauen. In Erwartung irgendeines Tieres, das zum Trinken herabkommen würde, lag ich den ganzen Nachmittag unter einem Tunnel aus Zweigen am Rand eines seichten Beckens, das sich tröpfelnd aus dem Wasserloch speiste. Ich hatte auf größeres Wild gehofft, verbrachte die Zeit aber recht glücklich damit, die vielen Vögel zu beobachten.

Auf die kurze Distanz eröffnete sich durch den Feldstecher eine ungeahnte Welt an Farben. Die kleinen Wasserbecken im Sand wurden zu opalen Seen, in denen sich das Schilfrohr als Konstruktion aus smaragdenen Stäben spiegelte, und die winzigen Vögel – trist, wenn man sie mit bloßem Auge betrachtete – erwiesen sich als zart gezeichnet, hatten leuchtend orangefarbene Schnäbel und Augenringe. Sie und die Schnepfenvögel waren die ganze Zeit über da. Als der Abend hereinbrach, erhielten sie Gesellschaft von Perlhühnern, Rebhühnern, Kiebitzen und vielen anderen Vögeln, die nach dem heißen Tag so durstig waren, dass sie nur eine Armlänge von mir entfernt tranken. Zwei Nilgänse wateten in der Ferne daher und schickten breite Wellen über das in der untergehenden Sonne leuchtende Wasser, Marabus schritten nachdenklich am Ufer entlang, und die Tauben mit ihrem perlmutternen Brustgefieder flogen paarweise zum Trinken herbei. Außer den Lauten der Vögel war kein anderes Geräusch zu hören. Auf einem mir gegenüberliegenden Zweig breitete ein kleiner, grauer Vogel die Flügel für sein Weibchen aus, und mit verzücktem Gesang flogen sie beide über die Wipfel davon.

Die Hitze und die Last des Tages waren vergangen. Durch die Stille und die unbeschreiblich sanften Farben kam der Segen des endenden Tages mit allumfassender und universeller Liebe. Er schloss mich ein, ich war nicht länger allein, und ich verstand in diesem Moment, wie alles durch seine Inspiration lebte und atmete.

Als es dunkel wurde, kroch ich aus meinem Hinterhalt – und sah, warum die Tiere es so sorgsam vermieden hatten, in der Nähe zu trinken: Auf einem Ameisenhügel, keinen Steinwurf entfernt, zeichnete sich die Silhouette von Mohamed ab, der dort saß und Wache hielt. Von Anfang an war er mir ein Dorn im Auge gewesen. Ich hatte ihn nie dabeihaben wollen und hasste sein riesiges Elefantengewehr, das er auf der Schulter trug, wann immer er mir mit seinen Nagelboots polternd durch den Busch folgte. Aber er kam auf Anweisung der Regierung. Er sollte auf mich aufpassen, eine Aufgabe, die er als gleichermaßen unangenehm empfunden haben muss, da auch ich es ihm umgekehrt oft nicht leicht machte. Das Gewehr fand ich besonders abscheulich, bestand doch der ganze Sinn dieser Expedition darin, sich unbewaffnet zu bewegen. Eine Salve, auch nur im Fall eines Missgeschicks, und alles wäre dahin.[5] Von den Behörden war schwerlich zu erwarten, es unter diesem Aspekt zu betrachten. Man hatte mir freundlich gesagt, ich solle mich nicht lächerlich machen. Entweder würde ich mich den Bedingungen fügen, oder die Tour wäre gestrichen.

Trotz aller Vorbehalte musste ich im Laufe der Zeit zugeben, dass Mohamed ein liebenswerter Charakter war und seine Pflicht mit außerordentlicher Loyalität erfüllte. Aber er trieb es auf die Spitze. Sein Programm bestand darin, mir auf den Fersen zu bleiben. Das allein war schon aufreibend genug. Als es aber dazu führte, mich an sämtliches Wild im Distrikt zu verraten, während mich die Moskitos zerstachen und mir die verkrampfte Haltung in meinem Versteck Qualen bereitete, protestierte ich ernsthaft. Doch jedes Argument erwies sich als zwecklos, er hatte seine Antwort immer parat: »Der Bwana Gouverneur will es so.« Das war Gesetz, und er ließ sich durch nichts einschüchtern.

Mohamed war klein und schmächtig, mit zierlichen Handgelenken und der Sturheit einer Frau. Obwohl er sich selbst als Nubier bezeichnete, besaß er nicht deren tiefdunkle Haut und die breiten Lippen. Seine fein geschnittenen Züge ließen eher an einen Somali oder Araber denken. Das Eindrucksvollste an ihm war sein Schnurrbart, bei einem Einheimischen sehr ungewöhnlich: ein dünner Oberlippenbart, der an beiden Enden matt herabbaumelte. Zusammen mit seinen mandelförmigen Augen gab er ihm ein nahezu chinesisches Aussehen. Seine Miene war traurig, fast wehmütig, seine Erscheinung immer über Gebühr ordentlich. Voller Stolz trug er die Khakishorts, das dunkelblaue Hemd und die Wickelgamaschen der King's African Rifles, bei denen er fast zwanzig Jahre lang gedient hat-

5 Meine kleine .318 lag geladen neben meinem Bett, verließ aber nie das Zelt.

te. Auf seinem Kopf saß die schrägste braune Sturmmütze – ich habe nie gesehen, dass er sie abnahm –, und seine dünnen Waden mündeten in die größten, klobigsten und geräuschvollsten Boots, die die Armee zu bieten hatte. Ich ertappte mich oft bei dem Gedanken, welch schreckliche alte Jungfer er doch war. Zuweilen konnte er aber außerordentlich entwaffnend sein. Er trieb einen entweder zum Wahnsinn oder war pathetisch. Eher als jede echte Liebe zum Abenteuer bewog ihn in beiden Fällen die Treue zur Pflicht, wie unangenehm sie auch sein mochte. Seine Arbeit verrichtete er immer ruhig und effektiv. Seine Pflichten begannen morgens um halb sieben, mitunter auch vor Sonnenaufgang, falls ich vorhatte, dem Fluss folgend weiter ins Land hineinzugehen. Normalerweise war ich dann gegen zehn Uhr zum Frühstück wieder da. Bis zum Mittagessen um eins las ich, schrieb oder behandelte die Massai. Zwischen halb elf und vier Uhr nachmittags ist das Fotografieren schwer, die Bilder, die in diesem Zeitraum entstehen, sind nie wirklich zufriedenstellend. So nah am Äquator gibt es abgesehen vom frühen Morgen und dem späteren Nachmittag keine Schatten. Um drei Uhr machte ich mich meist wieder auf den Weg, suchte entweder in der Nähe einer beliebten Trinkstelle Deckung, oder zog bis zum Sonnenuntergang umher.

Obwohl es sich größtenteils um trockene Buschlandschaft oder ausgeblichene Grassavanne handelte, war die Gegend schön – vielleicht, weil es so roch und aussah, wie ich es in Erinnerung hatte. In meinen Wanderungen durch das Flussbett, das sich zwischen niedrigen, roten Klippen dahinschlängelte oder sich den Weg durch Akaziengürtel bahnte, und in meinen Pirschgängen, bei denen ich Ausschau nach Wild hielt, lag eine immer größere Faszination.

Ich stellte fest, dass Fotografieren schwieriger war als Schießen. Ein Impala-Bock mit einem Paar herrlich gebogener Hörner, der durch die Büsche blinzelte, wäre ein perfekter Schuss gewesen, war aber kaum zu fotografieren. Nachdem ich bei

Sonnenschein meist vergeblich nach Zebras oder Gnus suchte, traf ich in der Abenddämmerung, wenn es zu spät war, auf ganze Herden. Man konnte sich dem Wild nur gegen den Wind nähern, was jede Wahl des Lichteinfalls ausschloss. Häufig kamen Sonne und Wind aus derselben Richtung, sodass das Licht direkt in die Linse fiel. Manchmal waren Wind und Licht genau richtig, aber hatte man sich endlich ganz nah an das Motiv herangeschlichen, musste man feststellen, dass es entweder zur Hälfte von einem Busch verdeckt wurde, oder dass das Gras zu hoch war. Ein gutes Bild konnte von einem einzigen Grashalm verdorben werden, der unbemerkt nicht weit vor der Kamera in es hineinwehte.

Im Großen und Ganzen war der Monat in Selengai ein Reinfall. Dabei hätte er der produktivste Teil der Expedition werden sollen, denn während der Trockenzeit gibt es in der ganzen Umgebung keine andere Wasserstelle. Die Regen mussten in diesem Jahr aber außergewöhnlich heftig gewesen sein. Während der ersten beiden Wochen plätscherte der Fluss noch immer ober- und unterhalb vom Camp mehrere Meilen weit durch den Sand und von Becken zu Becken. Das Wild konnte sich verstreuen, und bei einer solchen Auswahl an Wasserbecken war es reine Glückssache, wenn sich ein Tier gerade für das Becken entschied, an dem ich auf der Lauer lag. Täglich konnte ich beobachten, wie das Rinnsal, das die verschiedenen Becken nährte, langsam dahinschwand, bis es zuletzt nur noch einen feuchten Fleck auf dem Sand hinterließ. Täglich sah ich neue Scharen von Zebras und Gnus nach Selengai hereinziehen. Aber gerade als die Bedingungen so gut wie perfekt waren, passierte etwas, das meine Hoffnung ein für alle Mal zunichtemachte. Mit der Trockenheit kamen gewaltige Rinderherden, von Osten, von Süden, selbst von den entfernten Ausläufern des Kilimandscharo, getrieben von ihren schreienden, pfeifenden Besitzern, da die kleineren Wasserlöcher bereits versiegt waren. Muhend zogen sie in gemächlichen Prozessionen unter einem Baldachin aus rotem Staub durch die Savanne. Ihr Erscheinen verstörte das Wild. Es reagierte so unruhig und argwöhnisch, dass es unmöglich wurde, sich ihm zu nähern.

Merkwürdigerweise gab es trotz dieses Fleischangebots sehr wenige Löwen. Nicht einer zeigte sich in der Nähe des Camps. Hyänen heulten aber jede Nacht und waren außergewöhnlich furchtlos.

Einmal erwachte ich durch Büchsengeklapper dicht neben meinem Ohr, dann hörte ich ein scharfes Kratzen von Klauen, direkt im Zelt. Mit zitternden Fingern entzündete ich das Windlicht, es geschah aber nichts weiter. Ich schlief wieder ein. Als ich am nächsten Morgen nach meiner Foto-Jagd zum Frühstück erschien, fragte mich Jim, was ich mit der Milch gemacht habe. Ich erzählte ihm von dem nächtlichen Abenteuer, worauf er zu dem Schluss kam, dass eine Hyäne die Milch gestohlen hatte. Das erschien durchaus möglich, ich gab aber zu bedenken, dass eine Hyäne wohl schlecht mit der Milchkanne davonlaufen könne. Genau so war es aber. Mwanguno, der Feuerholz sammelte, hatte die Kanne ein ganzes Stück oberhalb des Camps gefunden. Sie stand da, mit fest verschlossenem Deckel, der Milch war nichts geschehen.

Gefolgt von allen Boys kam er mit ihr zurück und zeigte mir die spitzen Kerben, die die Zähne der Hyäne hinterlassen hatten. Ich deutete lachend auf Mwangunos eigene Zähne. Sie waren mindestens ebenso spitz wie die der Hyäne. Als Kamba feilte er seine Zähne so zu, dass sie denen einer Säge ähnlich sahen. Die Boys griffen den Scherz fröhlich auf und taten so, als verglichen sie die Spuren an der Kanne mit Mwangunos markanten Eckzähnen. Mwanguno lachte mit den anderen über diesen Spaß. Keiner reagierte besser auf einen Spaß als er. Er bekam immer mehr ab, als er verdiente, aber er konnte es verkraften, er war ein großartiger Charakter. Als ich ihn einstellte, zwinkerte ihm der Wildwärter zu und rief herzlich: »Hallo, hier haben wir ihn ja wieder, Mwanguno, den alten Teufel!« – womit er stürmischen Beifall erntete. Aber was sollte man machen, er *war* ein alter Teufel, ein Faulpelz und ewig mürrisch, und doch kam man nicht umhin, ihn gernzuhaben. Er hatte keine echte Aufgabe auf dieser Reise – während der ersten Safari war er unser wichtigster Abbalger gewesen –, aber er war mit den anderen zum Bahnhof gekommen, und sein Anblick hatte alte Zeiten heraufbeschworen. Bestimmt geschah es aus Sentimentalität, aber ich musste ihn einfach engagieren. Ich hätte es mir vielleicht noch einmal überlegt, wenn er nicht wieder mit dem schmutzig weißen, runden Hut aufgetaucht wäre, der einen an das Spitzenpapier denken ließ, das man unter den Kuchen legt, und in denselben fleckigen, ausgebeulten Kattunhosen, die mich immer an den Piraten Israel Hands erinnert haben und die ihm nur halb bis zu den merkwürdig krummen Waden reichten.

Ich werde nie vergessen, wie sich Mwanguno mit mir an der Haut des Löwen abarbeitete, der meinen Vater zerrissen hat, oder wie umsichtig er später das Versteck des weißen Nashorns auskundschaftete. Er verlor nie ein lobendes Wort. Selbst der Bongo, den wir nach sieben Wochen harter Jagd erlegt hatten, konnte ihn nicht zu dem erhofften Freudenausbruch hinreißen. Daher werde ich nie vergessen, wie er meinen Wasserbüffel lobte. Nicht das Lob selbst hatte mich damals so berührt – die Hörner waren durchschnittlich –, sondern die Intuition, die dahintersteckte. Ich hatte den Wasserbüffel unter schwierigen Umständen gejagt, ganz allein an der Grenze zum Kongo, als ich versuchte, die Sammlung meines Vaters zu komplettieren. Nach ein paar zermürbenden Tagen brachte ich endlich den Kopf und die Haut zurück, Mwanguno zählte sorgfältig sämtliche Hornringe und erklärte, der Wasserbüffel sei ein altes Tier gewesen und *makubwa sana*, riesengroß.

Ganz anders als Mwanguno war mein persönlicher Boy, Jim, auch er ein Kamba – obwohl er seine Zähne nicht feilte –, auch er ein Mitglied unserer vorigen Expedition, der Boy meines Vaters. Er war so ruhig wie Mwanguno redselig, ich musste bei ihm immer an die Redewendung vom stillen Wasser denken. Niemand durchschaute seine Gedanken. Als einziger der sechs Boys war er hochgewachsen, und weil er so schlank war und sich so aufrecht hielt, vergaß man seine Größe nie. Auffallend waren auch seine hohen, ausgeprägten Wangenknochen. Sie gaben ihm das Aussehen eines Zigeuners. Er war ein perfekter Boy. Und doch kam mir der Verdacht, dass sich unter der Oberfläche seiner Beflissenheit eine unbestimmte Feindseligkeit verbarg. Er glitt still wie ein Schatten daher und hatte die Angewohnheit, immer dann urplötzlich aufzutauchen, wenn ich es am wenigsten erwartete. Und auch, wenn er sich aufrichtig über meine guten Tage zu freuen und die schlechten zu bedauern schien, war seine Gegenwart für mich so beunruhigend und problematisch wie mein eigenes Gewissen.

Jim hatte mir Karioki vermittelt, vom Stamm der Kikuyu. Er war ein begnadeter Koch, einer der seltenen und willigen Köche, die nie auf Anweisungen warten und denen immer etwas einfällt, selbst wenn die Speisekammer leer ist. Er konnte in einem Eisentopf Brot backen, seiner Fantasie waren keine Grenzen gesetzt, und er verschmähte Wiederholungen, wie dürftig seine Vorräte auch aussahen. Aus einleuchtenden Gründen ist der Koch eine sehr wichtige Person. Er genießt großes Ansehen bei den Boys und kann eine Expedition zum Gelingen bringen oder sie verderben. Karioki sorgte für ihr Gelingen. Er war schnell und immer gutgelaunt, absolut ehrlich und hatte einen guten Einfluss auf das Camp.

Der fünfte war Muthungu, einer der Träger auf unserer ersten Safari, den ich als Küchenjungen einstellte. Er sah einfach genau wie einer aus: klein, die Kleider immer zerlumpt wie die eines echten Bettlers, weder hübsch noch besonders schlau. Aber er meinte es gut, und auch er war ein Teil der Vergangenheit. Als Kamba hatte er seine Zähne so spitz gefeilt, dass sein freundliches Grinsen an einen kleinen chinesischen Drachen erinnerte.

Den Sechsten und Letzten, Asani, hätte ich eigentlich als ersten beschreiben sollen, da er mir am liebsten war – er soll im nächsten Kapitel eine eigene Seite bekommen.

Vor meinem Zelt scherzten die Boys immer noch mit Mwanguno wegen der zerbissenen Milchkanne, als sich ein Einheimischer zwischen ihnen hindurchdrängte und mir zurief, er könne mich zu einer Giraffenherde führen, »gar nicht weit von hier«. Die Nachricht elektrisierte mich, ich hatte in Selengai noch keine Giraffe gesehen, obwohl ich seinem »nicht weit von hier« misstraute. In Afrika bedeutet das ausnahmslos einen zwei- oder dreistündigen strammen Marsch. Wie sich herausstellte, war es weit mehr als das. Wir machten uns um ein Uhr auf den Weg, zur heißesten Stunde eines schwülen Tages, und marschierten gute acht Meilen, ohne ein einzige Giraffe zu Gesicht zu bekommen. Zu allem Unglück verliefen wir uns auf dem Rückweg. Ich hatte den Schlenker unterschätzt, den wir zuvor gemacht hatten, und steuerte nach Norden, wo das Lager doch einige Meilen südwärts lag. Der Guide war schon längst zu seinem Dorf zurückgegangen. Durch einen glücklichen Zufall stieß Asani schließlich auf die Fahrspur aus Kiu. Wir folgten ihr, so schnell wir konnten, um das Camp noch vor Einbruch der Dunkelheit zu erreichen.

Als ich daher marschierte, erschöpft durch den Fehlschlag – nur eine von vielen fruchtlosen Unternehmungen –, und meine lahmen Beine verwünschte, die das Gehen zu einer ungeahnten Tortur machten, fragte ich mich, ob es wirklich klug gewesen war, das alles noch einmal auf sich zu nehmen, oder ob nicht auch ich zu den unzähligen Narren gehörte, die versuchen, die Vergangenheit zurückzuholen. So herrlich, wie alles war – die Zeit in Selengai erwies sich auch als bittere Bewährungsprobe. Ein Flecken mitten in der Wüste, Vergangenheit und Zukunft gleichermaßen außer Reichweite. Ich hatte Freunde aufgegeben, die Zivilisation, einfach alles, für etwas Undefinierbares. Ich hatte es früher schon einmal in der Wildnis gefunden, zu Beginn jener Wochen im Kongo, als ich ziemlich allein gewesen war. Seitdem erschien mir jedes andere Streben verfehlt. Ich war zurückgekehrt, um mich tiefer in diese Initiation hineinzubegeben, und jetzt gelang es mir zu meiner angstvollen Bestürzung nicht, den Weg wiederzufinden. Während dieser blinden Suche fühlte ich mich so oft hilflos und in einem Maße einsam, dass ich drauf und dran war, alles stehen- und liegenzulassen. Aber ich hatte leichtfertig von einer fünfmonatigen Tour gesprochen, und sei es auch nur um des Stolzes willen: Mehr als die Einsamkeit fürchtete ich mich davor, umzukehren. Fünf Monate, im Grunde genommen ein unbedeutender Zeitraum. Allein mit seinen eigenen Gedanken, ohne einen einzigen Menschen, mit dem man eine Idee austauschen kann, können fünf Monate jedoch eine Ewigkeit sein, wenn man nicht Mittel und Wege findet, sich selbst zu entkommen. Natur und Einsamkeit hielten diese auf Schritt und Tritt bereit, viel echter, als es der Zivilisation, die zur Flucht nur ein zeitweiliges Vergessen anzubieten hat, jemals gelingen wird. Der Preis war, dass man weite Strecken an Einsamkeit allein zurücklegen musste, wozu es den richtigen Geist erforderte. Ein einziger sehnsüchtiger Blick zurück, und alles war verloren.

Während ich zum Camp zurück humpelte, verschwand die Härte des Tages unter den zerschmelzenden Farben des Abends. Die Zärtlichkeit, die sich über Erde und Himmel ausbreitete, sorgte unvermutet dafür, dass die Gleichgültigkeit wich, die mich umgab, und so gewiss, als hätte sich eine Hand auf meine Schulter gelegt, machte mich etwas auf eine schützende Wachsamkeit aufmerksam. Gezwungen zu sein, vieles allein durchzustehen, war unvermeidlich, der einzige Weg, etwas zu lernen. Aber in diesem Moment überkam mich die Gewissheit, dass mir niemals mehr aufgebürdet werden würde, als ich ertragen konnte.

Diese Erkenntnis war wie ein Regenbogen vor einem schwarzen Sturm. Es wurde dunkel, und ich hatte noch einen langen Weg vor mir. Nach einer weiteren Stunde quälte mich mein Fuß so sehr, dass ich kaum noch laufen konnte. Wegen der Schmerzen, mehr noch aber wegen der heillosen Niederlage dieses Tages war ich den Tränen nah. Endlich tauchte ein Licht auf, ich brach durch die Bäume, und da war das Zelt.

Die krönende Schmach wartete jedoch nach dem Abendessen, als Jim gute Nacht wünschte und es nicht lassen konnte, nach Anweisungen für den nächsten Morgen zu fragen. Bei klarem Wetter gab es um halb sechs Tee, war es bewölkt, wurde Punkt acht gefrühstückt. Ich hatte die Frage befürchtet, obwohl er sie noch nie gestellt hatte. Irgendwie ahnten die Boys, wie müde und niedergeschlagen ich war. Ich tat ihnen leid. Das war schwer zu ertragen, in Sachen Ausdauer hatte ich meinen Stolz. Ich wusste genau, dass ich die langen Wanderungen nach den Strapazen der ersten Safari nicht mehr bewältigen würde, und hatte mir eingebildet, die Fotografie sei eine endlose Geduldpartie – ich müsse nur neben den Wasserlöchern ausharren. Aber in Afrika – auf jeden Fall in der Wildnis – muss man sich entweder schinden und Herzblut schwitzen, oder eben zu Hause bleiben.

Ich wünschte, ich hätte nicht wieder dieselben Boys angeheuert. Sie durchschauten meinen Bluff und erwarteten etwas Besseres. Ich empfand die Bitterkeit einer Primadonna, die vor einem nachsichtigen Publikum singt, das sich bemüht, aus ihren unsicheren Tönen die Schönheit einer Stimme herauszuhören, die ihren Zenit schon lange überschritten hat. Mein Geist war willig, Lahmen und Erschöpft sein kamen mir so bitter vor wie das Alter.

Ich saß am Feuer, ohne Musik zu hören, die Gedanken von schwarzer Rebellion erfüllt. Auf einmal hasste ich Selengai mit einem blinden, unvernünftigen Hass, hasste das meilenweite, ausgedörrte Grasland voller Zecken und ohne Wild, hasste die wüsten, dornigen Orte und vor allem meinen eigenen sinnlosen Beschluss, hier einen ganzen Monat zu verbringen.

Am frühen Morgen wurde ich vom Wiedehopf geweckt. Mit Gewissensbissen wegen der vergangenen Nacht sprang ich aus dem Bett und rief nach Tee. Der Himmel war golden, die Erde samtig vom Tau, und der Stamm der Akazie, die mich beschirmte, schimmerte in den ersten Sonnenstrahlen rot wie eine Lärche. Diese Herrlichkeit erfüllte mich wieder mit Freude und richtete mich auf. Als ich an meine Mutlosigkeit zurückdachte, wurde ich rot vor Scham.

Ich zog mich rasch an. Die Boys sollten mir ein neues Versteck bauen, bevor die Sonne zu stark wurde. Ich führte sie zu einem Knie im Flussbett unterhalb vom Camp, neben einer der bevorzugten Trinkstellen. Nachdem ich den Sand abgeschritten hatte, entschied ich mich für einen Platz am Rande des Schilfs.

Die saftigen, grünen Sträucher waren nicht recht geeignet, sie verdorrten, kaum dass man sie geschnitten hatte. Der störrische Dornbusch konnte der Sonnenhitze als einziger widerstehen. Er ließ sich kaum schneiden und noch weniger bearbeiten, ich brauchte Stunden, auch nur das kleinste Ästchen abzuschlagen, aber ich schaute gerne zu, wenn die Boys die Büsche mit ihren Pangas bearbeiteten. Als ich diese leichten Äxte genauer betrachtete, stellte ich fest, dass die langen, flachen Klingen praktisch keine Schneide besaßen. Der Stahl war so stumpf und schartig, dass man kaum eine Schnur damit hätte durchtrennen können. Die Boys schwangen sie selten aus der Schulter oder mit ganzer Kraft. Ein geschickter Streich aus dem Handgelenk reichte, und die Dornenzweige fielen wie Zuckerrohr.

Während die Boys weiter ins Land zogen, um Zweige zu schlagen, schnitt ich armeweise Schilfrohr und breitete es auf dem Boden des Verstecks aus. Es leuchtete hellgrün, wie Fähnchen auf einer Wiese, und glitzerte von Tau. Um mich her war die Welt vor Farben außer sich. Ich musste eine Pause machen und alles verkehrt herum betrachten, um es so zu sehen, wie es wirklich war. Lange Schatten, reinstes Lila und Kobalt, fielen über den goldenen Sand, und gegen das türkisblaue Wasser erschien der Himmel fast grün. All das und die Freude an einer so schlichten Arbeit wie dem Schilfschneiden im frühen Sonnenschein, zum Gesang der Vögel, trug meinen Geist auf den Schwingen des Morgens. Ich wusste wieder, wie gut es war, am Leben zu sein.

Am gleichen Tag sah ich eine Giraffe. Leider schlug eine Zebraherde Alarm, und sie blieb auf Distanz. Ich folgte ihr aber durch das Flussbett, und zweimal stieß ich dabei unversehens auf sie. Im Schutz eines Baums schlich ich mich beim zweiten Mal an sie heran. Sie ließ den Baum absichtsvoll zwischen uns und verschwand, ehe ich sie genauer betrachten konnte. Dann sah ich sie noch einmal, wie sie durch das breite Flussbett galoppierte, mit jener schwerfälligen Anmut, die einen so gemächlichen Eindruck machte und sie dabei so rasch von mir entfernte. Dort, wo das Flussbett fast einen rechten Winkel beschrieb, hielt sie inne, warf einen furchtsamen Blick zurück, spreizte die Vorderbeine und neigte den Kopf, um zu trinken. Sie behielt mich wachsam im Auge, und da keine Hoffnung bestand, ihr näherzukommen, hockte ich mich hin und beobachtete durch den Feldstecher, wie sie da stand, dunkelscheckig auf dem goldenen Sand, höher als die vom späten Sonnenlicht gesprenkelten Stämme der Akazien. Noch einmal ging sie zum Trinken in die Grätsche, richtete sich dann auf, galoppierte lautlos um die Flussbiegung und war verschwunden.

Als ich etwas später bei der Trinkstelle anlangte, verstand ich, warum die Giraffe dort ungeschützt Halt gemacht hatte. Der Fluss war ein Stück zuvor versiegt und dies das letzte Wasserloch. Ich war durch den seichten Strom geplatscht, als er plötzlich vor meinen Augen im Sand verschwand. Kurz darauf mussten die Einheimischen flussaufwärts eine ihrer Rindertränken geöffnet haben, denn wie beim Ansteigen der Flut begann der Bach wieder langsam zu rinnen. Eine weiße Ablagerung überzog den Sand, das Wasser schmeckte bitter und salzig. Beim Camp war es im Gegensatz dazu sehr gut und süß.

Ich wollte gerade der Flussbiegung folgen, wie es die Giraffe getan hatte, als ich sieben Zebras erblickte, die direkt auf mich zusteuerten. Die Boys waren ein Stück hinter mir. Ich machte ihnen ein Zeichen und verkroch mich rasch in einer Mulde unterhalb vom Ufer. Nie war ein Hinterhalt ergiebiger, denn ein Hengst, das Leittier, trottete ganz nah an mir vorbei, sehr müde und durstig, mit hängendem Kopf und halbgeschlossenen Augen. Träge wedelte er mit dem Schwanz die Fliegen fort.

Sobald er sich auf meiner Höhe befand, drückte ich auf den Auslöser, er hörte es, entdeckte mich, blieb jäh stehen, bäumte sich auf, fuhr mit den Hufen in der Luft herum und stob in wahnsinnigem Galopp davon. Sandwolken wirbelten rings um ihn auf. Noch nie hatte ich solch einen panischen Ausbruch erlebt, und es tat mir wirklich leid. Die anderen Tiere betrachteten reglos dieses außergewöhnliche Schauspiel und fragten sich vermutlich, was da vor sich ging. Ich filmte nach Herzenslust, denn anstatt davon zu galoppieren, trotteten sie nur ein wenig zur Seite und wandten sich dann zu mir um. Wahrscheinlich waren sie zu durstig, um sich allzu viel aus mir zu machen. Ich schickte Asani los, um sie zu umrunden und von hinten anzutreiben, versteckte mich gleich wieder und hoffte, sie würden ein weiteres Mal an mir vorüberziehen. Doch dazu waren sie zu weise. Schließlich kletterte ich aus dem Flussbett und ließ sie in Frieden.

Ich war gerade dabei, ein Neuland voller Möglichkeiten zu erforschen, und dachte nur ungern an den Rückweg. Nichts ist faszinierender, als einem trockenen Flussbett zu folgen. Ich wollte nur noch einen Blick hinter das nächste Knie tun, ehe ich mich endgültig losriss.

Erst nach Einbruch der Dunkelheit kamen wir zum Camp. Mohamed war ein schlechter Guide. Während ich keine Schwierigkeiten hatte, die Wegmarken wiederzuerkennen, hielt er sich die ganze Zeit über unsicher an den Fluss, um sich zu orientieren. Wir bewegten uns auf der Anhöhe, um die vielen Flussschleifen zu umgehen, als mir auffiel, wie weit wir uns auf dieser geraden Linie entfernten. Ich steuerte auf die Bäume zu, bei denen ich die Giraffe zuerst gesehen hatte, schlug einen rechten Winkel und übernahm ungeduldig die Führung.

Die Freude, voranzugehen, inspirierte mich, und meine Schritte wurden größer, ein kühler Wind umwehte uns, und die purpurnen Banner des Sonnenuntergangs flammten über unseren Köpfen.

Aus dem Augenwinkel sah ich, wie Mohamed mehr und mehr zurückblieb. Ich dachte zuerst, er wäre wütend auf mich, aber das passte nicht recht zu ihm. Als ich endlich durch die Dunkelheit das Licht der Lagerfeuer ausmachte, verriet er mir, dass er Fieber hatte.

Auch ich lag am nächsten Tag mit Fieber da. Keiner entkam. Bei den Moskitos hier handelte es sich um die fiebererregenden Anopheles. Millionen von ihnen umschwirrten uns Tag und Nacht. Trotz der Moskitonetze waren wir alle heftig zerstochen.

Während der nächsten Tage baten die Massai vergebens um Behandlung, das Wild trank ungestört, und im Camp war es ungewöhnlich ruhig.

Fieber ist wie Seekrankheit. Man denkt nie daran, bevor es einen überfällt, und so lange es anhält, hat man das Gefühl, nichts könne jemals wieder so werden wie zuvor. Sogar die Boys waren furchtbar entmutigt. Sie schluckten Chinin und Aspirin, hüllten sich bis über den Kopf in ihre Decken und legten sich so in die pralle Sonne. Gegen alle Übel ist die Sonne die beste Medizin.

Ich lag im Bett, zitterte unter Anfällen von Schüttelfrost – trotz vier Decken und tropischer Temperaturen – oder wurde von Feuer verzehrt. Mein Geist schwebte wie von allein davon, einmal nach England oder in die Alpen, meist aber nach Norwegen, zurück zu den Sommerferien meiner Kindheit. Nach endlosen Schwierigkeiten fand ich eins meiner Lieblingsgewässer und warf die Fliege aus, dort, wo die Strömung sie fast über einen Fels in der Mitte der Strömung trug. Das Kreischen der Kurbel brachte mich mit einem Ruck zurück an die Oberfläche und löste sich quälend im Schnarren der Zikaden vor dem Zelt auf. Stückchenweise setzte ich meine Umgebung zusammen. Mir wurde bewusst, dass mein Kopf vor Schmerz pochte. Die paar Takte des Wiedehopfs schlugen so laut und beharrlich in mein fiebriges Hirn wie ein Hammer auf den Amboss. Monströs und drohend erschien dieser Amboss jetzt über mir, und jeder Schlag ließ eine neue Woge des Schmerzes durch meinen Kopf branden. Wie ich mich auch drehte und wand, es gab kein Entrinnen. Grundlos verfolgte mich ein Vers, vermutlich von Bret Harte, den ich vor Jahren gelesen hatte:

»I sez to Maria, Maria sez I,
Praise to the face is open disgrace!«[6]

Es begann ganz klar, als rationale Aussage. Die Zikaden griffen sie auf und wiederholten sie als langes, bedeutungsvolles, heiseres Flüstern, der Wiedehopf synkopierte sie ausdauernd, die Frösche verstärkten sie, warfen sie hin und her wie eine übermütige Melodie. Die Tauben übernahmen sie, veränderten ihren Rhythmus und gurrten sie in endloser Wiederholung, bis sie einen unerträglich schwülstigen, flehenden Klang annahm. Die Zikaden rissen sie erneut an sich, schrill wie dreihundert Sägen, die in der wahnsinnigen Emphase eines Alptraums rasselnd hin- und herfuhren, bis sie sich tief in mein Gehirn zu sä-

6 »Ich sag zu Maria, Maria sag ich, / Lob ins Gesicht ist offensichtliche Schande!«. Francis Bret Harte (1836–1902), US-amerikanischer Dichter und Schriftsteller, bekannt für seine Porträts der Minenarbeiter, Spieler und romantischen Gestalten des kalifornischen Goldrauschs. [KR]

gen schienen. Die Geschwindigkeit steigerte sich rasant. Alles drehte sich auf einem riesigen Rad, Funken stoben, seltsame Formen flackerten auf. Plötzlich explodierte alles mit den seltsamsten Geräuschen, Bagger knirschten und kreischten, vor Angst schnellte ich empor. Es ging schneller und schneller. Ich keuchte und bemühte mich, mitzuhalten, doch meine Füße waren weit entfernt und schwer von Lehm. Dann begann ich zu fallen, ich fiel und fiel, bis die gesegneten Wogen der Bewusstlosigkeit über mir zusammenschlugen.

Stunden später erwachte ich. Durch die Öffnung des Zeltes sah ich ein fahles Himmelsdreieck, an dem blasse Sterne schimmerten. Der Wiedehopf war verschwunden, und eine köstliche schwache Brise durchzog die Dämmerung. Alles war normal, konkret, beruhigt, vor allem aber unendlich still. Es war vorbei. Ich fühlte mich tief erfrischt und auf idiotische Weise glücklich. Das einzige, was mir zu meinem Glück fehlte, war ein langer, langer Trunk. In dem Moment erschien Jim mit einem Tablett, und mein Blick fiel auf die blaue Teekanne, die im Licht der Laterne leuchtete.

Kapitel 3

Momente, die wirklich zählen

Die verborgenen Waffen der Tropen hatten sich in Erinnerung gebracht, doch ein jeder erholte sich rasch. Körperlich fühlte ich mich schwach wie ein Kätzchen, geistig surfte ich auf dem Kamm der blauesten schaumgekrönten Welle. Dies war der Weg des Fiebers und eine Entschädigung für die mit ihm einhergehende schwarze Depression.

Für mich brachen einige gute Tage an. Das Fotografieren hatte zum großen Teil mit Glück und Geduld zu tun, und mit der Zeit lernte ich die Gewohnheiten jeder einzelnen Herde kennen und wusste, wo und wann sie zu finden war.

Einen ganzen Nachmittag verbrachte ich in der Nähe einiger Impalas, die anmutigsten aller Antilopen, und beobachtete drei Böcke beim Sprung über einen umgestürzten Stamm, so hoch wie ein fünfsprossiges Gatter. Die Schatten hatten sich schon ausgebreitet, und auf dem höchsten Punkt seines Sprungs wurde jedes Tier eine flüchtige Sekunde lang von den letzten Sonnenstrahlen erfasst, blitzte auf wie poliertes Gold, die gebogenen Hörner zurückgeworfen, und verschwand sogleich darauf in der Dunkelheit.

Nur ein einziges Mal gelang es mir, mich den Gnus zu nähern, ein absoluter Glücksfall.

Ich hatte einige Zebras verfolgt, die im Flussbett, unterhalb von mir, tranken. Auf allen Vieren kroch ich durch das Gras, die Sonne in den Augen, bis ich auf einer flachen, roten Klippe ins Freie gelangte. Stückchen für Stückchen schob ich mich vorwärts, kam mit dem Kopf bis zum Rand und konnte von dort aus hinunterschauen. Schon beim ersten Blick schlug mein Herz vor Aufregung. Direkt unter mir standen zwanzig Gnus, ganz nah, ich hätte mich leicht auf ihren Rücken fallen lassen können. Hinter ihnen, im vollen Licht, die Zebras. Die Szenerie war so perfekt, wie es sich jedes Fotografenherz nur wünschen konnte. Die Zebras wurden von den überhängenden Bäumen gerahmt, vom Wasser gespiegelt und hoben sich vor einer Biegung des Flussbetts ab, das sich im Hintergrund verlor. Die Gnus, die unter mir im Staub stampften, hatten keine Ahnung, dass ich da war, und um nichts in der Welt wollte ich das Risiko eingehen, sie durch das metallische Klicken der Filmkamera aufzuscheuchen. Jeder kann eine Schar Zebras fotografieren, aber so nah an eine Gnu-Herde heranzukommen, passiert nur einmal. Ich konnte diese Chance unmöglich vertun.

Die Gnus, Kilimandscharo- oder Weißbartgnus, die darauf warteten, dass sie zum Trinken an die Reihe kamen, standen beieinander, stießen unablässig mit den Hörnern in die Luft und schlugen mit dem Schwanz nach den Fliegen, die sie als brummende schwarze Wolke umschwirrten. Über ihnen hing der Staub als roter Dunst vor der Sonne. Ihr Fell schimmerte wie Silber oder flüssiges Blei. Von ihrem schweren Nacken floss eine schwarze Mähne, ein weißer Bart zog sich an Hals und Brust entlang. Die sichelförmige Kurve ihrer Hörner und ihre massiven Schultern gaben ihnen eher das Aussehen von Büffeln als von Antilopen und dass ihr Hinterleib schräg und unverhältnismäßig abfiel, wurde von ihrem schönen schwarzen Schwanz wettgemacht, langhaarig wie der eines Pferdes, der bis zu ihren Hufen hinabfiel. Sie grunzten und schnaubten, ihre Flanken bebten vor Hitze und Erregung. Sie verhielten sich kaum anders als eine Rinderherde an einem heißen Sommertag, doch da es sich bei ihnen um Wildtiere handelte, war alles fremd und aufregend. Aufregend auch, ihnen so nahe zu sein, dass man sie riechen

konnte, sie atmen hörte, sah, wie sie mit ihren dunklen, bläulichen Augen zwinkerten oder ihre feuchten Nüstern leckten.

Je näher man den Wildtieren kommt, desto größer ist aber auch die Enttäuschung. Die Pirsch war erfolgreich, die Belohnung so nah – doch ob man sie nun als Jäger tötet oder als Fotograf ein Bild von ihnen schießt, am Ende entgehen sie einem doch. Die Trophäe ist tot, die Fotografie nichts. Ich glaube, dass ein jeder, und sei er ein noch so begeisterter Sammler, der stundenlang zwischen Hoffnung und Verzweiflung einer Fährte folgte, empfindet, was auch ich empfand, als ich dort lag und die Gnus beobachtete: dass die wahre Belohnung darin bestehen würde, sich unter sie zu mischen, ohne dass sie etwas dagegen hätten.

Ich mochte den Zirkus nie. Als Kind ekelte mich der geballte Geruch von zertretenem Gras, Dung und Theaterschminke in der stickigen Dämmerung des Zeltes, mir wurde übel. Ich war mir sicher, dass der Clown nur deshalb so zwanghaft scherzte und lachte, um ein gebrochenes Herz zu vertuschen, und dass sich hinter den schrecklich stupiden und geduldigen Blicken der Zirkustiere ungeahnte Tiefen an hoffnungslosem Elend verbargen. Ich besaß aber nicht die Willensstärke, den Besuch zu verweigern. So kauerte ich während der Vorstellung da und hoffte, man würde mich am Ende zu den Tieren lassen, um sie zu berühren – was aber nur ein einziges Mal geschah, als ich das kleinste Pferd der Welt streicheln durfte.

Und ich hatte das Gefühl, als sei das ganze Leben so: Man wurde nie hinter die Kulissen gelassen. Hier war ich nun, in der vordersten Reihe, und konnte diese Gnus fast berühren, doch auf die kleinste Bewegung von mir würden sie die Köpfe senken, die langen Schwänze über ihre Rücken wirbeln und in Panik davonrasen. Ich kroch vorsichtig zurück, ehe sie mich entdeckten. Zumindest ein kleiner Trost.

Auf dem Rückweg war ich ebenso beschwingt wie betrübt und dachte darüber nach, wie merkwürdig es ist, dass die Menschen, die die Tiere am meisten lieben, oft die sind, die Jagd auf sie machen. Es gibt Theoretiker auf dieser Welt, die ein solches Paradox nicht eingestehen. Aber wer weiß mehr über das Verhalten von Vögeln und Säugetieren als der Jagdaufseher? Wer konnte so verständnisvoll über Fische schreiben wie Izaak Walton, der besessenste aller Angler? Und niemand, der die Fährte eines Tieres nicht einen ganzen langen Tag verfolgt hat, wird wirklich begreifen können, wie eng man mit dessen Geist und Persönlichkeit in Kontakt kommen kann. Das Tier hat seine Gedanken auf dem Sand zurückgelassen, wie ein offenes Buch, das es zu lesen gilt: Hier trottete es ruhig daher, hier galoppierte es erschreckt davon, hier hielt es inne, um zurückzuschauen, dort ging es gemächlich weiter, äste, trank oder legte sich hin. Im Laufe der Stunden, durch die immer neuen Spuren, gewinnt das Tier vor einem an Gestalt, man wird so sehr eins mit ihm, dass man sich in seinen Charakter hineinversetzt. Wir jagen das, was wir lieben, weil wir es besitzen wollen. Das ist vielleicht nicht menschenwürdig, aber menschlich. Und niemand, der die Tiere nicht in allererster Linie liebt, würde sein Leben damit verbringen, sie zu erforschen, über sie nachzudenken, ihnen zu folgen. Dieser besondere Theoretiker, der die Tiere dagegen so sehr liebt, dass er sie nicht behelligt, hat nie den unstillbaren Wunsch verspürt, sich seinem Gegenstand zu nähern.

Die faszinierende Kunst des Fährtenlesens war jetzt zwar weniger gefragt, ich begriff aber mehr und mehr, dass mich die Fotografie der Natur viel näher brachte, als die Jagd es je vermochte, denn jetzt konnte ich in Ruhe beobachten und war nicht unentwegt auf Beute aus. Das Wesen des Spiels bestand darin, die Tiere aus größtmöglicher Nähe zu betrachten, ohne sie zu stören, und sich zurückzuziehen, ehe sie die fremde Anwesenheit wahrnahmen. Bald war ich auch geschickt genug, um Mohamed zu entwischen. Kam ich abends rechtzeitig zum Camp zurück, dann stahl ich mich bei Sonnenuntergang unbemerkt zu einem Ameisenhügel, wo er mich weder sehen noch hören konnte.

An einem dieser Abende beobachtete ich gerade eine Kette von Perlhühnern, wie sie im Staub scharrten, als ich eine Giraffe erblickte, die durch die Büsche ruhig auf mich zukam. Ich hielt den Atem an und betete, sie möge weitergehen, doch ein Windstoß muss ihr das nahe Camp verraten haben. Sie änderte ihren Sinn und trabte davon.

Es waren einzig und allein diese Momente, die wirklich zählten. Das Zwielicht ließ die Akazien vor dem Himmel zu flachen, grünen Farbflächen zergehen und gruppierte sie mit einer ruhigen Heiterkeit, die mich an Corot erinnerte. Und obwohl die Sonne schon untergegangen war, fühlte sich die Erde in der einbrechenden Dunkelheit noch warm an. Ehe ich mich versah, breitete die Nacht ihre Flügel aus, und die Sterne erschienen. Ich riss mich von der allumfassenden, wohlwollenden Stille los, in die sich nun langsam der Gesang der Grillen und der unaufhörliche, rhythmische Chor der Frösche mischte, und schlich verstohlen zum Camp zurück, wo das Feuer einladend unter dem Baum knisterte. Außerhalb des Feuerscheins hangelte ich mich an den Zeltseilen entlang und ließ mich dann geräuschlos in meinen Campingstuhl gleiten. Es wurde zum Spiel, ihn unentdeckt zu erreichen. Oft glaubte ich schon, gewonnen zu haben und musste mich beherrschen, nicht vor Schreck aufzuspringen, wenn Jim lautlos aus dem Schatten trat. War ich sehr spät, schwang, wie mir schien, ein leiser Vorwurf in seiner Stimme, wenn er bemerkte, mein Bad sei bereits fertig. Er verriet mich aber nie.

Eines Tages kam ein Einheimischer mit der Nachricht zum Camp, er habe einen Elefanten in der Nähe gesehen. Ich folgte ihm sofort durch den gleißenden Sand des Flussbetts, auch wenn ich eine Wiederholung der Giraffenjagd voraussah. Nicht ohne Grund. Die Sonne brannte vom Zenit, der Wind wechselte unentwegt die Richtung, und die Rinder hatten die Spur bereits zertreten. Stundenlang irrten wir ziellos umher. Schließlich machte Asani den Elefanten eine Meile vor uns aus, als er das offene Feld hinter einem Waldgürtel überquerte. Ich griff nach der Kamera und hastete durch das hüfthohe Gras. Im nächsten Moment fiel ich kopfüber in das Loch eines Ameisenbärs. Mohamed tat es mir gleich, und kurz darauf verschwand auch Asani mit der Spiegelreflexkamera. Wir pirschten uns nicht eben vorsichtig an.

Der Wind drehte ständig. Als wir den Elefanten beinahe eingeholt hatten – er war noch etwa sechzig Meter entfernt –, beschwor mich Mohamed, nicht zu nah heranzugehen. Der Elefant trottete voran, schlug mit den Ohren und blies mit dem Rüssel hin und wieder Staub in die Luft. Die Boys meinten, er teste so die Windrichtung. Es war unmöglich, ihm den Weg abzuschneiden, er war zu schnell. Wir mussten rennen, um ihn nicht zu verlieren. Da ich nichts anderes von ihm verewigen konnte als sein Hinterteil, ließ ich ihn schließlich ziehen.

Asani hatte den Elefanten zuerst ausgemacht – als bloßen Fleck im Gras, eine Meile entfernt und gegen die Sonne. Auf unserer ersten Safari war er anfangs nur Träger gewesen, später wurde er zum Abbalger befördert. Jetzt trug er meine Kameras, aber als Kamba war er eigentlich der geborene Jäger.

Ich mochte Asani von Anfang an. Er war anständig und so freundlich und bereitwillig wie Mwanguno unwirsch und ruppig war. Gutmütig und ohne Arglist, ein geradliniger, einfacher Charakter, ohne Jims verborgene Abgründe. Wenn es irgendwelchen Ärger gab, konnte ich sicher davon ausgehen, dass Asani nichts damit zu tun hatte. Er war schmächtig, aber ungemein drahtig. Ich sah, wie er einen halben Baum hochhob und aufs Feuer warf. Eine seiner Aufgaben bestand darin, nachts für mein Feuer zu sorgen, zusammen mit Muthungu. Asani war ein kluger Fährtenleser, ein erstklassiger Abbalger und schaffte es immer, mir im rechten Moment die richtige Kamera zuzureichen. Er hatte ein breites Gesicht, seine Augen standen weit auseinander, sein Lächeln wurde nicht durch abgefeilte Zähne entstellt, und war er nicht anderweitig beschäftigt, dann kaute er auf einem Grashalm.

Während der Jagd gingen wir hintereinander: Ich führte, dann kam Mohamed, Asani folgte. Wir berieten uns im Flüsterton über eine frische Spur oder eine Änderung des Plans. Ansonsten verhielten wir uns so still wie möglich. Oft trifft man auf Wild, wenn man es am wenigsten erwartet. Normalerweise sieht es einen zuerst, und in der Steppe breitet sich die menschliche Stimme mit unheimlicher Geschwindigkeit aus. Auf dem Rückweg wurde das Schweigegebot dann stillschweigend gebrochen, die Boys gingen so, wie sie wollten.

Als ich den Elefanten aufgegeben hatte, zogen wir mehr oder weniger geordnet über die Savanne Richtung Camp. Die Boys lachten darüber, wie oft wir in den Erdlöchern verschwanden. Wir trafen auf einen grünen, kuppelförmigen Busch, groß wie ein Haus, und bei näherer Untersuchung stellten wir fest, dass er ringsum mit Akazienzweigen verstärkt worden war. Dahinter verbarg sich eine kleine, keinen Meter hohe, stabile Tür aus ineinander verwobenen Zweigen, mit Angeln aus gebogener Rinde. Ich fühlte mich wie Alice im Wunderland, ging auf die Knie, stieß die Tür auf und schaute hinein. Als sich meine Augen an das dämmerige Licht gewöhnt hatten, erkannte ich einen kleinen, offensichtlich als Küche gedachten Raum, denn das wichtigste dort war ein Ring aus geschwärzten Herdsteinen. Mohamed erklärte, die Hütte sei früher ein geheimer Ort der Massai gewesen, um Fleisch zu essen. Der Distriktverwalter hätte diese Praktiken aber jetzt verboten. Solche Orgien hätten sie »sehr wild« gemacht. Ein Stück weiter entdeckten wir eine Schmugglerhöhle, vor der ein ganzer Baum brannte – die Wurzeln reichten als glühende Säulen fast zwei Meter tief in die Erde –, was darauf schließen ließ, dass noch ein paar Outlaws übrig waren.

Was Essen, Trinken und Kleidung betrifft, setzen die Massai auf ihre Schafe und Rinder. Im Umkreis ihrer Hütten habe ich nie etwas gesehen, das auf Ackerbau deutete. Sie waren einmal der kriegerischste aller Stämme und sind noch heute sehr unabhängig, stolz auf ihre Kämpfer und nicht immer einfach im Umgang. Aber sie machten auf mich einen glücklichen und autarken Eindruck, ohne große oder überzogene Bedürfnisse. Noch bis vor Kurzem hatte das Geld mit all seinen Problemen keinen Eingang in ihr Leben gefunden. Weder verstanden noch wollten sie es. Die Regierung erkannte vor Zeiten, welche enormen Ressourcen latent in den einheimischen Rinderherden ruhten. Die Tiere waren gegen die vielen Krankheiten, die unter dem importierten Vieh wüteten, weitgehend immun. Die Massai erhielten darauf alle möglichen wirtschaftlichen und unternehmerischen Anreize.

Gesteuert von der Regierung, entstanden im ganzen Land Molkereien und Ausbildungsstätten, die ihnen jede Möglichkeit eröffnen sollten, ihre Herden zu verbessern und zu vergrößern, ihre Produkte zu verkaufen und reich zu werden. Der Massai betrachtete sich allerdings als wohlhabend, so wie er war. Er hatte keine anderen Bedürfnisse und wünschte sich keine Dinge, die für Geld zu haben waren. Er sah also keinen Grund, den Viehbestand über seinen Eigenbedarf hinaus zu vermehren. Wissenschaftliche Prämissen, Hygiene und die Methoden der modernen Viehzucht waren ihm ein Gräuel. Er konnte nicht dazu gebracht werden, Wettbewerbsgeist zu entwickeln, der Wunsch nach Macht und Annehmlichkeiten, den Wohlstand ihm erfüllen könnte, hatte in seiner Vorstellungswelt noch keine Wurzeln geschlagen. Heutzutage hat ihn der Ruf des Fortschritts aus seinem einfachen Paradies gerissen, und er hat gelernt, auf genau die Dinge Wert zu legen, deren Wertlosigkeit uns unsere Religion und Philosophie vor Augen führen.

Die Massai, die zur medizinischen Behandlung zu mir kamen, waren eindeutig vom alten Schlag. Ich hätte mir gewünscht, dass ihnen ein paar hygienische Prinzipien vermittelt worden wären. Der Schmutz, in dem sie lebten, war unvorstellbar, auch die Fliegenschwärme, die auf ihren Wunden saßen. Wie sie das Säuglingsalter überlebten, war mir ein Rätsel. Die winzigen Babys, die sie mir brachten, waren halbtot vor Bronchitis. Sie ließen sie vor dem Zelt liegen, bis sie an die Reihe kamen, nackt im kalten Wind, ungewaschen, mit verkrusteten Augen, auf denen sich Scharen von Fliegen niederließen. Eines dieser Babys, um das ich mich besonders kümmerte, hatte eine blinde Mutter. Ich badete es, rieb seine Brust mit Kampferöl ein, bandagierte sie mit Baumwolle und hüllte es in eine Decke. Es war erst zwei Monate alt, seine Mutter konnte es nicht stillen, und sie kam jeden Tag, um Malzmilch für ihr Kind zu holen.

Die üblichen Leiden der Erwachsenen konnten im Allgemeinen mit Chinin oder Bittersalz gelindert werden, bei Geschwüren und ausgerissenen Fußnägeln – eine häufige Erscheinung –, wirkten Lysol, Jod und eine antiseptische Salbe Wunder. Manche Fälle erforderten jedoch einen Experten, und hier stieß ich auf Widerstand. Beispielsweise bei einem Mann, der zur Behandlung eines Schlangenbisses kam, unter dem er bereits seit drei Wochen litt. Sein Finger war vereitert und stark geschwollen. Ich leistete erste Hilfe, so gut ich konnte, badete den Finger an drei Tagen hintereinander jeweils eine Stunde lang in heißem, mit einem starken Desinfektionsmittel versetzten Wasser und rieb die Wunde mit Kaliumpermanganat aus. Nach dem dritten Tag wurde mir die Verantwortung zu groß, ich sagte ihm, er müsse ins Krankenhaus gehen. Irrigerweise hatte ich angenommen, es gebe eines im sechzig Meilen entfernten Kajiado, mit dem Häuptling hatte ich auch schon vereinbart, dass man den Mann dorthin schaffte. Die bloße Erwähnung des Wortes »Krankenhaus« versetzte ihm aber einen solchen Schrecken, dass er davonlief. Ich habe ihn nie wiedergesehen.

Die Fliegenplage lag an den Rindern. Die Massai schienen sich jedoch nie an den Fliegen zu stören. Im Gegenteil, sie betrachteten sie als gutes Omen, denn wie mir ein alter Mann erklärte: »Wo es Fliegen gibt, gibt es Rinder«. Glücklicherweise konnte ich immer in meinen Fliegenschrank aus grünem Moskitonetz entkommen, eine unschätzbare Vorrichtung, die von der oberen Zeltstange aus über Tisch und Stuhl herabfiel. Ohne dieses Netz wäre das Leben in Selengai unerträglich gewesen, die Fliegen schwirrten zu Tausenden umher, und es erforderte Jims ganzes Geschick, mir meine Mahlzeit in den Käfig zu reichen, ohne gleichzeitig einen ganzen Schwarm von ihnen einzulassen. Einmal unter dem Netz, konnte ich in aller Ruhe lesen und schreiben und über die Quälgeister lachen, die die Maschen hoffnungsvoll nach einem Schlupfloch absuchten.

Neben alten Lieblingen bestand meine Bibliothek vor allem aus Büchern, deren Lektüre ich bislang aus Zeitmangel aufgeschoben hatte. Hier draußen, zwischen Ozeanen der Stille, sollte mich nichts hindern, mich nach Herzenslust in Geschichte und Philosophie, Dichtung und Astronomie zu versenken. Theoretisch war das eine großartige Idee, eine im Leben einmalige Gelegenheit. Platon und Shakespeare, Plutarchs *Vitae parallelae* und was sonst noch alles, wartete darauf, gelesen zu werden. Praktisch war in der Wildnis die Zeit aber genauso kostbar wie anderswo, und ich entdeckte bald, dass das »geheimnisvolle Buch der Natur«, das offen vor mir lag, meine vollste Aufmerksamkeit erforderte, wenn nicht gar mehr. Die Literatur sorgte für Entspannung und andere Gedanken. Das erste Buch, zu dem ich griff, war gerade erst erschienen – ich spreche von 1928. Ein Freund hatte es am Bücherstand von Nairobi für mich gekauft: Philip Gibbs' *The Day After Tomorrow*.[7]

Ich gehörte ganz klar zu der Schule, die gegen den Schrei des Fortschritts rebellierte, wenn es bedeutete, die Welt zu vernetzen, sie dadurch kleiner werden zu lassen und Afrika durch zu

7 Philip Gibbs (1877–1962), englischer Autor und Journalist, einer der fünf offiziellen britischen Berichterstatter im Ersten Weltkrieg. *The Day After Tomorrow: What is Going to Happen to the World?*, erschienen 1928 bei Hutchinson & Co., London. [KR]

viele Autos und Flugzeuge zu erschließen. Natürlich gab es kein Zurück. Der Fortschritt musste mit Anstand akzeptiert werden, man konnte sich ihm nicht widersetzen. Im Übrigen war auch ich von seinen Vorteilen abhängig. Ich brauchte mich nur umzuschauen: Meine Zeltplane kam aus China, die Butter aus Neuseeland, der Fisch aus Stavanger, meine Kameras aus Amerika und meine Ausrüstung aus ganz Europa. Ich konnte auch gut ohne Radio oder Wochenzeitung leben, bis zu einem gewissen Grad sogar ohne Briefe. Gibbs' Buch hat mich allerdings erschüttert. Vielleicht war mein Wunsch nach Stille keine Weisheit, sondern nur das hartnäckige Überbleibsel eines überlebten Bedürfnisses.

Als ich am nächsten Morgen durch die ruhige, zärtliche Schönheit des frühen Tages ging, fühlte ich jedoch wieder, dass das Streben nach Einsamkeit seine Berechtigung hatte und dass niemand, der mit der Gelassenheit des Geistes in Kontakt kommt, nicht etwas Kostbares daraus gewinnen kann, das er mit sich trägt und weitergibt. Schwer war nur, diesen Kontakt zu finden. In mein Tagebuch notierte ich:

Harmonie zu erreichen, erfordert anhaltende Konzentration. Sie erwartet dich nicht mit offenen Armen. Du musst dich leidenschaftlich genug nach ihr sehnen, um auf jede äußerliche Unterstützung zu verzichten und dich selbst in Liebe und Demut aufgeben zu können. Du musst dich im Ganzen verlieren, um dich ohne Egoismus wiederzufinden. So lange du zurückschaust, bleibst du entfremdet, ängstlich, armselig und voller Zorn. Aber sobald du dir nichts als diese Einheit wünschst, umgibt dich die schützende Harmonie, und alle Angst ist verflogen. Du bist unermesslich stark, frei und einfach, nicht, weil du du bist, nein, »Du bist Das«[8]. Wachend oder schlafend, dein ganzes Dasein liegt in jenem wunderbaren universellen Geist,

8 Tat Tvam Asi, Sanskrit: »Das bist Du«, oder »Du bist Das«, eine der Großen Verkündigungen im Vedantischen Hinduismus. [KR]

den ich nur durch das Wort »Liebe« beschreiben kann, eine Liebe, die dir unablässig bewusst gemacht wird, eine so große und beständige Liebe, dass du dich in Liebesgedanken über die ganze Welt verströmen möchtest.

Die Einsamkeit löste viele äußere Häute ab, und alles, was ich las, beeindruckte mich tief. *The Day After Tomorrow* verstörte und beunruhigte mich. Hier draußen, schrieb ich in schönstem Hochgefühl, so fern von allem, scheinen die Rätsel des Völkerkonflikts beinahe lösbar. Das ganze Chaos der kämpfenden, ringenden, polemischen, planenden und räuberischen Menschheit, wo jeder nur an sich denkt, und das alles unter einer Wolke, wo niemand Proportionen oder Perspektiven sehen kann, da es niemandem gelingt, aus der Menge herauszutreten und über sie hinauszuschauen … Aus dieser Distanz ist es, als lese man die Geschichte irgendeines vergangenen Geschlechts, und die Lösung scheint weniger in einem neuen Regelwerk zu liegen, um wieder neue Bedingungen zu erfüllen, als in einem großen Gedanken, der wie ein Blitzschlag niederfährt, um diese beängstigende, blinde Geschwindigkeit zu stoppen und die Menschen wieder zum Gedanken der Nächstenliebe zurückzubringen.

Ich fühlte stark, so unmöglich es auch war: Wenn die Mitglieder des Völkerbunds nach Afrika gebracht werden könnten und jeder zwanzig Quadratmeilen unbewohnten Buschlands erhielte, unter der Bedingung, einen ganzen Monat lang keine Rede zu halten, dann könnte es ihnen vielleicht gelingen, mit dem angemessenen Abstand über diese Fragen nachzudenken. Möglich, dass es nicht für alle ein Genuss wäre. Die östlichen Delegierten würden sich bestimmt freudig einrichten, um das Unendliche zu betrachten – oder ihren Nabel. Ein paar übernervöse Latinos könnten aber durchaus verrückt werden. Die Maßnahme ist vielleicht extrem, aber ich glaube, alle wären dankbar für eine kleine Erholung – in der ein oder anderen Form – von dem immer mächtigeren Sklaventreiber, der Zeit.

Ich hatte mich wirklich auf einen Ortswechsel gefreut, doch als der Morgen des Aufbruchs kam, schmerzte es mich, Selengai zu verlassen. Der Abschied von der Akazie, die mich so lange beschützt hatte, kam mir vor wie der Abschied von einem Freund. Ihr Stamm war knorrig vor Alter, und wenn ich in ihre Krone hochschaute, erblickte ich unzählige Nester, sie sahen aus wie kleine Heubüschel, die sich in ihrem Schatten wiegten. Und ob sie die Mittagshitze abhielt oder das Kreuz des Südens wie ein Juwel im schwarzen Filigran ihres Geästes barg, immer war sie eine freundliche Präsenz voller Weisheit und Verständnis. Manchmal fielen die Mondstrahlen durch sie hindurch und spielten sanft mit der Glut des Feuers. Das Zirpen der Grillen und der ständig wiederholte Laut einer kleinen Eule, die auf ihr wohnte, woben sich in die silberne Stille. Lange, nachdem das Camp zur Ruhe gekommen war und der schläfrige Mondschein die Lichtung verzaubert hatte, saß ich noch zwischen den großen Wurzeln des Baumes, vergaß die Zeit und sog die unendliche Schönheit der Nacht in mich auf.

Als alles gepackt und verladen war – auf einen Laster, der mir nach dem Ford so geräumig vorkam wie ein Umzugswagen –, war es schon nach neun. Weitere kostbare Zeit verloren wir, weil wir mitten durch die Rinderherden fuhren, die einen solchen Staub aufwirbelten, dass man nicht die Hand vor Augen sehen konnte. Uns blieb nichts anderes übrig, als so lange zu warten, bis er sich gelegt hatte.

Kaum dachte ich, wir hätten Selengai hinter uns gelassen, da kamen die Hütten und der indische Laden schon wieder in Sicht, und Karua, der indische Fahrer, erklärte, er müsse Benzin besorgen. Das hätte er vor ein paar Stunden auf dem Weg zum Camp erledigen können. Aber diesen Hinweis konnte man sich jetzt sparen. Ich wartete so gelassen wie möglich auf dem Vordersitz des Lasters, dessen Inneres sich unter dem dünnen Blechdach in einen Grill verwandelte, als etwas Wunderbares geschah. Ein verwahrloster kleiner Irish Terrier drängte sich durch die Einheimischen und sprang auf das Trittbrett, auf der Suche nach einem Freund. Auf meine Fragen erwiderten alle, die kleine Hündin habe früher einmal einem Weißen gehört, jetzt aber niemandem. Also hob ich sie einfach in den Wagen und nahm sie mit. Sie hatte anscheinend eine harte Zeit hinter sich, und diese Wende ihres Schicksals schien sie ziemlich zu überwältigen. Ich war überglücklich. Wie sehr hatte ich mich nach einem Hund gesehnt und vergeblich versucht, vor meinem Aufbruch in Nairobi einen zu finden.

Ich konnte diese Geschichte nicht für mich behalten, spontan wandte ich mich an Jim. Für ihn schien es ganz selbstverständlich zu sein, er erklärte: »Gott hat sie dir geschenkt!«

Endlich kam Karua aus den dunklen Tiefen des Ladens zum Vorschein, kletterte auf den Fahrersitz und trat, einmal auf der weiten Hochebene, mannhaft aufs Gaspedal, bis wir mit bemerkenswerter Geschwindigkeit auf der überwucherten und kaum mehr erkennbaren Spur dahinratterten.

Am Nachmittag, kurz vor dem Ausläufer einer herrlichen, hügligen Anhöhe, hatten wir eine Reifenpanne. Eine wunderbare Gelegenheit, auszusteigen und das Mittagessen nachzuholen. Im Laufe der langwierigen Reparatur ging dann allerdings die Sonne unter. Wir waren gezwungen, an diesem wasserlosen Flecken zu übernachten. Trotzdem war es ein schöner Ort mit einem atemberaubenden Blick, einem Himmel voller Sterne und dem Großen Bären, der auf die nördliche Hemisphäre zusteuerte.

Karua war ohne Frage furchtbar unbedacht. Seine Ersatzreifen ließen zu wünschen übrig, sein Werkzeug war unbrauchbar, aber er mühte sich bei dieser Panne so ab, dass es schwerfiel, ihm böse zu sein. Bei Einbruch der Nacht hatte er die Räder abmontiert, ich habe nie ganz begriffen, warum alle vier, und den Inhalt des Werkzeugkastens am Boden verstreut. Die ganze Nacht lang erklang in regelmäßigen Abständen das schwermütige Seufzen eines Reifens, dem die Luft entwich, jedes Mal begann die Hündin zu bellen, und zwischen Wachen und Träumen wusste ich, dass er noch immer unermüdlich zugange war.

Unglaublicherweise stand der Wagen bei Sonnenaufgang wieder auf seinen vier Rädern, die Reifen ordentlich aufgepumpt. Wir setzten uns vorsichtig in Bewegung, beim kleinsten Knacken blieb uns das Herz stehen, aber die Reifen hielten. Ohne weiteren Zwischenfall gelangten wir mittags ans Ziel, nach Kajiado.

Dort verbrachte ich ein paar Tage bei dem Distriktverwalter und seiner Frau. Und da er nicht der Meinung war, dass ein Aufenthalt am Lake Magadi, dem großen Sodasee, allzu viel bringen würde, trieb es mich gleich fünfundvierzig Meilen weiter, nach Kidongoi, zum Schwarzen Berg.

Kapitel 4

Kidongoi und die Menschenfresser

Ol Doinyo Orok[9] – der Schwarze Berg – grenzt mit seinen südlichen Ausläufern an Tansania. Im Krieg war das Bergmassiv eine Festung, und zu beiden Seiten meines Camps in Kidongoi verliefen die Schützengräben von 1918. Knäuel von rostigem Stacheldraht lagen noch verloren umher, und auf einem kleinen Hügel entdeckte ich die Überreste des Postens der King's African Rifles. Abgesehen von dieser Narbe, die sich quer über den Hang zog, war der Berg dicht bewaldet und umschloss das Lager wie ein Hufeisen. Ein Fluss schnitt durch den felsigen Grund, und unterhalb von mir strebte der Akazienwald auf einen Horizont zerklüfteter blauer Hügel zu.

Die fünfundvierzig Meilen von Kajiado hatten uns ohne weitere Panne und trotz einer akzeptablen Straße doch mehr als sechs Stunden gekostet, und den restlichen Nachmittag verbrachte ich damit, das Gelände nach dem richtigen Platz für das Camp abzusuchen. Ich konnte mich nicht entscheiden. Im Wald war es stickig, das Hochland stieg ohne schattenspendende Bäume an, dazwischen lag die Straße und, schlimmer noch, der Viehweg der Massai, was eine neue Fliegenplage bedeute-

9 »Ol Doinyo Orok, 2548 Meter hoch, ist ein einzeln stehendes Bergmassiv mit einem Umfang von vierzig Meilen an der Südgrenze des Reservats, das sich mehr als 1200 Meter über die Savanne erhebt …« – G. R. Sandford in *An Administrative and Political History of the Masai Reserve.*

te. Schließlich machte ich in der Dämmerung die alten Gräben aus und entschied mich dort für ein paar hagere Akazien, ein armseliger Ersatz für das breite Dach in Selengai. Aber der Boden war zumindest eben genug, um das Zelt aufzuschlagen.

Sich per Lastwagen durch das Land zu bewegen, hatte nichts von der gesunden Anstrengung einer ausgedehnten Wanderung. Gut, die Meilen waren rasch geschluckt, aber da man sie sich nicht verdient hatte, sondern Hitze und Staub passiv auf seinem Sitz ertrug, erfüllte einen auch keine Befriedigung. Ich glaube, den Boys ging es genauso. Zum Schluss waren wir alle müde und gereizt. Den ganzen Tag fanden wir keine Zeit zum Essen. Seit dem Frühstück, das war elf Stunden her, hatte niemand mehr einen Bissen zu sich genommen. Kaum war das Camp errichtet, loderten daher schon die Feuer in der blauen Nachtluft, die Boys lachten wieder und unterhielten sich, während sie das Abendessen zubereiteten.

Nach dem Essen legte ich Brahms' *Vierte Sinfonie* auf, das innere Gleichgewicht war wiederhergestellt, die kleinen Ärgernisse des Tages vergessen. Der Mond erschien voll über dem Horizont und hüllte das Buschland in honigfarbenen Dunst. Die Stille der Wüste umgab mich einmal mehr. Die Nacht war so wunderbar, dass ich nicht hineingehen konnte. Mit Siki, die zusammengerollt auf meinem Schoss schlief, saß ich im Freien und dachte an die letzten fünf Tage in Kajiado. Der Schuss Zivilisation war nicht schlecht gewesen. Er hatte der Rückkehr in die Wildnis einen zusätzlichen Reiz verliehen. Selengai mit seinen flüchtigen Visionen, seinen bitteren Verzweiflungen zählte kaum. Jetzt, dachte ich, sollte die Reise wirklich beginnen.

Nach einem Monat der Einsamkeit war es extrem beunruhigend gewesen, wieder auf Menschen zu treffen. Gleichzeitig quoll ich vor Gedanken über und brannte darauf, den Erstbesten, der mir zuhören würde, damit zu überfallen. Jetzt verstand ich, warum Menschen, die allein leben, oft solch heftige Redner sind. Irgendwie müssen sie sich Luft machen. Mein Redefluss war erstaunlich konfus, und meine Entdeckungen stießen auf enttäuschend wenig Interesse. Genau genommen, fanden sie so wenig Anklang, dass ich schon das Vertrauen in sie verlieren wollte.

Aber jetzt war ich zurück, und die Vision kehrte wieder wie eine ungetrübte Wasserfläche, in der sich der Himmel spiegelt. Alles schien einfach. Zweifellos sind es diese Abschnitte der Einsamkeit, die einem ein neues Gefühl der Gelassenheit und Stärke geben. Darin – davon war ich fest überzeugt – lag der Weg zu innerer Ausgeglichenheit und Einheit. Sollte ich ihn einmal gefunden haben, dann würde es mir auch gelingen, mich selbst zurückzunehmen und mit vollkommener Ruhe und großer Zuneigung eine objektive Harmonie mit einer nicht nur imaginierten, sondern realen Macht anzustreben. Die Einsamkeit ermöglichte es, einen Schritt zurückzutreten und deutlich zu sehen, worauf es ankam. Soweit eine großartige Idee. Ich musste nur noch lernen, dass etwas so Kostbares wie die Ausgeglichenheit nie ein für alle Mal gefunden wird, sondern dass man sein ganzes Leben damit verbringt, sie zu finden. Und nur wenigen ist es gegeben, sich selbst wirklich so zu finden und zu erkennen, dass sie über sich hinauswachsen zu ewiger Freiheit.

Ich hatte nicht vorgehabt, fünf Tage in Kajiado zu verbringen. Staubig von der Lastwagenfahrt kam ich dort an, wollte mich dem Distriktverwalter nicht aufdrängen, sondern mein Zelt irgendwo außerhalb vom Garten aufschlagen und am nächsten Morgen weiterziehen. Auf den Stufen der Veranda begrüßte mich aber seine Frau mit dem fünfzehn Monate alten Sohn – der Verwalter war auf Safari – und erklärte, sie habe auf mich gewartet, mein Zimmer sei schon bereit. Innerhalb weniger Minuten lag meine ganze merkwürdige Ausrüstung über die Veranda verstreut. Ihre Miene erhellte sich, ihre Augen leuchteten, als sie über den zusammengewürfelten Haufen glitten und dabei das Grammophon entdeckten. Bis weit nach Mitternacht hörten wir Sinfonien. Mein Aufbruch am nächsten Tag wurde verschoben, ich »musste Hugo treffen«, desgleichen am folgenden, worauf der Fahrer die Geduld verlor und sich mit dem Laster selbstständig machte. Ich sah ihm ohne Bedauern nach. Ich habe mich großartig unterhalten.

Am nächsten Abend schaute Colonel W., der Hugo in dessen Abwesenheit als Distriktverwalter vertrat, auf einen Drink vorbei. Nach und nach erfuhr ich von seiner Farm, sie war sein Ein und Alles gewesen, erfuhr auch, wie er alles verloren hatte, weil der Regen jahrelang ausblieb. Am Ende musste er die Farm aufgeben und den unerfreulichen Job annehmen, die Massai zu schulen und ihre Molkereien zu betreuen. Er arbeitete hart und strengte sich nach Kräften an, die Schulden abzuzahlen, die er durch seine Farm hatte.

Diese Geschichte war typisch für die Hälfte der Männer, die sich nach dem Krieg in Ostafrika niederließen. Das Land wurde in so glühenden Worten gepriesen, dass die Leute alles, was sie besaßen, in dieses ungewisse El Dorado steckten – und es in so vielen Fällen verloren. Wie oft hatte man schon davon gehört. Begegnete man dann wirklich jemandem, dem das passiert war, verlor die Sache das Abstrakte. Man wünschte nur, man gehörte zu der Sorte von Millionär, die sich nicht nur für wohltätige Zwecke engagiert, sondern Menschen wieder auf die Beine hilft, die bei ihrer Arbeit Blut schwitzen, aber scheitern, weil die Umstände gegen sie sind.

Nach einem Monat, in dem ich ausschließlich mit elementaren Schwierigkeiten konfrontiert war, brachte es mich umso mehr auf, wenn ich darüber nachdachte, welch wichtige Rolle das Geld in unserem Leben spielt und dass die relativ geringe Summe von ein paar hundert Pfund in vielen Fällen das Schicksal eines Anwesens hätte ändern können.

Colonel W.s Kampf zur Rettung seiner Farm hatte meine ganze Bewunderung, meine Gastgeberin schätzte ich aber noch mehr. Auch sie kämpfte den ruhmlosen wirtschaftlichen Kampf. Da sie keine Kinderfrau hatte, kümmerte sie sich allein um den kleinen Tyrannen Christopher, was bei ausschließlich einheimischen Bediensteten bedeutete, auch seine ganze Wäsche zu waschen. Als ich zum ersten Mal die volle Bedeutung dieses »sich Kümmerns« erfuhr, gerieten die mütterlichen Sehnsüchte, die mich schubweise überfielen, erst einmal in den Hintergrund.

Colonel W. und seine Frau waren zurzeit neben Hugo und Mildred die einzigen Weißen in der Station. Mrs. W. beeindruckte mich, ich hielt sie für eine bemerkenswerte Gefährtin im Exil, die lächelnd gegen Widrigkeiten ankämpfte, einer dieser selbstlosen Menschen, denen es sogar angesichts von Katastrophen gelingt, die Dinge pünktlich zu erledigen und dem anderen das Gefühl von Normalität und Sicherheit zu geben. Aber auch sie begleitete ihren Mann ab und zu auf Safari. Für Mildred hingegen, die ihr Kind nicht alleinlassen konnte, gab es keine Abwechslung in der Monotonie dieses zurückgezogenen Lebens. Hier zeigten sich die Härte und die Einsamkeit einer ihrer großen Momente beraubten Wildnis. Ihr blieb nie auch nur die geringste Zeit, hinauszugehen und die Tiere zu beobachten, oder sich in die Stille zu flüchten. Nicht, dass sie sich wirklich danach sehnte. Sie hatte ihr ganzes Leben in einer englischen Kathedralstadt verbracht, beschützt und umgeben von freundlichen Menschen, ausgefüllt mit angenehmen Beschäftigungen, und durch eine Fügung des Schicksals fand sie sich in einer der unfruchtbarsten Gegenden Afrikas wieder, meilenweit von jeder Zivilisation entfernt und plötzlich ganz und gar auf ihre eigenen Ressourcen angewiesen – und sie machte es hervorragend. Die Momente ihrer Einsamkeit und Zweifel hielt sie tapfer verborgen. Ihr Haus war immer einladend, und selbst, nachdem sie Christophers vielen Ansprüchen nachgekommen war, blieb ihr genügend Enthusiasmus, sich mit Brahms' Intermezzi zu beschäftigen.

Ich war bald davon überzeugt, dass das Geheimnis ihres Glücks nur in der Tiefe ihrer Liebe liegen konnte. Eine andere Erklärung gab es nicht, und es ging mir sehr zu Herzen. Liebe, die in der Ehe Bestand hat, wird zweifellos vom Himmel geschickt. Armut, Härten – alles ist erträglich, wo es Liebe gibt. Wenn die Menschen doch nur daran glauben könnten, wie viel Gutes sie einfach dadurch in die Welt bringen, dass sie glücklich sind … Ich werde den Nachmittag nicht vergessen, als ich mit den W.s beim Tee saß und wir plötzlich das Hupen eines wohlbekannten Wagens hörten. Alle Sorgen des Lebens – und über wie viele hatten wir gerade gesprochen und philosophiert – waren wie weggeblasen, als Mildred ungeahnt fröhlich ausrief »Da ist Hugo!« und samt Christopher und Kinderwagen in einer Staubwolke verschwand. Das ganze Haus war zum Leben erwacht, und auf unerklärliche Weise fühlte ich mich in seine restlos glückliche Atmosphäre einbezogen.

Mit neuen Landkarten und Plänen und einem Korb voller saftiger Papayas stieg ich ein paar Tage später wieder in den Lastwagen. Hugo hatte mir auch besorgt, was mir in Selengai wirklich fehlte: einen Massai-Dolmetscher und ein Reitmaultier. Im letzten Moment drückte mir Mrs. W. einen herrlichen selbstgebackenen Kuchen in die Hand, von dem ich heimlich während der elfstündigen mahlzeitlosen Fahrt naschte. Die Gastfreundschaft in Afrika ist die herzlichste der Welt, und als ich Kajiado verließ, um in meine selbstgewählte Einsamkeit zurückzukehren, bekam ich auf der Stelle wieder Heimweh.

Die Nachrichten von meiner Krankenbehandlung hatten die Runde gemacht. Früh am nächsten Morgen erschienen bereits zehn Massai-Frauen in ihren rindsledernen Gewändern, um ihre verschiedenen Leiden kurieren zu lassen.

Ihre Köpfe waren geschoren, von ihren Handgelenken aufwärts zogen sich schwere eiserne Armreifen, nur der Ellbogen lag frei. Ähnliche Reifen umschlossen ihre Waden bis zum

Knie. Auch um den Hals hatten sie diese nach unten immer breiter werdenden Ringe, die wie ein unpraktischer Kragen abstanden. Dazu trugen sie die passenden Ohrringe. Keiner dieser Reifen würde sich jemals wieder abnehmen lassen, sie mussten ihnen im jugendlichen Alter angelegt worden sein, denn manchmal schnitten sie ins Fleisch wie ein Draht, der in den Baum einwächst, der gegen ihn drückt. Es war unmöglich, ein Geschwür zu behandeln, das sich unter diesen Fesseln gebildet hatte. Die Vorstellung, welche Folter diese armen Frauen ertragen mussten, ließ sich kaum ausdenken.

Während der ganzen Behandlung stand eine Gruppe junger Krieger, die Moran, auf ihre Speere gestützt dabei und schaute zu. Ihre Kleidung bestand aus Perlenschmuck, Gürtel und Lendenschurz, von der ein oder anderen Schulter hing ein Fellumhang. Sie waren über und über mit Fett und Lehm beschmiert, ein ranziger, ziemlich übler Geruch. Roter Lehm klebte auf ihrem Haar, das sie von Ohr zu Ohr gescheitelt und sorgsam zu Strängen gedreht hatten, die an Bündel aus Würmern denken ließen. Das Stirnhaar war zu drei kurzen Zöpfen geflochten, die ihnen ins Gesicht fielen, vom Hinterkopf hing ein langer, kompliziert mit Lederbändern oder Strohflechten durchwobener Zopf. Sie waren gutaussehende Männer eines einst fantastischen Volkes und kerngesund. Aber sie wollten unbedingt die Medizin kosten, von der sie so viel gehört hatten. Also ließ ich zum Abschied einen großzügigen Trunk aus Bittersalz herumgehen – es hätte ihren Glauben erschüttert, wenn es nicht grässlich geschmeckt hätte. Sie verzogen das Gesicht und gingen zufrieden davon.

Ich hatte Lust zu einer Kletterpartie oberhalb vom Camp, um den Berg zu erkunden. Allerdings war es schon spät, als ich meinen Laden dichtmachte. Begleitet von Mohamed und Asani kraxelte ich in der brütenden Nachmittagshitze die erste steile Spur empor. Oben schaute ich in ein breites grasbewachsenes Becken, hinter dem sich weitere grasbedeckte Gipfel erhoben.

Ich nahm mir vor, so bald wie möglich ganz früh aufzubrechen und sie zu besteigen. Dann schlug ich mich nach links und ging hoch oben im Kreis um das Lager herum.

Als ich um einen ausladenden Felsvorsprung bog, überraschte ich zwei Riedböcke, die schnell davonsprangen. Schiefergrau, wie sie waren, konnte es sich nur um Bergriedböcke gehandelt haben. Sie treten lokal begrenzter auf als die rötlichen Senegal-Riedböcke und weiter nördlich.

Der schmale Pfad zog sich quer über den Berg, vorbei an jadegrünen Kandelaberbäumen, die mit ihren vielen Fingern in einen Ozean blauer sonnendurchtränkter Ferne wiesen, und führte dann zu einem Bach hinunter. Ich teilte den Vorhang aus Schlingpflanzen und trat ins Zwielicht hochaufragender, dicht belaubter Bäume. Zu meinen Füßen floss das Wasser zwischen den Felsbrocken träumerisch und mit sanftem Gurgeln von Becken zu Becken.

Ich versuchte, seinem Lauf bis zum Camp zu folgen, aber er war zu sehr überwuchert. Asani und ich überquerten den Bach, Asani zog sein Messer und hackte uns einen Pfad längs der alten Elefantenwege frei, bis wir auf einen weiteren kleinen Strom stießen, der unter einem Damm goldfarbener Winde aus den Felsen blubberte. Mein Blick fiel auf einige Buschböcke, aber Siki hatte sie zuerst gesehen und setzte ihnen unter wahnsinnigem Gebell wie der Blitz nach. Ihr Kläffen wurde schwächer, je weiter sie die Böcke den Hügel hinauf jagte, und ich pfiff vergebens.

Es blieb keine Zeit, zu warten und ihr ernsthaft ins Gewissen zu reden. Sie hatte wegen dieser Jagden schon manches Mal Prügel bezogen, denn so klein sie auch war, gelang es ihr, auf dem Rückweg von Kajiado eine Giraffe fast zu Tode zu erschrecken. Das Camp lag direkt unter uns, es gab kein direktes Hinunterkommen. Felsvorsprünge versperrten den Weg, und der unbarmherzige Kameldorn zwang uns, sie in weitem Bogen zu umgehen. Ich war halb blind durch einen gerstenkorngroßen

Grassamen, der mir mit einer solchen Wucht ins Auge schlug, dass ich ihn buchstäblich herausrupfen musste. Wir standen in fieberhaftem Wettlauf mit dem Tageslicht. Sollte uns die Dunkelheit in diesem Dornenlabyrinth überfallen, würde es schwer, sich aus ihrem Griff zu befreien. Zum Glück lotste uns der Feuerschein noch gerade rechtzeitig zum Camp zurück.

Kaum war ich eingeschlafen, weckte mich Siki mit ärgerlichem Gebell. Sie bellte immer, wenn Hyänen herumschlichen, und da an Schlaf dann nicht mehr zu denken war, blieb mir nichts anderes übrig, als aufzustehen und die Störenfriede zu vertreiben.

Ich rannte also auch diesmal schreiend aus dem Zelt und ruderte mit den Armen. Der Mond war noch nicht aufgegangen, deshalb lief ich auf die schwache Glut der Asche zu und stand plötzlich vor dem riesigen, reglosen Schatten eines Tieres, das mich betrachtete. Blitzartig erkannte ich, um wen es sich handelte. Ich wagte nicht, ihm den Rücken zu kehren und ins Zelt zu fliehen, es war zu nah, ich hätte meine Hand nach ihm ausstrecken können. Mir blieb nichts übrig, als zu bluffen. Wutentbrannt und mit heiserer Stimme schrie ich: »Grrr, du scheußliche Hyäne, du!« – es half mir, so zu tun, als sei es wirklich eine. Ich stampfte mit dem Fuß auf, als wollte ich es verscheuchen. Einen endlos langen Moment zögerte das Tier. Dann sprang es seitwärts in die Dunkelheit, mit dem kehligen Knurren eines Löwen.

Ich machte einen riesigen Satz zum Zelt und meinem Gewehr – für solche Notfälle lag es geladen neben dem Bett. Meine Hände zitterten so sehr, dass es mir kaum gelang, es zu entsichern. Ich taumelte in meinen Stuhl, keuchend vor Angst, das Gewehr im Anschlag, während mir das Herz bis zum Halse schlug.

Eine halbe Stunde verging, aber es passierte nichts weiter. Siki hatte aufgehört zu bellen, lag zusammengerollt neben mir und schlief. Als ich mich allmählich beruhigt hatte, ging ich das Abenteuer im Geist noch einmal durch. Ich hatte instinktiv schneller gehandelt als gedacht, auch wenn mir nacheinander ein paar Gedanken durch den Kopf geschossen waren. Mein Vater hatte mir eingeschärft, niemals davonzulaufen, dann ist es um einen geschehen, und bei einem Tier niemals den Verdacht zu erwecken, man fürchte sich. Ich hatte mich hin und wieder gefragt, ob ich mich in einer wirklichen Gefahrensituation daran erinnern würde und empfand eine tiefe Dankbarkeit gegenüber der schlummernden Weisheit des Instinkts, in Stressmomenten die Führung zu übernehmen und die richtigen Entscheidungen zu treffen. Im Nachhinein wurde mir bewusst, dass mein Entkommen einem Wunder glich und ich mein Leben einem absurden Bluff verdankte – derselbe Bluff, zu dem jedes in die Enge getriebene Tier greift. Hätte ich auch nur den Bruchteil einer Sekunde lang gezögert oder Anstalten gemacht, wegzulaufen, der Löwe wäre ganz sicher über mich hergefallen.

Ich dachte schaudernd an die schreckliche, aber wahre Geschichte des Paares, das seine Flitterwochen in der Wildnis verbrachte. Der Mann saß vor dem Zelt, hatte bei Lampenschein geschrieben und war mit dem Kopf zwischen den Armen eingeschlafen, als sich ein Löwe anschlich, die Zähne seelenruhig in seinen Nacken schlug und ihn zermalmte. Der Mann gab keinen Laut mehr von sich. Der Löwe wollte ihn gerade fortschleppen, als die Frau erwachte, begriff, was geschehen war und den Löwen mit dem Mut der Verzweiflung und keiner anderen Waffe als einem Regenschirm so lange ins Gesicht schlug, bis es ihr gelang, ihn zu vertreiben.

Mein Zelt lag gute siebzig Meter vom Rest des Camps entfernt, ich schlief ohne Moskitonetz – sonderbar, aber ein Moskitonetz ist oft ein Schutz –, der Zelteingang weit offen, und mir wurde schlagartig bewusst, wie leicht ich das Schicksal des unglücklichen Mannes hätte teilen können, wenn Siki nicht gewesen wäre.

Nach dem Schock überkam mich der unwiderstehliche Wunsch zu schlafen. Endlich brachte ich genügend Mut auf, wieder ins Bett zu gehen, jedoch nicht, ohne vorher die Laterne zu entzünden, das Zelt zu verschließen und jede Befestigung sicher festzuzurren. Siki, alles andere als beruhigt, sprang auf, schnüffelte mit gesträubtem Fell durch die Ritzen und bellte immer wieder, bis es hell wurde.

Am Morgen machten die Boys einen gewaltigen Wirbel um sie – als Mohammedaner berühren sie eigentlich keinen Hund – und riefen: »Siki hat letzte Nacht das Camp gerettet!« Niemandem war das bewusster als mir. Siki, die unentwegt in Ungnade stand, weil sie jagte oder Essen stahl, genoss ihre Rolle als verwöhnte und verhätschelte Heldin, die kein Wässerchen trüben konnte, zumindest für einen Tag. Nachdem sie Alarm geschlagen hatte, hatten die Boys Wache gehalten und berichteten, drei Löwen, so ausgezehrt, dass man ihre Rippen hätte zählen können, seien, bis es ganz hell war, um die Zelte herumgeschlichen. Ihre Spuren waren direkt unter den Spannseilen zu sehen.

Nach dem Frühstück erschien der Häuptling mit einigen seiner weisen, alten Männer, alle in Felle oder Decken gehüllt, die Köpfe geschoren, die Ohrläppchen durch das Gewicht des Metallschmucks so langgedehnt, dass sie ihnen bis zur Schulter reichten. Sie baten um ein Gespräch, und ich rief Kabechi hinzu, meinen neuen Massai-Dolmetscher, um für mich in Swahili zu übersetzen. Sie hockten sich vor meinem Zelt in einen Kreis, ich bot ihnen Tabak an, sie nahmen Schnupftabak, wie es ihrer Gewohnheit entsprach, machten es sich bequem und erzählten mir eine sehr lange Geschichte.

Kurz und gut: Sie kannten die Löwen. Es handelte sich um Menschenfresser, die seit Wochen in Kidongoi ihr Unwesen trieben. Alle lebten in permanenter Furcht vor ihnen, sie hatten bereits drei Männer getötet und fortgeschleppt. Der Häuptling entwickelte wahre Beredsamkeit und endete mit der Bemerkung, dass ich von Gott gesandt sei, um seinen Stamm zu erlösen. Dann bat er mich ernst, mich dieser Aufgabe mit allen nur möglichen Mitteln anzunehmen.

Die Löwen hatten etwas Unheimliches. Weder knurrten sie, noch verursachten sie das geringste Geräusch. Lautlos wie Geister schlichen sie umher. Feuer, der normale Schutz vor wilden Tieren, erschreckte sie nicht. War die Sonne gesunken, konnte man nie sicher sein, dass sie nicht im Schatten direkt neben einem lauerten. Jedes Gefühl von Sicherheit war dahin. Panik lag in der Luft. Kein Busch, der nicht verdächtig nach einem Löwenkopf aussah. Ein Zweig, der knackte, das leiseste Rascheln im Gras, und das Herz schlug einem bis zum Hals. Es war nicht schwer, sich vorzustellen, dass jeder Massai, der sich schlafen legte, von dem Gedanken gequält wurde, er könne der nächste sein.

In dieser Nacht wollte ich Jim nicht allein vom Küchenfeuer aus mit dem Abendessen durch die Dunkelheit gehen lassen und bat Muthungu, ihn mit der Laterne zu meinem Zelt zu begleiten. Ich verließ das Zelt auch nicht wie sonst, um zum Abschluss des Tages noch einmal unter den Sternen zum Hügel hinaufzuklettern. Welch ein Glück, dachte ich, dass ich in der letzten Nacht nichts von den Löwen gewusst hatte. Jetzt waren mir das Feuer und die paar Meter Zeltbahn so kostbar wie dem Kind die Bettdecke, unter die es im Dunkeln den Kopf steckt. Nichts hätte mich nach draußen gebracht.

Nachdem der Häuptling und seine Berater gegangen waren, hielten Mohamed und ich Kriegsrat. Reservat hin oder her, sollten die Löwen wieder auftauchen, würden wir eine Salve abfeuern, sofern sich eine Gelegenheit bot, und unser Bestes zu tun, uns unbeliebt zu machen.

Am selben Tag verendete in der Nähe des Camps eine Kuh, wirklich zur rechten Zeit. Ein guter Köder. Wir zogen sie bis zum Fuß eines Kameldorns. Alles kam darauf an, sie strategisch zu platzieren, gegen den Wind und außer Sichtweite des

Camps, aber so, dass ich mich unbemerkt anpirschen konnte. Außerdem sollte sie die ersten Sonnenstrahlen abbekommen. Das würde mir alle Chancen geben, vor dem Schuss rasch noch ein Foto zu machen.

Ich hätte lieber die ganze Nacht in einem Versteck in der Nähe der Kuh verbracht, aber es gab keine Zeit, die Art von Schutzburg zu bauen, auf die der sture Mohamed bestand, obwohl ich doch hellwach und bis an die Zähne bewaffnet gewesen wäre. Ich musste mich damit begnügen, einen klaren Schlachtplan festzulegen. Wir befestigten den Kadaver mit dem Draht, den wir in den Schützengräben entdeckt hatten, am Baum und bedeckten ihn mit den gemeinsten Dornen, die wir nur finden konnten, um ihn vor einer Meute von zwanzig hungrigen Löwen zu sichern.

In dieser Nacht war von den Löwen nichts zu hören oder zu sehen. Im frühen Morgengrauen machten wir uns auf den Weg zum Spot. Innerlich verfluchte ich Mohameds Nagelschuhe, in denen er geräuschvoll hinter mir her klapperte. Zusammengekrümmt, die Kamera im Anschlag, kroch ich um die Kuppe des Hügels und richtete mich vorsichtig auf.

Die Dornenäste lagen anscheinend noch genauso da, wie wir sie verlassen hatten, von einem Löwen keine Spur. Vorsichtig ging ich hinüber. Der Kadaver war verschwunden. Nur der Draht hing noch da. Damit war eine einmalige Gelegenheit dahin, ein neuer Köder ließ sich nicht auftreiben. So ungeduldig die Massai die grässliche Bedrohung auch loswerden und ihre Brüder rächen wollten, so schwer fiel es ihnen, dieser Sache auch nur ein einziges Schaf zu opfern.

In meinem Herzen sah ich keinen Grund, den Löwen ihre Belohnung zu missgönnen: Sie waren wirklich großartig gewesen. Wir hatten alle Dornenäste, jeder einzelne fast schon ein kleiner Baum, so gelegt, dass Dornen von der Mitte aus in alle Richtungen wiesen, wie Winkelrieds Speere. Hätte ich nicht mit eigenen Augen gesehen, wie sorgfältig sie beiseite gezogen worden waren, ich hätte es nie für möglich gehalten. Mir klangen noch Mohameds Worte im Ohr, mit denen er die letzte Schwarzdornakazie in den Haufen gerammt hatte: »Kein Tier auf Erden schafft es, sich dieses Fleisch zu holen – das kriegt nur ein Mensch fertig!«

Als ich an all die Kadaver dachte, die wir erfolgreich und halb so aufwendig geschützt hatten, schoss mir durch den Kopf, dass Mohameds Wahn, mir eine Festung zu bauen, berechtigt war.

Begleitet von Mohamed, Asani und Muthungu, der die Verpflegung und das Wasser trug, machte ich mich noch vor Sonnenaufgang auf den Weg zum Berg.

Felsen und hohes Gras zwangen uns, den einheimischen Pfaden zu folgen, die in den tiefen Tälern, die wir durchquerten, verwirrend auf und ab führten. Jeder hart errungene Aufstieg wurde durch einen neuerlichen Talmarsch zunichtegemacht. Wir brauchten fünf Stunden zum Gipfel.

Asani wies auf eine Elenantilope, hoch oben am Hang. Ich quälte mich durch den Dschungel aus Gras bergauf, um sie zu fotografieren. Direkt unter ihr tauchte ich wieder auf, sah die Spitzen ihrer Hörner über den Halmen, stellte die Kamera ein, kroch auf Knien und Händen noch ein wenig näher und sprang auf. Zwischen uns lagen kaum mehr als zehn Meter. Ich erwischte sie, als sie den Kopf hochwarf, ehe sie eilends davongaloppierte. Ich hätte nicht gedacht, auf dieser Höhe eine Elenantilope anzutreffen, die normalerweise in der Ebene lebt, erblickte aber kurz vor dem Gipfel bestimmt noch zwanzig andere an einem Wasserlauf, der ein Felsbecken unter einem kleinen Palmenhain füllte – die ersten Palmen, die ich im Reservat zu Gesicht bekam. Wir tranken dort, gingen zur anderen Seite hinüber und sahen gerade noch, wie ein Nashorn mit einem Kälbchen, kaum größer als ein Ferkel, im Unterholz verschwand. Auch jede Menge frischer Büffelspuren waren zu entdecken.

Der Gipfel, den Thompson[10] als ein schönes tausendachthundert Meter hoch gelegenes Weidegebiet für die Rinder der Massai beschreibt, hielt eine herbe Enttäuschung bereit. Als wir ihn schließlich erreicht hatten, entdeckte ich, dass der wahre Gipfel südlich von ihm lag, einen guten Tagesmarsch entfernt. Der, den wir erklommen hatten, eine schmucklose grasbedeckte Höhe, war der höchste Punkt des nordwestlichen Ausläufers, wo der lange bewaldete Kamm begann, der den ganzen Berg entlanglief. Hierbei handelte es sich nicht um den trockenen Akazienwald der Ebene, hier war alles üppig und tropisch. Nach einer Essens- und Ruhepause, es ging schon auf Mittag zu, folgten wir einem der Wildpfade in diesen wunderbaren Wald hinein: Die hohen silbernen Bäume, die in seinem Dunkel wie Mondlicht schimmerten, die undurchdringlichen Wände aus Schlingpflanzen abseits der Pfade, überwuchert von Büscheln goldener Winde, die Felsspitzen, die überraschenden Blicke auf die Savannen, die sich weit unten in einem regenbogenfarbenen Dunst aus Hitze und Wolkenschatten erstreckten. Man hätte diesen Wald für immer durchstreifen können. Teilweise erinnerte er mich an den Meruwald auf den Hängen des Mount Kenia. Die Baumstämme zeigten ganz ähnliche Schlammspuren, hoch oben, wo sich die Elefanten den Rücken rieben. Mitunter dachte ich an den Bambuswald im Aberdare Range, denn genau wie dort begegnete ich weiten Teppichen aus kleinen rosafarbenen Blumen, dem Springkraut und den verhedderten Schlingpflanzen, zwischen denen ein Waldschwein oder ein Bongo hätte auftauchen können.

Selbst ganz still zogen wir in der tiefen Stille durch den sich immerfort verändernden Wald. Die sonnendurchfluteten Lichtungen und die Bäume, mit Girlanden aus Moos geschmückt,

10 Joseph Thomson (1858–1895), schottischer Entdecker und Afrikareisender, bereiste zwischen 1883 und 1884 das Massai-Gebiet und veröffentlichte seine Erlebnisse 1885 unter dem Titel *Through Masai land*. [KR]

die wie hohe Säulen Silberbögen unter das Laubdach zauberten, ließen eine unendliche Flut von Bildern vor meinen trunkenen Augen entstehen. Der Wald war in seinem Wesen freundlich. Stunde um Stunde ruhig in ihm zu wandern, hieß, zu einem Teil seiner Seele und seines Geistes zu werden. Wenn ich im Vorübergehen die Bäume berührte, hatte ich das Gefühl, als gebe mir jeder einzelne von ihnen seinen Segen.

Heiter folgte ich dem Pfad, als er urplötzlich vor mir in ein paar dunklen Büschen mit glänzenden Blättern verschwand und ich mich auf dem Rand einer Felsklippe wiederfand. Etwa sechzig Meter unter mir zog sich der Waldrücken erneut zum Gipfel hinauf, der nun in der sinkenden Sonne rötlich leuchtete. Es war später, als ich mir hatte träumen lassen, und wir waren abgeschnitten. Mohamed schüttelte trübsinnig den Kopf, bekannte, wir hätten uns verlaufen und begann, nach einem anderen Pfad zu suchen. Ich hatte eine ungefähre Ahnung von der Position des Camps und erklärte mit vorgetäuschter Sicherheit, ich würde mich auskennen. Dann ging ich in unserer eigenen Spur zurück und lief einfach geradewegs den Hang hinunter.

Die Mischung aus Freude und Schrecken, sich kurz vor Anbruch der Nacht ordentlich verlaufen zu haben, und der Gefahr, jeden Moment mit einem Büffel zusammenzustoßen, verlieh mir eine Art von sechstem Sinn. Ich eilte mit sicherem Instinkt voran, entschied mich intuitiv für diesen und nicht für jenen Pfad und hörte vor allem nicht auf Mohameds Ratschläge. Als ich feststellte, dass ich die Boys außer Hörweite hinter mir gelassen hatte, machte ich eine Pause, um auf sie zu warten. Das dichte Unterholz hatte ihnen die Wollmützen Dutzende Male vom Kopf gezogen, Mohameds Nagelschuhe rutschten ab, wo meine Gummisohlen sich wie Katzenpfoten an den Untergrund schmiegten, und sein Gewehr stellte ein weiteres Hindernis dar. Ich war frei, mein Hut steckte im Gürtel, keine Waffe störte mich. Ich hockte auf einem Baumstumpf, als ein

Waldgeist in mein Ohr flüsterte: »Angenommen, du könntest dich für sieben Minuten in alles verwandeln, was dein Herz begehrt, was würdest du sein wollen?« »Ein Bongo! Bitte ein Bongo!« »Nichts leichter als das«, erwiderte er, fuhr mit seinem Zauberstab über mich hinweg, und im nächsten Moment war ich auch schon im dichten Blätterwald verschwunden, sprang über umgestürzte Bäume, flog durch grüne Tunnel, die Hörner neben meinen gestreiften, kastanienbraunen Flanken, galoppierte leichtfüßig und rasch wie der Wind den Steilhang hinab. Die Boys, die sich hinter mir ihren Weg brachen, stellten jetzt meine Verfolger dar, aber der Wald war mehr denn je mein Freund: Seine Sprache war die meine und ich ein Teil von ihm. Jeder Geruch traf meine Nase mit seiner besonderen Botschaft, ich konnte Hunderte von Geräuschen deuten, die kein Mensch hört – Mohamed zum Beispiel hätte nie die purpurnen Fußspuren des Leoparden entdeckt, der seine Beute verfolgt, nie das leise Knacken des Zweiges vernommen, als ein Buschbock ungesehen davonsprang –, und im Labyrinth des Dschungels offenbarten sich mir alle Wege.

Viel zu bald hatte ich meine Deckung wieder aufgegeben, und der Zauberspruch glitt unwiderruflich von mir ab, ich war wieder ich, gewöhnlich wie immer, keuchend und hinkend auf einem ganz gewöhnlichen Pfad.

Aber ich war direkt über den verlassenen Massai-Hütten herausgekommen, die wir frühmorgens passiert hatten. Ihre Gestalt glich einem Hummerkorb, sie waren etwas mehr als einen Meter hoch, Gras bedeckte ihr Dach, und obenauf lag Kuhdung. Er hält nicht nur warm, sondern ist auch wasserdicht, sagten die Boys. Im Inneren der Hütten entdeckte ich jeweils einen Kamin, einen Schlafplatz und eine abgetrennte Ecke für das Vieh.

Mittlerweile hatten mich die Boys eingeholt. Wir fanden den steilen Pfad wieder, auf dem wir gekommen waren, schlitterten und rannten in der zunehmenden Dunkelheit bergab zum Camp.

Nachts erwachte ich durch eine ungeheure Explosion, gefolgt von einem tiefen, vibrierenden Knurren. Es hielt etwa eine Stunde lang an, manchmal ganz nah, manchmal weiter weg. Einmal ein Stöhnen, ein keuchendes Seufzen, dann gesteigert zu Gebrüll. Ich stellte mir einen Löwen vor, der versucht, mit einer gebrochenen Schulter zu entkommen, und wünschte, es wäre hell und ich mutig genug, um hinauszugehen und ihm den Gnadenschuss zu geben. Ich schlief wieder ein, nur um gleich darauf von Sikis scharfem Gebell geweckt zu werden. Ein Löwe stürmte neben dem Zelt vorbei. Das Gewehr auf den Knien, setzte ich mich auf. Nach der anstrengenden Klettertour des Tages siegte der Schlaf aber schließlich über die Angst.

Jim brachte mir morgens düster den Tee und verkündete, er habe kein Auge zugetan. Ich bemerkte, dass diese Katastrophe ihn nicht daran hindern sollte, guten Morgen zu sagen, worauf sich sein tragischer Ausdruck in ein breites Grinsen verwandelte und er mir die ganze Geschichte erzählte.

Kein Wunder, dass er nicht geschlafen hatte. Die Löwen waren so dicht um die Zelte herumgeschlichen, dass keiner wagte, auch nur einen Fuß nach draußen zu setzen, um Holz nachzulegen. Die Boys hatten mit klopfendem Herzen dagesessen und gewartet. Mohamed stand am Zelteingang, das Gewehr im Anschlag, den Hahn gespannt. Zwar hörten sie die Löwen auf und ab laufen, aber es war zu dunkel, um sie wirklich auszumachen. Mohameds Chance kam, als eine der Bestien zwischen ihm und der glühenden Asche stehen blieb. Er schoss. Das Tier fiel ohne einen Laut. Als ich hinauslief, um nachzuschauen, fand ich die Löwin dort, wo sie gestorben war, zweieinhalb Meter von Mohameds Zelt entfernt.

Das Stöhnen, das ich gehört hatte, kam von ihrem Gefährten, der um sie trauerte. Er war es auch gewesen, der an meinem Zelt vorbeigestürmt und bis zum Morgengrauen umhergeirrt war. Und doch, sagte Jim, würde er in der nächsten Nacht wiederkommen, um sie aufzufressen. Ich wollte es zunächst nicht glauben. Aber Schmerz und Hunger sind beides natürliche Empfindungen, und in der Natur gibt es keine Sentimentalität.

Zu meiner Vorstellung, dass man mit den Tieren Freundschaft schließen kann: Damit hatte ich natürlich keine Menschenfresser gemeint. Sie waren ausgezehrt, hungrig und hatten nur den einzigen Wunsch, einen von uns zu fressen. Ich musste erkennen, dass alle Liebe und Furchtlosigkeit der Welt, die man ihm entgegenbringt, kein Tier davon abhält, seiner Natur entsprechend zu handeln. Ich könnte ebenso gut vor der ansteigenden Flut sitzen, im festen Glauben, dass sie mich nicht ertrinken lassen würde, oder auf einen Elefanten oder ein Nashorn zugehen, überzeugt, dass sie mich nicht zu Tode trampeln. Nur einmal im Laufe der Jahrhunderte hatte jemand das Glück, einem Löwen mit einem Dorn in der Pfote zu begegnen. Abgesehen von Menschenfressern oder einzelnen Tieren, die durch die Umstände bösartig geworden sind, ist der stärkste Instinkt eines jeden Tieres, selbst der Schlange, vor dem Menschen zu fliehen. Nur wenn ein Tier in die Enge getrieben oder in nächster Nähe überrascht wird, greift es aus Angst an. Meine eigene Angst zu überwinden, war also nicht einmal die halbe Miete, wenn es mir nicht gelänge, Mittel zu finden, um die ihre zu zerstreuen. Niemand konnte mir einreden, dass das unmöglich sein sollte, aber meine Schwierigkeit – ich hatte ja versprochen, kein unnötiges Risiko einzugehen – bestand darin, es auf einen echten Versuch ankommen zu lassen.

Andererseits wären die Tiere vermutlich viel verblüffter, wenn sie mich unter die Lupe genommen hätten.

Vielleicht haben sie gesehen, wie ein Einheimischer in der glühenden Sonne ein Huhn mit zusammengebundenen Füßen vor mir auf den Boden schleudert, worauf ich ihn wütend wegen dieser Grausamkeit zurechtweise, das Huhn befreie, es füttere, ihm Wasser gebe und es schließlich – ein unerfindlicher Widerspruch – gebraten zum Abendbrot verzehre. Vielleicht haben sie festgestellt, dass ich mit dem festen Vorsatz in die Wildnis gekommen war, nichts zu töten, nicht einmal ein Perlhuhn, und sich dann darüber gewundert, warum ich einen Ochsen kaltblütig zum Tode verurteile. Vielleicht hat es ihnen gefallen, dass ich die Vögel füttere oder den wilden Bienen auf meinem Finger Zucker anbiete und mich dann dabei beobachtet, wie ich die verhassten Fliegen einerseits töte und dann wieder vor dem Ertrinken rette. Vielleicht wären sie zu dem Schluss gekommen, dass es sich bei mir um eine besondere Art von Tier handelte, ohne irgendeinen realen Beweggrund. Man zerbricht sich den Kopf bei dem Versuch, die Dinge in der Natur in Einklang zu bringen, aber wie einfach sind sie doch, verglichen mit dem Wesen des Menschen.

Der Tod der Löwin hob die finstere Wolke, die über dem Camp hing, die Sonne schien viel freundlicher und barmherziger. Jedem hatte die Belastung durch diese stille, tödliche Bedrohung zugesetzt. Die Boys hatten bei Einbruch der Nacht lustlos auf das übliche Geplauder und Gelächter beim Feuer verzichtet, durch die unheilschwangere Atmosphäre waren sie alle verstummt.

Ihre Stimmung grenzte nun beinahe an Jubel, und sie trafen Vorbereitungen zu einem fantastischen Löwentanz. Sie sammelten Bündel von Kräutern, bleichten ihre Gesichter mit Asche und sprangen um den Kadaver der Löwin herum, wobei sie in einen herrlich improvisierten Gesang ausbrachen, dessen Rhythmus sie mit den Füßen stampften. Die Massai nahmen bereitwillig an dem Vergnügen teil, alle hatten ihre helle Freude. Sie waren beruhigt und erklärten, dass die anderen beiden Löwen nie mehr wiederkommen würden. Ich blieb noch eine Woche länger als geplant, um wirklich sicher zu gehen, hörte oder sah aber nichts mehr von ihnen. Zu meiner großen Befriedigung erfüllte sich Jims Prophezeiung nicht. Der Löwe kehrte nicht zurück, um seine Gefährtin zu verschlingen. Obwohl der Kadaver in der folgenden Nacht gefressen wurde, gehörten die Spuren um ihn herum zu einer Schar von Hyänen.

Die Löwin war in schlechtem Zustand. Ich hatte sie aber dennoch gehäutet. Als ich mit Mwanguno und Asani im Schatten einer Akazie saß, die Haut zwischen uns ausgespannt, als die Messer auf dem Wetzstein klirrten und die Boys sich mit ihren dröhnenden Stimmen unterhielten, empfand ich bei der Behandlung der schönen, geschmeidigen Haut von neuem und trotz all meiner Theorien die Begeisterung des Präparators und freute mich über die Arbeit an dem empfindlichen Stoff: mit der scharfen Klinge eines kleinen Federmessers die Haut zwischen den Augenlidern zu teilen, die äußeren und inneren Lippen, das Knorpelgewebe in der Nase herauszuschälen und die Ohren zu wenden. Die Reißzähne waren gelb und stumpf. Sie war ein kleines Tier, aber wahrscheinlich sehr alt – vielleicht der Grund dafür, dass sie zur Menschenfresserin geworden war. Ich hatte kein Konservierungsmittel im Gepäck und musste die Haut daher mit Salz und Asche gerben. Doch da sie dem Jagddepartment zufiel, dem es auch gleich war, ob ich sie zum Trocknen mit Klammern ausspannte – was bei einem Museumsobjekt auf keinen Fall geschehen darf –, tat das Ersatzmittel gute Dienste.

Da wir nur zu dritt waren – der unerfahrene Muthungu zählte nicht –, nahm die Arbeit den größten Teil des Tages in Anspruch. Ich freute mich, als ich sah, wie sehr sich der alte Mwanguno vergnügte. Er war der Chef-Abbalger gewesen und damit einer der wichtigsten Männer auf unserer ersten Safari. Für das Camp Holz zu sammeln und Wasser zu holen, erschien ihm als fade und unwürdige Tätigkeit. Als ich jetzt aufschaute, sah ich ihn auf die alte Weise dasitzen. Mürrisch wie immer redete er auf Asani, Muthungu und Kabechi ein – und auf ein paar uralte, runzelige Massai, die kein Wort verstanden, aber trotzdem nickten. Ab und zu unterbrach er sich, nahm eine Prise Schnupftabak und warf die Dose zu Asani hinüber. Asani schnupfte seine Prise diskret mit vornehmer Zurückhaltung. Wahrscheinlich verachtete Mwanguno diese Art als abartig geziert. Wenn er selbst schnupfte, dann mit aller Bestimmtheit. Er tat es auf beeindruckende Weise mit einem mächtigen Räuspern, einem großzügigen, perfekt gezielten und zeitlich abgepassten Spuckestrahl, gefolgt von jeder Menge nassschniefender Geräusche, während er mit der Nase über seinen Handrücken fuhr. Und weiter ging die Arbeit.

Erst jetzt bemerkte ich, wie oft ich Mwanguno bei diesem Ritual beobachtet hatte. Vielleicht lag darin ein Funken Angeberei, ich sah aber, dass es Kabechi beeindruckte. Mir schien daher, der Zweck heilige die Mittel. Vor allem an den ersten Tagen fand ich Kabechi nämlich unerträglich. Er war jung, herablassend und selbstzufrieden. Zweifellos sah er gut aus. Er hatte das Profil von Nofretete, die kleinen Ohren schmiegten sich eng an seinen schmalen, perfekt geformten Kopf. Im Gegensatz zu den Boys, die sich die Köpfe schoren, kaum dass ihr Haar zu sprießen begann, trug er das seine lang, mit ein paar Federn, die darin steckten. Sein Aussehen war ihm entschieden wichtiger als irgendeine Zweckmäßigkeit. Er schleppte einen königsblauen, mit Purpur gefütterten Umhang hinter sich her, von dem ich nicht gedacht hätte, dass man ihn außerhalb von Clarkson finden könnte. Er ging sehr geschickt damit um und warf ihn, bevor er in Aktion trat, mit einer Geste über die Schulter, die mich an »How Horatius Kept the Bridge«[11] erinnerte. Als Dolmetscher war er nicht zu gebrauchen, er bevorzugte schamlos seine Version, egal was die verhandelnden Parteien vorbringen mochten. Überhaupt hörte er nichts lieber als den Klang seiner eigenen Stimme.

11 *Horatius*, Ballade von Thomas Babington Macaulay (1800–1859), die mit den Versen endet: »How well Horatius kept the bridge / In the brave days of old.« [KR]

Obwohl wir jetzt in Frieden gelassen wurden, erwies sich Kidongoi bis zuletzt als ziemlich feindseliger Ort. Ein Gutes muss jedoch festgehalten werden: Es gab keine Moskitos. Dafür allerdings anderes. Jim machte bald die Entdeckung, dass jede Proviantkiste, die nicht auf dem Zeltboden stand, von weißen Ameisen praktisch von unten durchgefressen worden war. Hinzu kam der widerliche Gestank der großen, schwarzen Ameisen, den selbst der stärkste Badezusatz nicht aus dem Zelt vertreiben konnte. Und natürlich Millionen und Abermillionen von Fliegen. Aber alles in allem geringere Übel, verglichen mit den Moskitos in Selengai. Ein Pluspunkt von Kidongoi war die Gegenwart des Buschkuckucks. Er singt das süßeste, das sehnsuchtsvollste Lied im ganzen Buschland. Ein Buschkuckuck pfeift eine zögernde, chromatisch fallende Tonfolge, jede Note klar wie ein Wassertropfen, ein zweiter setzt bei der tiefsten Note der Oktave ein und pfeift sie aufwärts, sodass sich ihre Stimmen in der Mitte treffen, sich kreuzen und zum Ausgangspunkt zurückkehren. Allein die Erinnerung daran ruft ein Bild der Wildnis hervor, ergreifend und sehnsuchtsvoll, eine Empfindung, die einen das trockene Gras, den kühlenden Staub förmlich riechen lässt. Der Buschkuckuck sang gegen Abend, wenn die Schatten zu lila Teichen überflossen und die Savannen unter dem fliederfarbenen Himmel in goldenen Wellen auf den Rand der Welt zuliefen.

Ich versuchte, das Beste aus dem Buschkuckuck zu machen, denn unser Glück sank auf einen Tiefstand.

Es wurde bitterkalt, ein Ostwind fegte über alles hinweg und trug Staubwolken ins Zelt. Mich überkam der schlimmste Fieberanfall, den ich bis dahin erlebt hatte. Der Sturm heulte trostlos durch blankes Geäst, die Firststange knirschte und ächzte und die Planen flatterten, flogen hin und her und donnerten wie ein Schiff, das gegen den Wind steuert. Der eisige Wind machte mir auch deshalb so zu schaffen, weil ich es, vom Fieber durchschwitzt, nicht wagte, mich ihm auszusetzen. Ich träumte unentwegt von sauberen, weichen Laken, konnte aber nicht aufstehen, um die alten zu wechseln.

Auch einige der Boys hatten Fieber, und selbst Siki lag zusammengekauert und niedergeschlagen da.

Es dauerte drei Tage, bis ich wieder auf die Beine kam. Die Haut der Löwin zeigte Zeichen von »Ablösung« und der vertraute Geruch drang mir in die Nase.[12] Ich schleppte mich hinaus, um an ihr zu arbeiten, in der vergeblichen Hoffnung, es würde mich niemand bemerken.

Aber die Massai hatten Augen wie die Geier. Im Nu erschien ein ganzer Strom von ihnen zur Behandlung. Während der vergangenen drei Tage hatten sich die Krankheiten gehäuft – entzündete Augen, Husten, Erkältung, es wollte nicht enden. Ich fühlte mich elend, mir war schwindlig, und der üble Geruch der Wartenden war schlimmer denn je. Kurz darauf ging eine Bewegung durch die Menge. Auf einer Trage wurde ein Junge mit einer hässlich klaffenden Oberschenkelwunde gebracht, die ihm ein Bulle aus seiner eigenen Herde zugefügt hatte. Dann erschien ein Mann mit einem vereiterten Arm, die Folge eines Löwenbisses, der *fünf Jahre* zurück lag. Und schließlich jemand mit einer fast zehn Zentimeter langen Wunde, unter der das Schienbein bloßlag.

Jim brachte Bottiche mit heißem Wasser und blieb, um mir zu helfen. Er sah, wie ich immer schwächer wurde und versuchte, die Patienten zu bewegen, mich durch ein »danke« zu ermutigen, wenn ich mit einem von ihnen fertig war. Den meisten war dieser Vorschlag zu neu, sie konnten damit nicht umgehen, und der Dienst an ihnen ließ mich an Mark Aurels so wichtige Bemerkung denken: »Was willst du noch mehr, wenn du einem Menschen einen Dienst erwiesen hast? Bist du

12 Die »Ablösung« wird durch einen Zersetzungsprozess zwischen der äußeren und inneren Haut hervorgerufen, bei dem sich das Fell ablöst.

nicht zufrieden, dass du etwas tust, was deinem Wesen entspricht, suchst du, dafür bezahlt zu werden? Das ist ganz so, als wenn die Augen eine Belohnung für das Sehen verlangten oder die Füße für das Laufen.«

Eine großartige und inspirierende Weise, die Dinge zu betrachten, aber in meinen schwächeren Momenten hätte ich nichts gegen ein wenig Dankbarkeit einzuwenden gehabt. Als schließlich eine halbe Armee von Massai mit Proviant in Gestalt von lebendigen und heftig blutenden Ziegen erschien und die Absicht verkündete, ihren Wohnsitz der Einfachheit halber in mein Camp zu verlegen, um sich den Weg zur täglichen Behandlung zu sparen, war ich heilfroh, als Karua mit dem Lastwagen eintraf. Ich packte alles so schnell wie möglich zusammen, glücklich über einen Szenenwechsel.

Kapitel 5

Ol Doinyo Orok – der Schwarze Berg

Namanga lag an derselben Straße, nur elf Meilen von Kidongoi entfernt, doch der Ort bezauberte mich, kaum dass ich ihn sah. Der Schwarze Berg schob seine schützenden Ausläufer auch hier halbkreisförmig um das Land, das zu einem zwischen Bäumen versteckten Fluss hin abfiel. Die Bäume rahmten den Blick auf den siebzehn Meilen entfernten Longido, einen schönen Berg, scharf wie ein Relief, der an seinem nähergelegenen Ende in einem felsigen Turm gipfelte.

Der Tag hatte nicht gut begonnen. Das Fieber hatte alle mitgenommen, ein jeder fühlte sich missverstanden. Die Ladung war planlos gepackt und unser Fortkommen dutzendmal unterbrochen, weil dauernd eine der Kisten von der Ladefläche fiel. Als ich endlich nach einem Platz für das Camp Ausschau hielt, war die Stimmung auf dem Tiefpunkt.

Nichts kann einem so sehr die Freude am Leben verderben wie Fieber. Man fühlt sich plötzlich einsam und verloren. Die schöne Aussicht, so fern und unpersönlich, schlug schwer auf meine Seele. Ich kehrte Longido den Rücken und schaute stattdessen zu meinem eigenen, vertrauten Berg empor, und die Worte »Ich hebe meine Augen auf zu den Bergen«[13] kamen mir so tröstlich in den Sinn, dass ich beschloss, das Zelt mit dem

13 Psalm 121. [KR]

Eingang zum Hang hin aufzuschlagen. Das bedeutete, den Boden zu ebnen, der in die andere Richtung abfiel. Die Boys machten sich halbherzig ans Werk, jeder murrte über den anderen, als ich plötzlich einen Elefanten erblickte. Er zog in aller Ruhe an uns vorbei.

Augenblicklich waren alle Probleme vergessen. Ich griff nach der Kamera, um ihm zu folgen. Mit einem Mal fuhr er mit einem gewaltigen Schnauben herum und steuerte direkt auf mich zu, ein prächtiges Bild, schade nur, dass so viele Büsche im Weg waren. Gerade, als er zwischen ihnen hindurchbrach, ertönte neben mir eine ohrenbetäubende Explosion. Der Elefant wich zur Seite, raste in Deckung und war verschwunden. Entsetzt stellte ich fest, dass Mohamed geschossen hatte. Ich rang bestürzt die Hände und erklärte, für so etwas könne man mich sofort aus dem Wildreservat werfen. Er dürfe unter gar keinen Umständen schießen, es sei denn, der Elefant ginge wirklich auf uns los.

In der Tat war der Elefant noch mehr als zwanzig Meter entfernt gewesen. Er wollte nicht angreifen, sondern bloß erkunden, und ich wusste, ich hätte noch ein, zwei Sekunden gefahrlos auf den Auslöser drücken können, als Mohamed auch schon zu feuern begann.

Kabechi schürzte seinen Umhang, sprang auf den nächsten Ameisenhügel und sah, wie der Elefant etwa zwei Meilen von ihm entfernt mit Höchstgeschwindigkeit davonjagte. Über eine Stunde folgte ich seiner Fährte, um sicherzugehen, dass es keine Blutspur gab. Ich dankte der Vorsehung, dass Mohamed ein schlechter Schütze war, woraufhin der sich natürlich über meine Zweifel an seiner Treffsicherheit empörte und schwor, er hätte ihn erwischt.

Falls der Leser keine Erfahrung mit wilden afrikanischen Elefanten besitzt, könnte er sie für riesige, aber durch und durch freundliche Tiere halten, die er seit seiner frühen Schulzeit voller Zuneigung betrachtet und in der Regel mit Ritten auf ihrem Rücken und kindlichen Vergnügungen in Verbindung gebracht hat. In diesem Fall könnte er sich verständlicherweise fragen, warum um alles in der Welt eine Fotografie dieser liebenswerten Kreatur solch eine Aufregung verursacht. Um Mohamed Gerechtigkeit widerfahren zu lassen, muss ich daher gleich zu Beginn klarstellen, dass es sich beim afrikanischen Elefanten – im Gegensatz zu seinem indischen Vetter – um eines der gefährlichsten aller wilden Tiere handelt. Er ist viel größer und vermutlich weit weniger intelligent als der indische Elefant, und bis vor Kurzem galt er als unzähmbar. Die beiden unterscheiden sich in vielem, beispielsweise in der Gestalt der Backenzähne und der Beweglichkeit des Rüssels. Am Auffallendsten sind jedoch ihre unterschiedlich großen Ohren und die Form ihres Schädels. Der indische Elefant hat kleine Ohren und eine hochgewölbte, zweihöckerige Stirn. Der afrikanische Elefant hat praktisch keine Stirn, und seine Ohren sind so riesig, dass er im Handumdrehen doppelt so groß wirkt, wenn er sie abspreizt. Sie sind seine zuverlässigste Verteidigung. Sein scharfes Gehör macht es auch so schwierig, sich ihm zu nähern. Wie alle wilden Tiere besitzt er dazu einen sehr sensiblen Geruchssinn. Argwöhnt er etwas, dann tastet er den Wind mit seinem Rüssel ab, dreht ihn langsam hin und her oder fährt ihn wie ein Periskop über seinem Kopf aus. Zwei Vorzüge, denen ein Nachteil entgegensteht: Er mag einen hören und riechen, aber auf eine größere Entfernung als zwanzig, höchstens fünfundzwanzig Meter ist es unwahrscheinlich, dass er einen sieht – ein sehr tröstliches Wissen, denn so lange der Wind aus der richtigen Richtung weht, kann man davon ausgehen, dass man auch auf kurze Distanzen sicher ist, sofern man sich nicht bewegt.

Sobald das Camp stand, ritt ich auf Marouf, dem braunen Maultier, das aus Kajiado eingetroffen war, los, um mich nach Wild umzusehen. Zuerst begegnete ich einer Schar Paviane, die mit irrsinnigem Gekreisch zwischen den Bäumen davonjagten, dann einer Herde von Impalas, einer Giraffe, und später stieß ich dann auf eine Zebraherde. Durch einen kleinen Trick gelang es mir, ziemlich nah an sie heranzukommen. Ich bedeutete den Männern, geradeaus weiterzugehen, machte selbst kehrt und ließ Marouf auf die Zebras zu trotten. Dabei lehnte ich mich weit nach vorn und verbarg meinen Kopf so gut es ging hinter seinem Hals. Die Zebras waren so fasziniert von diesem seltsamen Tier, dass sie ihre Vorsicht vergaßen. Selbst als ich mich aufrichtete, um sie zu fotografieren, konnten sie mich nicht gleich ausmachen. Sie wirkten zwar etwas beunruhigt, wichen aber ein oder zwei Minuten lang nicht von der Stelle.

Das war mein erster Ausritt mit Marouf, und er bewies eine erstaunliche Intelligenz. Der Stallbursche hatte ihn offensichtlich schonungslos von Kajiado aus geritten. Der Sattelgurt, dick mit Haar und Blut verklebt, war hart wie Stahl und sein Leib ganz wundgescheuert – die meisten einheimischen Burschen haben keine Ahnung von diesen Dingen. Der Gurt musste vierundzwanzig Stunden lang eingeweicht und dann gefettet werden. Eine antiseptische Salbe ließ die Wunden rasch abheilen, und in der Zwischenzeit ritt ich Marouf ohne Sattel. Es spricht sehr für sein freundliches Gemüt, dass er bei dieser Gelegenheit nicht versuchte, mich abzuwerfen. Ganz anders seine Gefährtin, die sich in ihrem Leben niemals einem Sattel gefügt hat. Es war zunächst nicht ganz klar, wozu sie da war, aber in Afrika – und nach allem, was ich weiß, auch anderswo – ist man der Meinung, dass ein Maultier nie gern allein unterwegs ist. Doch Marouf dachte offenbar nicht viel an sie und hatte nichts dagegen, mit der Tradition zu brechen. Oft wurde sie einfach stillschweigend zurückgelassen. Sie hatte einen schlechten, negativen Charakter. Schließlich gab ich es auf, ihre Zuneigung zu gewinnen, ich dachte mir nicht einmal einen Namen für sie aus.

Am nächsten Tag bot einer meiner Patienten, der gerade seine Hustensaftration geschluckt hatte, an, mich zu den Elefanten zu führen. Er hatte sein Fasten noch nicht gebrochen, ich brannte aber darauf, sofort loszuziehen und schenkte ihm die kostbare Keule einer frisch geschlachteten Ziege. Nachher bedauerte ich es, sie nicht einem anderen und beherzteren Guide gegeben zu haben, den ich unterwegs aufgabelte.

Das war Lembogi. Ich habe nie herausgefunden, woher er kam, welche Geschichte er hatte, aber er band sein Schicksal frohgemut an meines, adoptierte das Camp wie einen verloren geglaubten Bruder und wirkte bei jedem Abenteuer bereitwillig als Guide. Er trug einen kleinen Spitzbart, und sein Gesicht war von Pockennarben gezeichnet. Beides erinnerte mich an den Stamm der Batwa – halbe Pygmäen – aus der Vulkanregion an der Grenze zwischen Uganda und dem Kongo. Seine Kleidung kann mit einem Satz beschrieben werden, denn mit Ausnahme eines ausladenden Strohhuts und eines zerlumpten Kattuntuchs, das er aus irgendeinem unerfindlichen Grund über die linke Schulter knüpfte, besaß er keine.

Die Elefanten waren im Sumpfland, nur zehn Minuten vom Camp entfernt. Dieses Gebiet erstreckte sich über etwa drei Meilen parallel zur Straße, durch einen Waldgürtel von ihr getrennt. Von einem Ameisenhügel aus konnte ich über dem Schilfrohr die Rücken der Tiere sehen. Lembogi erklärte gerade, dass wir nicht nähergehen könnten, das Wasser sei brusthoch, und außerdem würden sie den Sumpf bei Tag selten verlassen, als ein paar von ihnen plötzlich herauskamen und im Wald verschwanden. Das Unterholz war dicht verwuchert, der Wind drehte unaufhörlich, eine Besonderheit am Fuß des Berges, und mit Mohamed, der alten Henne, stand eine Nahaufnahme sowieso nicht zur Debatte.

Kurz darauf zog eine Herde von fünfundzwanzig Elefanten mit drei oder vier Kälbern über eine komplett einsehbare Lichtung. Während sie sich fortbewegten, fraßen sie hier und da und bewarfen sich mit Staub. Eine einzigartige Chance für eine Aufnahme. Zugegeben: Wenn sie ihre Jungen bei sich haben, sind Elefanten gefährlich, aber Mohamed hatte eine solche Angst, dass er schon unseren fünfundvierzig Meter entfernten Ameisenhügel für viel zu nah hielt. Mit meiner Filmkamera, die kein Teleobjektiv besaß, lohnte sich aber nichts, was mehr als zwanzig Meter entfernt war. Ich begehrte ernsthaft gegen diese verpassten Gelegenheiten auf.

Die Sache war – wovon mir Jim am gleichen Abend ungewohnt mitteilsam berichtete –, dass Mohamed, ein Askari, noch nie in seinem Leben bei einem Jagdausflug dabei gewesen war. Allein schon, wie er in seinen schweren Nagelboots durch den Busch stampfte, machte einem klar, dass er zum Krieger bestimmt war, nicht zum Jäger. Er würde sich einem feindlichen Bataillon entgegenstellen, ohne mit der Wimper zu zucken, das stand für mich außer Frage, aber vor den Elefanten war ihm angst und bange. Die Erfüllung seiner Aufgaben scheiterte an seinem übertriebenen Pflichteifer. Ich gab ihn als unverbesserlich auf.

Am liebsten hätte er an jeden Baum in großen, roten Lettern GEFAHR geschrieben. Seine nörglerische Besonnenheit trieb mich nur allzu selbstverständlich zu trotzigem Leichtsinn. Ich wollte mit ihm streiten, mit ihm darüber lachen, aber mein Swahili reichte nicht so weit, und da es niemanden zum Reden gab, wälzte ich das Ganze umso intensiver in meinem Kopf. Es nahm alles weitaus größere Dimensionen an als die Elefantenjagd. Das Leben selbst, dachte ich, ist nur herrlich, wenn man es gefährlich lebt, wenn man die Herausforderung vertrauensvoll annimmt, wenn man alles riskiert, alles mit vollen Händen gibt und bereit ist, »das Unsichtbare mit einem Hochruf zu begrüßen«[14]. Nichts gehört einem, weder das Leben noch die Liebe, weder Geld noch Besitz, wenn man nicht in jedem Moment bereit ist, es aufzugeben. Sobald man irgendetwas besit-

14 »Greet the unseen with a cheer!«, Zitat aus dem Gedicht *Epilogue* von Robert Browning (1812–1889). [KR]

zen will und aus Furcht, es zu verlieren, jedem Risiko aus dem Weg geht, hat man es bereits verloren und die Freiheit des Geistes dazu. Die Hülle mag bleiben, aber die lebendige Wahrheit ist dahin. »Gebt, so wird euch gegeben.«[15] Man muss nur auf den Krieg zurückblicken, auf die unzähligen Experimente, die im Namen der Wissenschaft durchgeführt wurden, oder auf all die Pionierleistungen, zu denen es in der Welt kommt, um zu wissen, dass hier die Wurzel allen Glaubens liegt.

Die leuchtenden Augen der Gefahr wirkten jedoch wenig anziehend auf Mohamed. Ich gab es auf, vernünftig mit ihm zu reden und schrieb stattdessen an das Jagddepartment, mit der dringlichen Bitte, mir Kongoni zu schicken, den ehemaligen Waffenträger meines Vaters, oder einen anderen guten Ersatzmann und betete, er möge auf Gummisohlen daherkommen.

Karua, der gelegentlich zwischen seinem ein paar Meilen von hier entfernten Geschäft in Namanga und dem Bahnhof von Kajiado pendelte, hatte den Brief abgeschickt. Mohameds Unzulänglichkeiten schienen mir auf einmal leichter erträglich, allein aus dem Gefühl, dass etwas getan worden war, um eine Verbesserung herbeizuführen. Ich wollte weiteren Reibereien aus dem Weg gehen und beschloss, die Elefanten einstweilen ziehen zu lassen. Besser, einen Versuch zur Besteigung des Ol Doinyo Orok zu unternehmen. Ich rief Lembogi, um die Sache mit ihm zu besprechen. Er spuckte aus, dann lachte er schallend, schnalzte mit der Zunge und schnippte die Finger über diesen großartigen Scherz. Es war, als hätte ich einen Ausflug zum Mond vorgeschlagen. Keiner, erklärte er in seiner beredten Pantomime, hätte je dem Dschungel getrotzt, noch den Berg bezwungen. Er sei bereit, mich an jeden Ort dieser Welt zu bringen, nur nicht zum Gipfel des Schwarzen Berges.

Das war unbestreitbar ein Schlag. Mit übermenschlicher Anstrengung unterdrückte ich meinen Impuls, mit ihm zu strei-

15 Lukas 6,38. [KR]

ten – womöglich gab es irgendeinen Aberglauben, vielleicht ein Tabu, geheimnisvoll mit dem Schwarzen Berg verbunden. Ein Streit könnte mein Vorhaben gänzlich zunichtemachen. Erst Jahre später erfuhr ich, dass die Massai glauben, die Wälder des Berges seien von den Geistern der Toten bewohnt. Ich beschloss, den rechten Augenblick abzuwarten. Ohne den Anschein zu erwecken, ich habe es noch auf den echten Gipfel abgesehen, willigte ich in Lembogis Kompromiss ein, mich zu einem vorgelagerten Gipfel und an dessen Kratersee zu bringen, ein Marsch von vier Stunden. Ich verdeutlichte ihm die Vorteile eines zeitigen Aufbruchs und bat ihn, am nächsten Morgen vor Sonnenaufgang bereit zu sein.

Aber der Berg war gegen mich. Am nächsten Morgen türmten sich die Wolken, am folgenden Tag hatte ich Fieber. Fast eine Woche verstrich, ehe die Zeichen für einen Aufstieg günstig standen.

Endlich kam der Tag. Ich war frühmorgens zum Aufbruch bereit, die Sterne standen noch hell über uns, nur Lembogi fehlte. Aber ich kannte die Richtung, wenn nicht den Weg und machte mich sogleich auf. Alles war besser, als die ersten kühlen Stunden zu verlieren.

Schon der kürzeste Aufstieg in diesem Land der weiten Savannen zahlt sich aus. Es dauerte nicht lange, da flimmerte die Gegend unter mir im goldenen Nebel des Sonnenaufgangs. In meinem Rücken ragte der Longido, den Gipfel in Wolken gehüllt, umso höher auf, je weiter ich kletterte, ein steiler Anstieg zwischen den im hohen Gras verborgenen Felsbrocken. Ein paar Stunden später war ich froh, als ich Kabechi und Lembogi hörte, die etwas weiter unten nach mir riefen. Ich wollte sie auf keinen Fall verpassen und hatte zuerst Mohamed, dann Asani zurückgelassen, um auf die beiden zu warten. Jetzt stellte sich heraus, dass ich zu hoch geklettert war, am Weg vorbei. Ich fand eine Abkürzung und schloss mich den Männern an. Bald führte uns der Pfad zwischen einigen Bäumen hindurch auf einen Abhang, wo Rinder weideten. Zwei steinerne Palisaden, von wo aus Bewaffnete früher die Grenze bewacht hatten, ragten vor dem Longido in den Morgenhimmel.

Hier traf ich auf meinen zweiten Guide, einen alten Mann. Er stand schon da, in eine Decke gehüllt, den Kopf kahlgeschoren, die Ohren mit Metallringen geschmückt. Er kannte die Dschungelpfade besser als jeder andere, wie mir Lembogi versicherte. Er hatte ganz offensichtlich bereits auf mich gewartet und kam sofort mit, ohne noch lange nach Schnupftabak zu suchen oder nach seinen Ziegen zu sehen. Nach einem weiteren kurzen Anstieg gelangten wir in den Wald.

Der Weg wurde flach, die Bäume breiteten ihre Blätter zwischen uns und die Sonne, wir kamen zu Atem, schauten uns zwischen huschenden Schatten und lichtgescheckten Stämmen im silbrigen Zwielicht um und betrachteten die vor dem hellen und dunklen Grün ineinander verflochtenen Silbermuster. Wir waren auf dem Weg zu Lembogis Kratersee, und während wir dem Alten durch den immer dichter werdenden Wald folgten, wurde mir klar, wie unmöglich diese Wanderung ohne ihn gewesen wäre.

Nach einer Weile hangelten wir uns durch einen steilen Tunnel aus Unterholz abwärts. Er mündete auf eine Lichtung, neben ein paar Palmen. Aus einem kleinen See quoll Wasser und ergoss sich über breite Felsplatten: die Quelle des Namanga. Eine prachtvolle blaue Libelle schoss pfeilschnell umher und stand schwirrend im Sonnenschein. Alles sehr schön anzuschauen, aber nicht unbedingt einen harten dreistündigen Aufstieg wert. Doch in der Tat: Es handelte sich um unser Ziel, das Wasser, von dem Lembogi gesprochen hatte. Anscheinend gab es gar keinen richtigen Kratersee oder Gipfel. Dieses armselige Rinnsal war der Rubikon, den keiner je zuvor überschritten hatte.

Ich wollte es nicht hinnehmen. Es war noch nicht einmal zehn Uhr, und auf der anderen Seite des Bachs lockte der ganze wilde unberührte Wald mit seinen tiefen Schatten, durch die das Sonnenlicht drang, und forderte mich heraus.

Waren die Männer hartnäckig – ich war es auch. Ohne einen beherzten Kampf würde ich nicht kapitulieren. Ich setzte metaphorisch meine Ellbogen ein. Erst einmal: Warum nicht ein *klein wenig* in den Wald hineingehen, nur um zu sehen, ob es Elefanten gab? Allein der Gedanke ließ sie auffahren. Wie man sich vorstellen kann, war Mohamed gleich wieder bei seinem Thema. Unmöglich, in den Wald hineinzugehen. Wir würden uns verlaufen. Außerdem gab es da Dinge, die er nicht erklären konnte. Es würde uns Unglück bringen. Vor langer Zeit einmal sollen zehn Massai-Krieger hineingegangen sein. Nicht einer von ihnen kam zurück, um zu berichten, was dort geschah. Es war zu gefährlich. Niemand hatte es je versuchen wollen. Hier hakte ich ein. Wenn ein jeder kommen und gehen konnte, wie er wollte, warum sollte ich es nicht tun? Je mehr er argumentierte und seine ernsten, bedächtigen Warnungen vorbrachte – die anderen hockten im Kreis, nickten beifällig, kauten unentschlossen auf Strohhalmen und spuckten ins Wasser –, desto starrsinniger wurde ich. Ein kampfeslustiger Funke entzündete sich in mir. Hatte ich zuvor noch halbwegs geblufft, ohne von dem Vorhaben so besessen zu sein, wie es erscheinen mochte, war ich jetzt fest entschlossen, in den Wald hineinzugehen, und seien es auch nur ein paar Meter.

Wir zogen los. »Kein Weg«, hörte ich ständig, aber ein Elefantenpfad war genauso gut wie die Pfade der Einheimischen. Dieser hier führte in dichte Dunkelheit. Wieder und wieder kamen wir an frischem Elefantenkot vorbei, mancher dampfte schwach im Zwielicht, Wolken von Fliegen schwirrten auf, summten mir ins Gesicht, als ich mich tiefgebückt unter den Zweigen hindurchkämpfte. Als ich auf einer kleinen Lichtung herauskam und mich aufrichtete, fiel mein Blick auf einen Hügel in deren Mitte, überwuchert von üppig grüner Vegetation und umschlungen von schlangengleichen Lianen.

In meinen Ohren klangen noch die Tragödien, Geschichten von geheimnisvollem Verschwinden und dunklem Tabu. Ich konnte mir kaum vorstellen, welcher Fund mich unter dem unheimlichen Hügel mir gegenüber erwartete. Ein einsamer Sonnenstrahl fiel durch die Düsternis, durchbohrte sie wie ein Pfeil. Die Boys spähten mit angstvoller, abergläubischer Miene hinter mir hervor und flüsterten heiser und theatralisch miteinander. Es herrschte jetzt eine so überwältigend spannungsgeladene, von unbestimmter Furcht erfüllte Atmosphäre, dass ich meterhoch in die Luft gesprungen wäre, hätte jemand auch nur Buh gesagt.

Es war lächerlich, sich so von diesen Ammenmärchen beeindrucken zu lassen. Außerdem wollte ich um alles in der Welt sehen, was sich unter dem lebenden grünen Mausoleum verbarg. Mit einer Stimme, die sachlich klingen sollte, aber selbst in meinen Ohren dumpf tönte, sagte ich: »Kommt schon, lasst uns mal nachsehen, was das ist«, dann ging ich auf den Hügel zu und trat kurzerhand gegen einen morschen Ast. Er brach ein, und durch das Loch, das sich aufgetan hatte, erblickten wir nichts Gespenstischeres als das ausgeblichene Skelett eines Elefanten. Wir durchsuchten den Pulk von Zweigen, Blättern und Moos, bis wir die Stoßzähne fanden.

Dieser Fund überzeugte mich mehr als ihr ganzes Gerede, dass die Einheimischen tatsächlich nie einen Fuß über den Bach gesetzt hatten. Die Regierung bietet eine verlockende Prämie für gefundenes Elfenbein. Kein einziger Einheimischer würde das ignorieren.

Obwohl die Stoßzähne sehr klein waren – ein Zahn wog vielleicht gerade einmal zwanzig Pfund –, erfüllten sie jeden von uns wie durch ein Wunder mit einem Hochgefühl. Der Streifzug nahm die Gestalt einer Schatzsuche an, und alle wollten jetzt unbedingt vorwärts preschen. Alle, außer Mohamed, der sich die Chance nicht entgehen ließ, seinen moralischen Standpunkt zu verteidigen: »Da wir jetzt Elfenbein gefunden haben, können wir zufrieden umkehren.«

»Nicht ganz«, erwiderte ich. »Das ist ein gutes Zeichen, lasst uns weitergehen.«

Ich war selbst nicht ganz frei von Aberglauben, aber meine Grenzen lagen woanders. Ich kannte kein Tabu, und obwohl ich um nichts in der Welt weder die Götter des Waldes noch die Feen beleidigt hätte, spürte ich doch, dass der Geist des Waldes etwas Größeres war als sie. An diesen Geist glaubte ich. So lange ich mich nicht als Eindringling fühlte, sondern als Teil von ihm, in der Gewissheit, dass er mich akzeptierte, so lange war ich sicher. Es lag nichts Feindseliges in der Düsternis oder der lauschenden Stille. Die Bäume waren freundlich. Und ich hielt den Vers des Dichters in Ehren: Die Natur hat nie das Herz verraten, das sie liebte.[16]

Ich lief also weiter, und alles ging gut, bis der alte Guide, der gleich hinter mir folgte, sich plötzlich unbeholfen mitten auf den Pfad setzte und die Hände vors Gesicht schlug. Wir sind verloren, jammerte er. Gerade, als ich glaubte, wir hätten die Ängste abgeschüttelt und erwärmten uns für das Abenteuer, wollten sie mich dazu zwingen, auf der Schwelle kehrtzumachen. Mit einer Flut an Sarkasmus wandte ich mich an sie. In Ordnung, sollten sie doch umkehren, wenn sie nicht besser waren als eine Hundemeute, die hinter mir her kroch. Lieber Himmel! War das hier nicht ihr Land, und hatte Gott ihnen keine Augen gegeben? Der Baum mit dem verdrehten Stamm dort, der rote Laubfleck auf dem gegenüberliegenden Grat: Würden sie diese Wegmarken nicht erkennen, wenn sie sie wiedersähen? Außerdem besaß Asani eine Axt. Lasst ihn den Weg markieren. Dann kehrte ich ihnen den Rücken und ging weiter. Ich hatte mir nicht allzu viel von diesem Ausbruch versprochen. Zu meiner Überraschung folgten sie wortlos.

---

16 Aus William Wordsworths (1770–1850) Gedicht *Lines Composed a Few Miles above Tintern Abbey. July 13, 1798:* »Knowing that Nature never did betray / The heart that loved her …« [KR]

Asani war ein ruhiger, beherzter kleiner Bursche. Er hatte bei der Auseinandersetzung keine aktive Rolle gespielt, aber ich wusste, dass er auf meiner Seite stand. Er war froh, dass wir nicht aufgaben, und er verkündete unseren Marsch in der drückenden Stille durch das heitere Klirren seiner Axt, mit der er unseren Pfad freischlug.

Nachdem ich mich zwischen Bäumen und Schlingpflanzen bergauf gequält hatte, landete ich unvermittelt auf einem freiliegenden Bergrücken wo sich vor mir, über dem Wald, der kahle, graue Gipfel erhob. Er hätte drei Stunden entfernt sein können oder dreißig: Alles hing davon ab, was sich zwischen den einzelnen Bergkämmen befand, die unter den ineinander verflochtenen grünen Barrieren aus Wald erstickten. Je länger ich ihn betrachtete, desto erreichbarer sah er aus, desto mehr zog er mich an. Es hatte keinen Sinn, mit den Männern über diese oder jene Möglichkeit zu diskutieren. Ich nahm die Sache in die Hand: »Der Berg ist nah, wir werden auf dem Grat weitergehen.« Dabei wich ich Mohameds Blick aus, ja, ich schaute nicht einmal zu ihm hinüber.

Einmal führte der Alte, dann wieder Lembogi, und wenn ihnen die Puste ausging oder sie nicht mehr weiterwussten, ging ich voran. Auf einmal dämmerte es mir, dass sie gleichzeitig mit dem Dschungel jeden Widerstand aufgegeben hatten. Als sie begriffen, dass ich mich nicht abschrecken ließ, hatten sie meine Haltung stillvergnügt akzeptiert und richteten ihre Energie auf das, was vor ihnen lag. Der schlimmste Teil des Dschungels schien geschafft. Der Grat mündete hoch oben in helles Tageslicht. Wir bewegten uns von einem Kamm zum nächsten, tauchten immer wieder in den Wald ein und erklommen einen geraden breiten Pfad, den auf beiden Seiten dichte grüne Hecken säumten.

Der Pfad war mit dem Kot von Nashorn, Büffel und Elefant gepflastert. Ich ging voran, die Augen auf die Spur geheftet, als ich auf einen grauen Felsblock stieß, der mitten auf dem Weg lag. Während ich um ihn herumging, hievte er sich plötzlich mit dem beängstigenden Schnauben eines Nashorns auf die Beine. Ich schrak zurück und machte einen Satz, das Nashorn – wahrscheinlich schaute es woanders hin – jagte in die entgegengesetzte Richtung davon. Das ist aber nur eine Vermutung. In dem Moment, als der Fels zum Leben erwachte, tat ich keinen zweiten Blick mehr, sondern machte kehrt, stürzte davon, prallte auf den Mann hinter mir, der ebenfalls kehrtmachte, »Faru! Faru!« schrie und um sein Leben lief. Im Handumdrehen stoben wir wie Spreu auseinander.

Das Nashorn war verschwunden, und der Wald kam langsam wieder zur Ruhe. Einer nach dem anderen schlichen wir uns aus unseren Verstecken zurück zum Weg, unsere Herzen klopften immer noch vor Angst.

Die Boys hatten sich zu diesem Zeitpunkt offensichtlich an das Abenteuer gewöhnt, vielleicht hofften sie auch darauf, noch mehr Elfenbein zu finden, jedenfalls nahm keiner von ihnen das Ereignis zum Vorwand, umzukehren, ehe Schlimmeres geschah. Noch immer außer Atem, lachten sie über den Schreck, wobei jeder ein Detail zu unserer komisch rasanten Flucht beisteuerte. Als ich weiterging, ein bisschen eingeschüchtert und vor allem äußerst auf der Hut, dachte ich, dass es weit weniger schlimm war, sich zu verlaufen, als über ein schlafendes Nashorn zu stolpern. Ich war in ein Heiligtum eingedrungen, in das – den Einheimischen zufolge – kein menschliches Wesen je seinen Fuß gesetzt hatte. Wie viele Nashörner noch auf uns warten könnten, ließ sich nicht sagen. Der Wald war bedrohlich still. Alles deutete darauf hin, dass es hier von großem und womöglich gefährlichem Wild wimmelte. Sollte es einem der Tiere in den Sinn kommen, uns anzugreifen und jemanden zu verletzen, läge die Verantwortung bei mir, weil ich die Männer einem unzumutbaren Risiko ausgesetzt hätte. Ein unangenehmer Gedanke. Diese Verantwortung begann so schwer auf mir zu lasten, dass ich beinahe schon wünschte, ich hätte den Boys vor einer Stunde nachgegeben und den Wald sich selbst überlassen.

Das Nashorn hatte sich verständlicherweise geärgert, dass es so unsanft geweckt wurde. Da der Pfad der einzige Ort war, an dem sich ein großes Tier sonnen konnte, bewegten wir uns auf gefährlichem Terrain. Das nächste schlafende Nashorn oder ein Büffel wären vielleicht weniger gutmütig.

Ich fragte mich insgeheim, ob ich überhaupt berechtigt war, weiterzugehen, als ich nur wenige Meter entfernt über dem Gras ein anderes dunkles, unförmiges Gebilde ausmachte. Um sicherzugehen, schaute ich durch den Feldstecher. Deutlich zeichneten sich die grauen Falten der Nashornhaut ab. Auf Zehenspitzen schlich ich zurück und beriet mich mit den Boys. Auf beiden Seiten war der Dschungel zu dicht, ein Ausweichen daher unmöglich. Lembogi, immer der einfallsreichste der Truppe, sagte, wenn wir uns sicherheitshalber windabgewandt positionierten, würde er auf einen Baum klettern und Stöcke auf das Nashorn werfen, um es zu wecken und es zum Gehen zu bewegen.

Der Leser wird sich vielleicht fragen, warum ich diese einmalige Gelegenheit nicht für mich nutzte. Der Wind stand günstig, es wäre ein Leichtes gewesen, sich an das schlafende Nashorn heranzupirschen und es hinter den Ohren zu kraulen. Vielleicht hätte es ihm gefallen. Wenn nicht, dann wären meine Möglichkeiten zu Experimenten allerdings ein für alle Mal dahin gewesen. Die Schwierigkeit bestand immer darin, dass ich mich nicht traute, wenn es soweit war.

Lembogi warf also Stöcke und Erdklumpen auf das Nashorn. Es erwachte, und unter verwundertem und empörtem Schnauben trottete es davon. Wir gingen weiter.

Jedes Mal, wenn ich schon hoffte, dass wir uns jetzt auf dem letzten Grat befanden, traf ich auf die nächste entmutigende Senke. Mohamed drängte mich von Neuem, kehrtzumachen, er sagte, wir würden auf dem Rückweg in die Dunkelheit kommen. Das machte mir wenig aus. Es würde keinem von uns wehtun, wir hatten Streichhölzer dabei und könnten Feuer machen. Je mehr Mühe ich in diesen Aufstieg investierte, desto weniger konnte ich ihn abbrechen. Halb tot, aber erfolgreich nach Hause zu kommen, ist eines. Sich nach all der Anstrengung geschlagen zu geben, etwas ganz anderes. Nicht allein das. Ich würde die Boys nie mehr zu einem neuen Versuch bewegen können. Und ich selbst war auch nicht allzu versessen auf ein weiteres Abenteuer.

Zum Schluss waren es die Boys, die auf den Gipfel zeigten. Jetzt sei er nicht mehr weit weg, bemerkten sie.

Neidvoll bewunderte ich, wie sie klettern konnten. Ich hatte alle meine Kräfte in unser Vorwärtskommen gesteckt, als es anfangs erforderlich war. In der glühenden Mittagssonne, die erbittert zwischen Gewitterwolken niederbrannte, überfiel mich eine restlose Erschöpfung. Meine Knie zitterten, während ich durch das lose Geröll aufwärts keuchte. Wir machten eine kurze Rast, und Asani deutete in einen Baumwipfel – zumindest schien es so – und auf »einen Vogel, der sich so anhört wie ein Auto«. Auf der Suche nach einem hupenden Geier ließ ich den Blick vergebens durch das Geäst wandern, nahm dann das unmissverständliche Rattern eines Motors wahr und machte am Himmel einen schwarzen Fleck aus. Ich betrachtete ihn mit tiefer Abscheu. Musikalisch, dramaturgisch – unter jedem Gesichtspunkt war sein Erscheinen schlecht getimt, um nicht zu sagen taktlos. Die Feststellung, genau in dem Moment von oben beobachtet zu werden, wo ich einen unbekannten Weg erforschte, war eine herbe Enttäuschung. Die Tatsache, dass das Flugzeug zehn Meilen entfernt war, nur ein schwacher Trost. »Zumindest kann er nicht auf dem Gipfel landen«, dachte ich und drängte weiter.

Endlich passierten wir die Baumgrenze unterhalb der allerletzten Vorposten: verkümmerte Bäume, struppig vor Bartmoos. In ihren bewegten Schatten erstreckte sich ein Teppich aus winzigen Hülsen, eine Art Wicke mit Blättern wie Sauerklee, wahrscheinlich die *Parochetus communis*, mit hübschen, durchscheinend blauen Blüten. Darüber flatterten blaue Miniaturschmetterlinge, es schien, als hätten die Blütenblätter Flügel bekommen.

Heidekraut und Felsbrocken zeichneten sich gegen die ziehenden Wolken und den tiefblauen Himmel ab. Ich watete durch wogende Meere weißblühender Büsche, das Land dahinter war geschmückt mit goldenen, blauen und violetten Blumen. Es müssen fünfzig verschiedene Arten gewesen sein, vielleicht auch mehr. Eine Blume, die mir völlig unbekannt war – ich habe sie auch später nie wieder gesehen –, schmiegte sich wie dichter, blauer Nebel an den Fels. Sie hatte samtig violette Blätter, unter denen sich Büschel kleiner pulvriger, blauer Blüten zeigten, gesprenkelt mit goldenen Staubfäden.

Dieser Teil des Bergs war ein Paradies wilder Blumen. Selbst in der vollen Herrlichkeit des Frühlings könnten die Alpen nichts Zarteres oder Lebendigeres zum Vorschein bringen. Die Intensität der glühenden Blau- und Goldtöne in der heißen duftenden Luft, vor einem fast saphirfarbenen Himmel mit schimmernden Wolkensäulen, hatten eine merkwürdige alpine Wirkung. Planlos hielt ich einmal hier, dann wieder dort inne. Eines Tages, wenn ich viel Zeit hätte, würde ich wiederkommen, das schwor ich mir. Wie oft besticht man sich durch falsche Versprechungen, zu etwas besonders Verlockendem zurückzukehren, das man auf dem Weg zu etwas anderem entdeckt hat.

Der Gipfel, den wir schließlich erreichten, war aber immer noch nicht der richtige. Jenseits eines tiefer liegenden Sattels blickte ein weiteres Granithaupt finster auf uns herab. Auf der Südseite unter uns kam nun aber zwischen den beiden Gipfeln und kahlen Granitschollen eine grasbewachsene Senke zum Vorschein. Inmitten der Öde breitete sich das Gras so grün und ländlich aus, dass man unwillkürlich nach Schäfern und ihren

Herden Ausschau hielt. Stattdessen sah ich hinter einem Schwingrasenmoor zwei Nashörner, grau auf dem grauen Stein.

Ich ließ Lembogi, Kabechi und den alten Guide zurück, rief Asani mit den Kameras und lief den Hang hinunter, durchquerte das Moor und stieß auf der anderen Seite wieder auf Fels. Dem Gepolter nach zu schließen, folgte Mohamed dichtauf. Ich kam bis auf weniger als vierzig Meter an die Nashörner heran. Noch immer sahen sie aus wie zwei graue Felsbrocken, während sie einen einsamen Flecken mit dürrem Gras abweideten. Nur die ausgeblichenen Stängel, die sich im Wind bogen, gaben der diamantharten, steinernen Weite einen Funken von Leben.

Der Wind hatte heftig zugenommen. Ich ging geradewegs in ihn hinein und näherte mich den Nashörnern ein Stückchen hangabwärts. Es war nicht zu erwarten, dass dieses gleichbleibende Wehen umschlagen und mich verraten würde. Der Wind war auch stark genug, um meine Schritte zu übertönen. Besondere Vorsicht brauchte es nicht. Ich ging beherzt auf die Tiere zu. Wie nah ich genau kam, lässt sich schwer sagen. Ich hatte aber das Gefühl, ich könnte leicht einen Kieselstein nach ihnen werfen, und unbewusst bemerkte ich, das die Augen des näherstehenden Tieres nicht dunkelbraun waren, wie ich es mir immer vorgestellt hatte, sondern sherryfarben.

Was folgte, hinterließ bei mir einige Zweifel, ob ein Nashorn wirklich so schlecht sieht, wie es immer heißt. Vielleicht hörten sie das Klicken der Filmkamera. Das könnte dem näherstehenden Nashorn meine Richtung verraten haben. Womöglich sind ihm dann mein Mantel oder meine Hutkrempe aufgefallen, die im Wind flatterten. Jedenfalls stellte es die Ohren auf, seine Kiefer hielten mitten im Kauen inne, und das kleine, blasse Auge richtete sich sehr entschieden auf mich. Dann hob das Nashorn den Kopf und versuchte, den Wind zu deuten. Ohne Ergebnis, aber es kam nun gezielt und voller Argwohn auf mich zu, die Nüstern am Boden, das Horn nach vorn. Ich hielt den Knopf gedrückt und bemühte mich um eine ruhige Hand. Nicht ganz einfach. Durch den Sucher einer kleinen Filmkamera scheint es so, als sei das Tier noch fern. Erst, wenn man sie sinken lässt, um sich mit eigenen Augen zu vergewissern, erschrickt man meist heftig darüber, wie nah es wirklich ist. Im Sucher sah ich, wie sich sein Schwanz aufrichtete, und wusste, es war kurz davor, anzugreifen. Das spielte sich im Bruchteil einer Sekunde ab, war aber unvergesslich. Das Nashorn stand auf einem flachen Fels wie auf einem Sockel, robust und markant ragte es wie eine Statue vor den fliehenden Wolken empor.

Solch eine Gelegenheit würde es wahrscheinlich nie wieder geben, und das großartige Bild machte mich einen Moment lang für alles andere blind. Ich hätte besser gleich die Flucht ergriffen, solange der Koloss noch zögerte. Ich erkannte das Gefahrensignal, doch vor Erregung wie in Trance hielt ich die Kamera ans Auge. Dann feuerte Mohamed einen Schreckschuss über den Kopf des Tieres. Ich machte kehrt und rannte um mein Leben.

Das Nashorn war nur einen kurzen Moment lang überrascht. Ehe ich noch aus seinem Blickfeld verschwinden konnte, hatte es schon den Entschluss gefasst, mich zu verfolgen. Sein zornig donnerndes Schnauben, vermischt mit einem Kreischen wie bei einer Lok, die Dampf ablässt, verlieh mir Flügel. Als ich einen kurzen Blick über die Schulter wagte, sah ich, dass mir beide Nashörner mit beängstigender Geschwindigkeit auf den Fersen waren. Die Boys waren vor mir losgerannt, und als ich hinter ihnen her stürzte, durch Felsschneisen, nackt wie Asphalt, nirgends ein schützendes Blatt, durchschoss mich der Gedanke, dass dies hier kein Spiel mehr war.

Obwohl ich rannte, wie ich in meinem Leben noch nie gerannt war, mir das Blut in den Ohren klopfte und meine Lungen vom Luftholen schmerzten, geschah auf einmal alles wie in Zeitlupe. Jeder Schritt wog wie Blei. Ich wollte über den Boden fliegen, aber wie in manchen Albträumen schien es, als würde ich kaum von der Stelle kommen.

Die Nashörner holten rasch auf, der Rückenwind trug ihr wutentbranntes Schnauben vor mir her. Die Boys waren wie vom Erdboden verschluckt. Ich setzte zu einem weiteren verzweifelten Spurt an, wobei mir die völlige Sinnlosigkeit bewusst wurde, und genau da öffnete sich eine Erdfalte am Hang, um auch mich aufzunehmen. Ich stolperte, fiel kopfüber eine kleine Klippe hinab und landete auf einem Felsvorsprung mit Heidekraut.

Hier würden sich die Nashörner nie hinunterwagen, selbst wenn sie mich erblicken sollten. Trotzdem schaute ich angstvoll in die Höhe, von ihnen war aber weit und breit nichts mehr zu sehen.

An diesem geschützten Ort gab es kein einziges Geräusch, selbst der Wind war verstummt. Dankbar warf ich mich bäuchlings auf das Heidekraut und keuchte, als käme ich nie wieder zu Atem. Mein Herz klopfte, vor meinen Augen schlingerten scharlachrote und orangene Wellen.

Die Boys, die weiter unten gelandet waren, kletterten jetzt zu mir hinauf, und als ich Mohameds düstere, missbilligende Miene sah, stieß ich rasch hervor: »Das ist die beste Aufnahme, die ich je gemacht habe!«

Obwohl es mir zunächst kaum gelingen wollte, meine zitternden Finger zu kontrollieren, konzentrierte ich mich auf das komplizierte Geschäft, den Film zu wechseln. Asani verteidigte mich und erklärte beherzt, so habe er noch nie ein Nashorn auf einem Felsen stehen sehen. Die drei Massai, die das Ganze von der anderen Seite des Moores aus verfolgt hatten, gesellten sich nun zu uns und gaben ihre Version zum Besten. Mir fiel erst allmählich auf, dass sie so aufgeregt durcheinander schrien, als bejubelten sie den Sieger des Grand National. Das Zusehen muss sich gelohnt haben, nur schade, dass es keinen zweiten Fotografen gab.

Sogar Mohamed taute allmählich auf, während sie so anschaulich erzählten, was alles passiert war, und lächelte. Glückwünsche regneten auf seinen bescheidenen Kopf. So sollte es auch sein, denn sein gut getimter Schuss hatte mir zweifellos das Leben gerettet.

Während ich an der Kamera hantierte und ihnen zuhörte, begann auch ich, mich in aller Stille zu amüsieren. Nichts verhilft einem zu solchem Hochgefühl wie eine Flucht. Die angenehme Glut wollte sich schon in mir ausbreiten, als ich beim Wechseln des Films eine vernichtende Entdeckung machte: Ich hatte das Ende um nahezu zwei Meter überschossen. Was hieß, dass die wilde Jagd nach dem Nashorn und der dramatische Moment, wo es monumental vor dem Himmel stand, nur auf blindem, rotem Papier aufgenommen worden waren. Die Enttäuschung war bitter, so bitter, dass es dafür keine Worte gab. Die Boys redeten immer noch über das sagenhafte Bild, und ich brachte es nicht über mich, ihnen die Wahrheit zu gestehen.

Ich legte die Kamera in ihre Kiste zurück und lief den steilen Hang bis zum Moor hinab. Dort war der Boden eben. Wir konnten bequem ausruhen.

Seit elf Stunden waren wir unterwegs. Jetzt, um drei Uhr nachmittags, hatten sich alle eine Ruhepause und eine Mahlzeit verdient. Zu diesem Zeitpunkt hatte ich jedoch keinen Hunger mehr, nur einen unendlichen Durst, und so saß ich mit einer Dose Pfirsichen im Schilf. Es handelte sich um eine von Jims Eingebungen in letzter Minute. Bis heute kann ich keine Pfirsiche aus der Dose essen, ohne dass mir Bilder von finsteren Gipfeln, Nashörnern und dem strengem Grün des Moorlands unter dahinjagenden Wolken vor Augen stehen. Den Geschmack der Pfirsiche, die der Himmel sandte, und die mir nicht wenig Trost spendeten, habe ich selbstredend nie in ähnlicher Weise wiedergefunden.

Mohamed tauchte auf, um nachzufragen, ob ich bereit sei, zum Camp zurückzugehen. Das jüngste Abenteuer hatte den

Reiz des Gipfels kurzfristig in den Hintergrund gestellt. Mohamed brachte ihn wieder in Erinnerung, und ich sprang auf, es war schon spät: »Zuerst müssen wir auf den Gipfel«, erklärte ich entschieden und stiefelte den steilen, grasbedeckten Hang in einem Tempo hinauf, von dem ich wusste, dass ich es unmöglich würde durchhalten können. Mohamed blieb keine andere Wahl, als mir zu folgen. Aus der Ferne hörte ich ihn niedergeschlagen murren, wie spät es schon sei und dass wir für heute bestimmt genug gesehen hätten. Die drei Massai taten nicht einmal so, als wollten sie folgen, sondern setzten sich ungeniert ins Gras, um auf mich zu warten. Nur Asani war guter Dinge. Vielleicht teilte er meine Neugier auf den Gipfel.

Mein Kurs schwankte kläglich, als ich den steilen Hang im Zickzack und mit Knien erklomm, die sich wie Wasser anfühlten. Ich war bereit, meine eigene Erschöpfung einzugestehen, konnte aber nicht ernsthaft glauben, dass die Boys, die leichtfüßig wie Gämsen kletterten, müde sein sollten. Ich musste über die gewaltige Kraft des Geistes über die Materie nachdenken, oder vielmehr die der Vorstellungskraft über die rein physische. Gerade erst von einem heftigen Fieberanfall genesen, war ich in denkbar schlechtester Verfassung für den Aufstieg, doch die Vorstellung, den Gipfel zu erreichen, bedeutete mir so viel, dass ich es nicht fertigbrachte, mein Vorhaben aufzugeben. Ohne diesen Antrieb fühlten die Boys nur die Entkräftung, und zu meinem Erstaunen sagten sie alle, sie seien zu müde, um weiterzugehen. Selbst Mohamed entschuldigte sich damit. Ich traute meinen Ohren kaum: Mohamed, vor Kurzem noch ein King's African Rifle, und ich hatte ihn buchstäblich geschafft.

Ich erreichte den Gipfel in etwa zwanzig Minuten. Dahinter lag noch ein weiterer, schräg abfallender Sattel, der sich bis zu einer Felsschulter hinaufzog. War *er* höher? Schwer einzuschätzen, eine Sache von wenigen Metern vielleicht. Ich hätte aber doch gern einen letzten Versuch unternommen, um wirklich sicher zu gehen. Nun, dies war der Moment, sich als großzügig zu erweisen. Also behielt ich meine Überlegungen für mich. Wenigstens befanden wir uns auf dem mittleren Gipfel, dessen Höhe die Karte mit 2545 Metern angab. Es war vier Uhr, später, als mir lieb war. Es gab keinen Moment zu verlieren. Die Sonne versteckte sich hinter einem dunklen Vorhang aus Wolken, der Longido schaute hinter dieser düsteren Decke hervor, der Wind wirbelte um uns und heulte kläglich zwischen den Felsen. Rasch errichteten wir einen kleinen Steinhaufen und warfen einen letzten Blick auf das unvergessliche Panorama und über den sonderbaren Schwarzen Berg mit seinen im Umkreis von vierzig Meilen ausgedehnten Hügeln und Tälern und die sanft geformten Konturen unter der gleichmäßigen Decke des Waldes. Alles gipfelte in dem Punkt, wo wir gerade standen.

Dann machte ich kehrt. Wir liefen den Abhang hinunter. Der Aufstieg war vollbracht und ich nun mit allen einig, vor Einbruch der Nacht aus dem Wald herauszukommen.

Es war mühselig, dem Wildpfad geduldig über jede einzelne Anhöhe zu folgen, anstatt den Weg abzukürzen. Sobald man aber von dieser Mittellinie abwich, die sich wie eine Naht über die Kämme zog, traf man auf einen Dschungel, undurchdringlich wie ein Netz und dunkel obendrein. Abkürzungen waren also viel zu gefährlich. Nicht ohne Schwierigkeiten gingen wir in unserer Spur zurück. Lembogi war der einzige mit einem sicheren Instinkt für die Richtung. Ich hielt mich dicht hinter ihm, und abgesehen von den unvermeidlichen Kletterpartien behielten wir beide den ganzen Weg über einen gleichmäßigen Schritt bei. Die anderen stritten über den richtigen Kurs und blieben dabei zurück. Immer wieder schaute ich mich um und rief: »Heda! Heda!« Jetzt zählte nichts anderes als der Wettlauf mit dem Tageslicht.

Schließlich erreichten wir die Stelle, wo ich am frühen Morgen über das Nashorn gestolpert war. Lembogi führte uns über einen umgestürzten Baum hinweg. Dann ging er geradeaus weiter, während ich mich daran erinnerte, dass wir im rechten Winkel auf den Stamm gestoßen waren. Also schwenkte ich nach links. Lembogi schüttelte den Kopf, doch ich war sicher, und Kabechi, der uns in diesem Moment einholte, pflichtete mir bei. Weiter unten, wo sich der Wald verdichtete, fiel mein Blick durch eine Lücke auf den Baum mit den roten Blättern, und mehrere Wegmarken kamen wie Freunde genau in dem Moment auf mich zu, wo ich sie am meisten brauchte, jeder von uns suchte nach seinen Orientierungspunkten. Auf dem Hinweg hatte ich die Boys noch verspottet, kein Auge für Wegmarken zu haben. Wieder im Wald, verstrichen einige ängstliche Augenblicke, bis ich durch pures Glück auf einen der Bäume stieß, die Asani markiert hatte, und alles war gut. Hier war ich meiner Sache sicher, aber weiter oben verlor ich mich im Nirgendwo, verglichen mit Lembogi, der sich als der geborene Guide erwies.

Wir sammelten unser Elfenbein ein, gelangten ans Wasser, wo wir Halt machten, denn inzwischen waren wir vor Durst ganz ausgedörrt.

Es waren noch zwei Stunden bis nach Hause – zwei äußerst mühsame Stunden, in denen wir zwischen losen, im Gras versteckten Steinen durch die Dunkelheit stolperten. Wir hinkten alle ins Camp. Der arme Mohamed war gestürzt, hatte sich die Hüfte verletzt und konnte kaum mehr laufen. Ich hatte ein schlechtes Gewissen, es war meine Schuld, hatte ich ihn doch vor Kurzem gezwungen, die Nägel aus seinen Schuhen zu entfernen, damit sie weniger Radau machten. Dadurch konnte er sich aber auf den rutschigen Grashängen kaum halten. Was ich getan hatte, war ebenso grausam, wie einem Tier die Klauen zu ziehen und es dann sich selbst zu überlassen. Mohamed besaß die klaglose Geduld einer stummen Kreatur, was mich immer mehr rührte.

Es war ein gutes Gefühl, wieder sicher im Camp zu sitzen, besser, als irgendwo in dem herrlichen furchterregenden Wald zu campieren. Als ich zum Berg aufschaute, der so still vor den Sternen stand, erfüllte mich weniger die Glut des Sieges als eine tiefe Dankbarkeit. »Den Gipfel zu erobern« ist wahrscheinlich nur eine Phrase, niemand hat das je ernst gemeint. Der Berg selbst spielt dabei eine sehr wichtige Rolle. Er kann einen in jedem Moment durch einen noch so kleinen Unfall, und sei es nur ein verstauchter Knöchel, zurückweisen, wenn er will. Bei diesem besonderen Aufstieg hatten sich der Berg, der Wald und alle Tiere, in deren Heiligtum ich eingedrungen war – mit Ausnahme der beiden Nashörner – als ungemein nachsichtig erwiesen, wofür ich ihnen dankbar war.

Ich schwang mich zum Gipfel einer solchen Euphorie auf, dass ich mich trotz des anstrengenden sechzehnstündigen Marschs und geschwächt von der Malaria nichts so Prosaischem wie der körperlichen Erschöpfung beugen wollte.

Lange, ehe ich noch von Afrika geträumt hatte, hatte mich das Bergsteigen begeistert. Der Aufstieg auf den Ol Doinyo Orok, durch tropischen Dschungel, mit all seinen besonderen Herausforderungen, hatte auch seine eigene Faszination und beflügelte mich mit alter Leidenschaft. Ich schürte das Feuer, bis die Flammen in die Nacht hoch züngelten und spielte die *Fünfte Sinfonie*. Und auf ihrem unwiderstehlichen Strom schwang sich der Ehrgeiz ungehindert zu den Gipfeln der Giganten auf – von Neuem dachte ich an den Kilimandscharo und an Mount Kenia.

Kapitel 6

Löwen und Elefanten

Nach diesem Aufstieg hatten sich alle einen Tag Ruhe verdient. Ich überredete Mohamed, der immer noch heftig hinkte, ausnahmsweise einmal im Camp zu bleiben, und stahl mich mit Haken, Angelschnur und etwas rohem Fleisch allein zum Fluss.

Er floss den Berg hinunter, nur ein paar Fußminuten vom Camp entfernt, fiel zunächst in Kaskaden über die Felsen und strömte, kaum dass er die Ebene erreicht hatte, im Schatten hoher Banyanbäume gleichmäßig von einem Becken zum anderen. Ich sprang mitten im Wasser von Stein zu Stein, ließ mich dann nieder und senkte meinen Köder in die gekräuselte Oberfläche. Er trudelte bis zum Grund, wo die Strömung ihn mit unsichtbaren Fingern hin und her rollte, bis durch die Bewegung über ihm eine kleine Sandwolke aufwirbelte. Aus dem Schatten näherten sich die Barben und untersuchten die Wirbel. Sie schwammen langsam, ihre langen braunen Schwanzflossen wogten wie Seetang. Jetzt kreisten sie über dem Köder, schienen ihn mit ihren neugierigen, beweglichen Barteln abzutasten, weiteten rasch die Kiemen und fächelten, um die Höhe zu halten. Mit kleinen Rucken ließ ich den Köder vorwärts hüpfen, sie folgten ihm, knabberten scheu. Doch ob ich ihn durch die Strömung zog, ihn nach unten sinken oder am Grund ruhen ließ, sie schnappten nie herzhaft zu. Sie schwammen heran, betrachteten ihn, gerieten einen momentlang in Versuchung, machten dann kehrt und schossen davon.

Sie waren zwischen fünfzehn und dreißig Zentimeter lang und sahen genauso aus wie die Fische, die wir immer an Land's End gefangen hatten und die bei den Fischern aus Cornwall »Whistler« hießen. Auch sie schnappten nie nach dem Haken, sondern gruben nur kurz ihre Zähne hinein, und genau in dem Moment galt es, sie blitzschnell aus dem Wasser zu ziehen.

Der Köder bestand aus zerstoßenen Krebsen, mit Panzer und allem Drum und Dran, ein Brei, »Schmier« genannt, den man mit Wolle um den Haken wickelte. Die Wolle erfüllte einen doppelten Zweck: Sie sog den Krebsbrei auf, und die Zähne der Whistler, die als blind galten und nur auf Geruch reagierten, verfingen sich darin.[17]

Die Fische, die ich im kleinen Namanga River beobachtete, ihre ins Violett gehenden braunen Leiber, die sich anmutig in der Strömung wiegten, erinnerten mich an viele vergessene Sommertage. Wie oft waren wir eine Stunde vor dem Gezeitenwechsel über die Felsen hinabgeklettert, um Whistler zu angeln. Ich dachte, ich könnte hier vielleicht die gleiche Methode anwenden. Sie zu fangen, war mehr als nur ein Sport, sie schmeckten nämlich ausgezeichnet. Zwar waren sie nicht ganz so fest und delikat wie die Whistler, deren Geschmack dem der Forelle glich, besaßen aber ein feines weißes Fleisch, ohne die Unmengen von Gräten wie die meisten der afrikanischen Fische sonst. Im Fluss gab es jedoch viele kleine Krebse, die mir unentwegt den Köder verdarben. Ich lief zum Camp zurück, um neue Wolle zu holen. Die afrikanischen Whistler hatten aber leider kein Verhältnis zu meinem »Schmier«, sie schauten nicht einmal richtig hin.

---

17 Ich fand den Whistler in einem alten Buch von 1775 über Meeresfische, das ich in der Morrab Library in Penzance entdeckte. Darin wird er der fünfbärteligen Seequappe zugeordnet. Die Beschreibung endete damit, dass die Männer aus Cornwall den Fisch durch einen Pfiff anlockten, um ihn zu fangen, und dazu die geheimnisvollen Worte riefen: »Bod, bod vean!«

Ich war auf das Angeln konzentriert und hatte mich dabei so an das Geräusch des Flusses gewöhnt, dass ich es nicht länger wahrnahm. Jetzt zog ich meinen Haken ein, legte mich zwischen die Wurzeln der riesigen, silberfarbenen Bäume am Ufer und ließ die Musik des fließenden Wassers »in meine Ohren kriechen«[18]. Ein Gesang aus vielen Stimmen, die sich vermischten, auseinanderliefen und zwei verschiedene kleine Sätze modulierten, einmal flüsternd, in flüssigem Grundton sprudelnd, dann wieder entströmten ihm die Obertöne voll und klar wie Glockenspiel. Ein Windstoß transponierte den Gesang nach Dur, nach Kurzem erstarb er sanft in Moll. Er schlich sich an wie Schlaf und schloss jede Welt jenseits der Ufer aus. »Vergangenheit, Zukunft, alles ist Illusion«, tönte es, »selbst die Zeit. Ich bin die Gegenwart, und die Gegenwart ist ewig.«

Träumerisch betrachtete ich, wie das Wasser durch das leuchtend grüne, schattige Zwielicht auf mich zu rann, und ein freudiger Schreck durchfuhr mich angesichts eines Mangrovefischers, der mit schillernden, unglaublich blauen Flügeln kurz über der Wasseroberfläche daher glitt.

Über meinem Kopf entdeckte die Sonne Spalten in den großen, weit entfernten Blättern und sprühte Fontänen zitternden Lichts hindurch. Goldene Nebel schwammen darin, leuchtend vor dem dunklen Wald, als eine Wolke hauchzart geflügelter Insekten aufstieg und sich über den glasklaren grünen Spiegelungen senkte. Während ich sie beobachtete, wurde ich auf ihr schläfriges Summen aufmerksam, das sich über das Plätschern des Stroms legte. Ab und zu segelte ein perlweißer Schmetterling durch die schillernden Lichtsäulen und flatterte in die dahinterliegenden Schatten. Winzige, leuchtend grüne Vögel huschten über mir daher, hin und wieder blitzte es scharlach-

18 William Shakespeare, *Der Kaufmann von Venedig*, Akt V, Szene 1: »How sweet the moonlight sleeps upon this bank! / Here will we sit and let the sounds of music/ Creep in our ears ...«. [KR]

rot auf, während weit weg, außerhalb vom Zauberkreis des Flusses, eine Taube ununterbrochen gurrte wie die Stimme der Ewigkeit. Die kleinen blauen Affen schwangen sich von den Bäumen und landeten lautlos auf dem Boden. Ich rief ihnen in ihrer eigenen, plappernden Sprache etwas zu, bis ihre Neugier über die Angst siegte und sie sich im Schutz der Stämme immer näher wagten, ernst dasaßen und mich beobachteten, oder mit gespieltem Schrecken davonsprangen.

Es dämmerte, als ich ins Camp zurückkam. Jim wies auf das Gewehr im Zelt und machte mir Vorwürfe, dass ich vergessen hatte, es mitzunehmen.

Das war natürlich mit Absicht geschehen. Bewaffnet zu sein, hieße, von vornherein in die Defensive zu gehen und irgendeine Form von Feindseligkeit zu befürchten. Entweder bleibt man außerhalb der Natur und geht bewaffnet und feindselig in den Wald, oder man legt die Waffen beiseite und begibt sich freundlich in das hinein, was einem selbst wie jeder anderen Kreatur gehört. Es gibt keine halben Sachen. Geht man im Geist absoluten Vertrauens, ohne sicherheitshalber ein Gewehr mitzunehmen, sondern vor allen Dingen mit dem Wunsch, akzeptiert zu werden, dann denke ich – mehr noch, ich weiß es aus Erfahrung –, dass die Natur einen mit unendlicher Zärtlichkeit aufnimmt und einen ständig beschützt. Da man ganz dazu gehört, gibt es nichts zu fürchten. Wenn das nicht so wäre, wenn man fremd bliebe, würde man von ihrer Macht und Einsamkeit zerquetscht wie eine Ameise unter einem Absatz.

Eine große Überraschung wartete auf mich. Asani hatte mich bereits am Fluss gesucht, um es mir zu erzählen – mir waren die Spuren von Gummisohlen in der Nähe meiner Angelstelle aufgefallen, und ich hatte mich schon darüber gewundert. Er war jedoch gar nicht weit entfernt von einem Nashorn attackiert worden und hatte es gerade noch rechtzeitig ins Camp geschafft. Das erklärte Jims Sorge wegen des Gewehrs.

Die Überraschung war Abdi,[19] ein stämmiger, grauhaariger nubischer Waffenträger mit dem Aussehen und Charme eines Bullterriers, aber über das ganze Gesicht strahlend. Er stellte sich vor, salutierte elegant, und überreichte mir ein Schreiben des Wildhüters, worin stand, dass Kongoni gerade einmal zwei Stunden, bevor mein Brief eingetroffen war, für eine andere Safari unterschrieben hatte.

Ich mochte Abdi auf den ersten Blick. Er unterschied sich äußerlich sehr von dem kleinen, leicht gebauten Mohamed, war über einen Meter achtzig groß und verhältnismäßig breit, und ich ging davon aus, dass sich auch seine Haltung gegenüber Elefanten entsprechend unterscheiden musste. Seine Referenzen waren ausgezeichnet. Er war ein erfahrener Jäger, kannte Rhodesien, Uganda, den Sudan, den Kongo und dieselben Orte wie ich. Es war zu schön, um wahr zu sein. Ich segnete den Wildhüter aus ganzem Herzen.

Der gute alte Mohamed nahm es gelassen. Ich begleitete ihn zum Wagen, der Abdi hergebracht hatte, und er verabschiedete sich ohne sichtbare Verstimmung. Neunzehn lange Jahre der Disziplin mögen seinen eigenen, spontanen Willen zunichtegemacht haben, aber sein Pflichtgefühl war berührend. Ich werde ihn immer mit den Worten verbinden »treu bis in den Tod«. Eine seiner Qualitäten war die Sanftmut. Unvergesslich sein Ausspruch, der einem Rebhuhn galt, dessen Nest sich in Gefahr befand: »Gott ist für jedes Geschöpf da.«

Aber noch mehr Überraschungen warteten auf mich. Abdi hatte meine Post mitgebracht und einen herrlichen Korb mit Obst und Gemüse, frischen Eiern und Butter, den mir das Government House sandte. Seit drei Wochen hatte es keine Butter mehr gegeben, Karioki, der Koch, war über diesen Glücks-

19 Obwohl es unwahrscheinlich ist, dass er die Zeilen liest, muss ich mich bei ihm entschuldigen, dass ich ihn in Abdi umgetauft habe. Meine einzige Entschuldigung besteht darin, dass sein richtiger Name, Asmani, zu leicht mit Asani verwechselt werden könnte.

fall fröhlich wie ein Kind und brannte darauf, seine Künste sofort an jedem Gericht auszuprobieren, das eventuell Butter bräuchte, Sahnebonbons inklusive.

Abdis erste Nacht in Namanga gab ihm einen Vorgeschmack auf das, was ihn dort erwartete. Ein Nashorn jagte durch das Camp der Männer, er musste einen Schuss abfeuern, um es zu vertreiben, und nur kurz darauf kletterte ein Leopard auf den Baum, der die Zelte beschirmte, und stahl das Fleisch, das sie dort oben in Sicherheit wähnten.

In den Felsen wimmelte es von furchtlosen Leoparden, ihr Knurren war mitten am Tag zu hören. Am nächsten Morgen machte ich mich auf die Jagd nach dem Dieb, natürlich ohne Erfolg, aber Siki war sehr nervös, und ich ging davon aus, dass der Leopard in der Nähe des Camps lauern musste. Ein Leopard frisst nichts lieber als Hunde. Nachts band ich Siki an meinem Bett an, aus Furcht, sie könne hinauslaufen und erwischt werden.

Die Knute und gutes Futter hatten das arme, kleine, abgerissene Geschöpf, das ich in Selengai aufgelesen hatte, in eine verspielte, junge Hündin verwandelt. Ihr Ungehorsam war unheilbar, aber ich bewunderte ihren Schneid. Schläge ließ sie ohne einen Mucks über sich ergehen, sie schmollte nie oder bekam schlechte Laune, sondern trottete so unbeschwert wie eh und je daher, den Schwanz hoch in der Luft, auch wenn ich bei solchen Gelegenheiten in ihren Augen einen kleinlauten Ausdruck entdeckte. Es war falsch, anzunehmen, ich hätte einen zweiten Jock of the Bushveld[20] gefunden. Siki war zu unabhängig für wirklich tiefe Hingabe, ihr unstetes Leben hatte sie gelehrt, sich in erster Linie auf sich selbst zu verlassen, und im Gegensatz zu den meisten europäischen Hunden mochte sie die

20 *Jock of the Bushveld,* ein 1907 erschienener Kinderbuchklassiker des südafrikanischen Schriftstellers James Percy FitzPatrick (1862–1931), in dem er von seinen Erlebnissen mit seinem Hund Jock berichtet. [KR]

Gesellschaft der Einheimischen und verbrachte viel zu viel Zeit in der Nähe der Küche. Trotz allem liebte ich ihre Kameradschaft. Sie war da und bewachte mich, sonst hätte ich mein Zelt auch nie so weit entfernt von den Boys aufschlagen können, die jetzt so viel Lärm machen konnten, wie sie wollten, während ich völligen Frieden genoss. Im Übrigen war ich optimistisch. Vielleicht würde sie sich im Laufe der Zeit ja doch noch ein wenig an Jock orientieren.

Mittags kam ich von der Leopardenjagd zurück, zitternd und geplagt von Gliederschmerzen, die ersten Anzeichen der Malaria, als Colonel W. aus Kajiado auf dem Weg nach Süden beim Camp haltmachte und mir eine Strafpredigt hielt. Er verschrieb dreißig Quäntchen Chinin täglich, in flüssiger Form, und fügte hinzu, man dürfe das Fieber nie zum Ausbruch kommen lassen, sondern bei den ersten Anzeichen jeweils zehn Quäntchen Aspirin und Chinin mit einem kleinen Schluck Brandy nehmen. Ich könne noch eine Zeit lang so weitermachen – ich hatte inzwischen fast alle drei, vier Tage einen Fieberschub –, aber er warne mich, die permanenten Attacken würden zu Schwarzwasserfieber führen oder das Gehirn angreifen, und dann sei nichts mehr zu machen.

Das klang düster, war jedoch sehr hilfreich, und auch, wenn drastische Dosen von Chinin den Teint ruinieren sollen, allemal besser, sich gelb zu verfärben als zu sterben.

Es war sehr deprimierend. Ein kalter Wind wehte. Selbst der Himmel verdüsterte sich. Halbherzig saß ich über meinem Tagebuch, als schließlich die Sonne durch die Wolken brach und der Rinderhirte erschien, um zwei Elefanten zu melden.

Das war besser als Chinin. Ich rief Abdi, schlagartig bester Laune, und wir durchquerten zusammen mit dem Rinderhirten den Sumpf und gingen in den Wald hinein. Als ich mich leise zwischen den Bäumen vorwärts bewegte, wurde ich unvermittelt durch ein wütendes Knurren gestoppt und machte einen Satz, als ein Löwe buchstäblich unter meinen Füßen hervorsprang. Wie ein gelber Blitz verschwand er im dichten, grünen Buschwerk, das den Sumpf säumte. Der Rinderhirte, nur mit einem Speer bewaffnet, setzte sofort zu seiner Verfolgung an, jedoch vergebens. Er zeigte uns den Weg zu den Elefanten, musste aber selbst zurückgehen, um seine Tiere zu bewachen, auf die es der Löwe ganz offensichtlich abgesehen hatte.

Ich hätte Lust gehabt, dem Löwen auf der Spur zu bleiben, doch er hatte das Feld geräumt, während die Elefanten trotz des Tumults friedlich in der Nähe fraßen. Ich überprüfte den Wind, um sicherzugehen, dass er mir entgegenwehte und ging auf Zehenspitzen über die knackenden Zweige bis zu der Lichtung, wo sich die beiden Elefanten aufhielten, kaum mehr als zwanzig Meter entfernt.

Abdi, dicht hinter mir, hatte bislang noch keinen Laut von sich gegeben. Ich schaute über die Schulter, um zu sehen, wie er die Sache aufnahm. Seine Miene zeigte weder Schrecken noch Unbehagen, nein, er strahlte vor Vergnügen und machte den gespannten, wachsamen Eindruck eines Terriers, der an der Leine zerrt. »Der Wind steht gut«, wisperte er. »Du kannst noch *viel* näher herangehen.«

Vor Aufregung zitternd, pirschte ich Meter für Meter voran. Noch immer keine Hand, die mich zurückhielt, kein warnendes Zischen. Ich wusste nicht recht, was ich davon halten sollte. Seltsamerweise regte sich durch das fehlende Gängelband meine mir eigene Vorsicht. Ich zögerte, machte dann widerstrebend noch ein paar Schritte. Von Abdi noch immer kein Ton. Das war jetzt kein Scherz mehr. Vielleicht hatte man ihm im Camp gesagt, sein Erfolg bei mir hinge von seiner Bereitschaft ab, geradewegs auf Elefanten zuzusteuern. Ich selbst fühlte, dass ich es meinem Ruf schuldig war, noch ein weiteres Stück zu gehen, und da keiner von uns klein beigeben wollte, trieb mich die Sackgasse, in der ich mich befand, ihnen direkt vor die Füße. »Er denkt, ich fürchte mich«, schoss es mir durch den Kopf. Das stimmte, doch sollte sich dieser Gedanke bei ihm festsetzen, wäre ich erledigt. Man darf einem Einheimischen nie das Gefühl geben, dass man nicht mutig ist.

Es ging nun schon zehn Minuten so, aber die Elefanten hatten noch nichts Ungewöhnliches gewittert. Stattdessen boten sie mir eine grandiose und vielleicht einmalige Gelegenheit. Jetzt fiel mir ein umgestürzter Baumstamm ins Auge, genau auf halber Höhe zwischen ihnen und mir. Abdi und alles, was er denken mochte, war vergessen. Ich wollte jetzt nur noch den Stamm erreichen. Nur einmal zuvor hatte ich einen Elefanten auf eine Entfernung von knapp zehn Metern fotografiert. Er gab ein schönes Frontispiz für mein Buch *Out in the Blue*. Aus dieser Nähe lässt sich der sichere Halt der Kamera kaum kalkulieren. Akribisch wie ein Chamäleon setzte ich einen Fuß vor den anderen, und obwohl der Stamm viel näher bei den Elefanten lag, als ich erwartet hatte, gab er mir doch ein Gefühl von Schutz, als ich mich auf der ansonsten kahlen Savanne anpirschte.

Endlich ging ich hinter dem Stamm in Deckung, positionierte die Kamera und schaute zu den Elefanten hinüber. Sie hatten ihre Mahlzeit beendet und standen Seite an Seite ruhig unter einem Baum, während sie mich betrachteten. Einer der beiden hielt ein Büschel Grünzeug im Rüssel, das er nachdenklich schwenkte. Ich zögerte noch, sie zu filmen. Sie hatten gegessen und waren in einer glückseligen Stimmung, ein wenig schläfrig und im Frieden mit der Schöpfung. Ich schätzte meine Entfernung zu ihnen auf ungefähr sechseinhalb Meter. Beim leisesten Geräusch würden sie mich mit Sicherheit hören, womit ihre Seelenruhe schlagartig dahin wäre.

Die Linse befand sich keinen Meter über dem Erdboden. Ich musste die Kamera anheben, um sie direkt auf die Tiere zu richten. Jetzt war ich auch mit meiner kleinen Filmkamera einmal nah genug dran. Ich keuchte vor Aufregung, meine Hände zitterten, doch mit Unterstützung des Baumstamms konnte ich die Kamera einigermaßen ruhig halten. Kaum drückte ich den Auslöser, nahmen die Elefanten das verräterische Klicken des Motors wahr und spürten, dass etwas nicht stimmte. Mit gespannter Aufmerksamkeit standen sie da und blickten auf mich herab, die riesigen Ohren abgespreizt. Es stimmte, sie konnten jeden Moment gefährlich werden, aber jetzt gerade überwältigte mich ihre unendliche Liebenswürdigkeit. Wie sie da standen, verwundert und unsicher, und in stummer Geduld mit den Augen zwinkerten, das erfüllte mich mit dem irrsinnigen Wunsch, zu ihnen hinüberzugehen und alles zu erklären.

Das verdächtige metallische Geräusch setzte jedoch selbst ihrer Geduld irgendwann ein Ende. Das mir am nächsten stehende Tier segelte plötzlich auf mich zu. Jetzt, und erst jetzt, schoss Abdi herbei, fasste meine Schulter und drang auf Rückzug. Die Warnung war überflüssig. Ich schlich vorsichtig zurück, während der Elefant den Stamm erreichte. Nur mit dieser leichten Barriere zwischen uns stand er da, verlagerte sein Gewicht von einem Bein aufs andere und schüttelte unwirsch den Kopf. Dann trottete er davon. Da er mich aber noch immer aus dem Augenwinkel sah, machte er noch einmal kehrt, stob auf mich zu und stoppte wieder kurz vor dem Stamm.

Wir schlichen uns in den Schutz der Bäume und warteten. Nachdem er mich losgeworden war, hatte er sich rasch beruhigt, schloss sich seinem Gefährten an und begann zu fressen. Ich machte mich auf den Weg und versuchte mich damit zu trösten, dass ich ihn zumindest nicht allzu sehr verärgert hatte.

Abdi war einfach einmalig. Hätte mich Mohamed so vor dem Elefanten kauern sehen, er hätte fünfzig Schüsse abgefeuert. Der Film war so gelungen, wie er nur sein konnte. Und doch empfand ich keine Euphorie, als ich durch den goldenen Abend wanderte, nur eine unendliche Traurigkeit. Es ging nicht um den Film selbst, er war nur ein Vorwand, um auf die Elefanten zuzugehen. Mit einem guten Teleobjektiv konnte jeder weitaus bessere Fotos schießen, mit halbem Risiko. Hätte ich dem Einsatz der Kamera widerstehen können, hätte ich vielleicht einfach nur dagesessen und die Elefanten beobachtet, ohne sie zu stören. Für das eigentliche Problem, nämlich Freundschaft mit ihnen zu schließen, gab es keine Lösung, und darin bestand mein anhaltender Kummer.

Traurig grübelte ich darüber nach, schlich mich später aus dem Camp und kletterte zwischen den Felsen zu einem meiner Lieblingsplätze hinauf, hoch über den Zelten. Dort gab es einen Ameisenhügel und einen Silberbaum. Ich liebte diesen Ort, den kein anderer kannte, und zog mich oft dorthin zurück. Ich wollte mit der ganzen Welt um mich herum Freundschaft schließen, ihrem Geist näher kommen, danach sehnte ich mich, dafür war ich so weit gereist. Allein in der lauschenden Stille und der Schönheit ihrer Einsamkeit bekam ich mitunter einen Zipfel von ihr zu fassen. Wenn ich mich bäuchlings auf die rote Erde legte, mein Herz an sie drückte und meine Stirn auf den Stein presste, dann war das nicht nur eine physische Nähe. Während ich dort lag und dachte, dass ich aus genau der Erde gemacht war, die ich berührte und liebte, aus denselben Elementen wie die Felsen und Bäume und Sterne, wie die Vögel und alle anderen Tiere, fühlte ich mich mit dieser tiefen Liebe und der Einheit mit der Erde verschmolzen und erkannte, dass es zugleich die Einheit mit dem Geist war. Die grausilberne Akazie, in der abendlichen Dämmerung so zart eingefärbt wie das Licht auf den Taubenflügeln, nahm mich in ihren Schatten auf, und über allem lag wie ein heilender Strom der Zauber vollkommener Stille.

Die Nacht brach an, der Wind verscheuchte jede Wolke vor einem Himmel voller Sterne, die kristallklar leuchteten. Sie erfüllten die Hügel mit Musik, mit einer Schönheit, die mich umfing und erhob. Während ich meinen Geist in äußerster Stille sammelte, horchte ich auf den ewigen Rhythmus, der das Universum durchzieht. Die Zeit hörte auf zu sein, und Echnaton, der seine Seele viertausend Jahre zuvor vor Gott ergossen hatte, gab mir Worte, die noch immer lebendig waren:

»Ich atme den süßen Odem, der Deinem Mund entströmt. Ich betrachte Deine Schönheit jeden Tag. Mich verlangt danach, Deine süße Stimme zu hören, selbst den Nordwind, auf dass Liebe meine Glieder mit jugendlichem Leben füllt. Gib mir Deine Hände, die Deine Seele halten, ich werde sie umfassen und durch sie leben. Rufe mich bei meinem Namen bis in alle Ewigkeit, und niemals wird dein Ruf ohne Antwort bleiben.«

Bevor ich am nächsten Morgen aufstand, warf ich einen kurzen Blick hinaus. Unter dem Baum direkt neben dem Zelt stand ein Elefant. Er schien nicht in Eile und fraß sich friedlich durchs Geäst. Ich warf mir den Morgenrock über, griff nach der Kamera, ging langsam auf ihn zu und hielt ihn schon für den zahmsten Elefanten der Welt, als der Wind drehte und mein Empfang alles andere als freundlich ausfiel. Er war ein riesiger, einsamer Bulle mit den stärksten und wohl auch gebogensten Stoßzähnen, die ich je gesehen hatte.

Abdi trat zu mir und ermahnte mich zu größter Vorsicht. Er mochte keine einsamen Bullen, und mit diesem hier war nicht zu spaßen. Der Elefant wirkte fremd auf mich, war aber vermutlich ein alter Anwohner, und wie alle alten Anwohner erfüllte ihn gerechte Empörung, als er entdeckte, dass eine seiner Lieblingsweiden in seiner Abwesenheit okkupiert worden war. Mein Frevel, ihn mit einer infernalisch klickenden Maschine zu belästigen, kränkte den Geschädigten zusätzlich, und er zog sich in ein paar Büsche oberhalb des Camps zurück. Ich folgte ihm zögernd, doch er drehte sich zweimal um, den Kopf zornig erhoben und die Ohren weit abgespreizt. Er zeigte sehr deutlich, dass er in Ruhe gelassen werden wollte, und sollte ich ihn weiterhin stören, dann auf meine eigene Verantwortung. Ich verstand ihn nur zu gut und machte eingeschüchtert kehrt.

Es ist psychologisch interessant, ob der Grund für die Furcht, die man zu einem bestimmten Zeitpunkt empfindet, in der eigenen Stimmung zu suchen ist, oder mit Intuition zu tun hat. Manche Elefanten waren viel entschiedener auf mich zugekommen, und ich hatte mich doch näher an sie herangewagt und mich nur halb so sehr gefürchtet wie jetzt. Oder das Bergsteigen beispielsweise, wo es die gleiche undeutliche Grenze zwischen dem gibt, was als furchtlos gilt, und dem, was einfach nur leichtsinnig ist. An manchen Tagen fühlt man sich unter den riskantesten Umständen sicher, an anderen fürchtet man sich vor einem banalen Schneehang oder einer kleinen Felsnase.

Als ich später einen Rundgang durch den Sumpf unternahm, stieß ich zufälligerweise wieder auf den riesigen Elefanten. Ein Reiher flog bei meinem Erscheinen auf und zog kreischend über seinen Kopf hinweg. Er interpretierte das offensichtlich als Warnsignal. Ohne zu zögern, drehte er sich um, pflügte seinen Weg durch das hohe Sumpfgras und steuerte unter schrillem Trompeten auf mich zu. Obwohl ich in sicherer Entfernung auf einem Ameisenhügel stand, wollte ich nicht auf ihn warten, sondern ergriff mit höchstmöglicher Geschwindigkeit die Flucht durch den Sumpf. Abdi kannte sich mit einsamen Bullen aus. Künftig machten wir um ihn einen großen Bogen.

In Namanga verging die Zeit wie im Flug, aus den Tagen waren bereits Wochen geworden, und wenn ich mein Programm vor der Regenzeit schaffen wollte, war es höchste Zeit zum Aufbruch. Zuerst einmal schickte ich Marouf in der Obhut des Stallburschen vor. Er würde drei Tage für eine Strecke brauchen, die der Lastwagen – Pannen nicht mitgerechnet – in einem zurücklegte. Außerdem dachte ich, es sei sicherer für Marouf, mir voranzugehen, als nachzukommen.

Jetzt, wo ich kurz davor war, die Elefanten zu verlassen, fiel mir das Experiment mit der Puppe ein. Ich hatte versprochen, es auszuprobieren.

Es handelte sich um die Lieblingstheorie eines Freundes, der den größten Teil seines Lebens mit der Elefantenjagd verbracht, aber nie Gelegenheit gefunden hatte, die Sache selbst auszuprobieren. Er hatte die Idee, vor einem besonders reizbaren Elefanten eine Puppe zu platzieren und sie mithilfe einer Schnur zu bewegen. Er wollte herausfinden, ob es dem Elefanten egal war, auf was er zustürmte, solange er es nur in Stücke reißen konnte. Er ging davon aus, dass das Tier die Täuschung nicht bemerken würde. Mir gäbe das womöglich die Gelegenheit, einen echten Angriff zu fotografieren, und im Interesse der Wissenschaft, diesem allzu praktischen Deckmantel für alle möglichen mutwilligen Experimente, wäre es interessant zu sehen, ob der Elefant sich auf sein Opfer kniet.

Am nächsten Morgen baute ich gleich nach dem Frühstück aus Stöcken ein Gestell zusammen, bedeckte es mit Gras und umwickelte es mit Stoffbahnen aus Baumwolle. Auch den Kopf formte ich aus Baumwolle, mit einem hübschen Schopf aus Gras, und malte das Gesicht mit Jod auf.

Die Puppe bestand zwar aus grobem Material, strahlte aber, nachdem sie den letzten Schliff erhalten hatte, doch einen gewissen Charme aus. Die Boys waren begeistert und drängten darauf, mitzukommen und zuzuschauen. Selbst Jim, ernst und würdevoll in seinem braunen Kanzu, gestattete sich ein mildes Lächeln, auch wenn er natürlich nicht an derart kindischen Vergnügungen teilnehmen konnte. Zur Strafe für seine Überlegenheit musste er das Camp bewachen. Selbst Karioki nahm sich den Nachmittag frei, und er, Mwanguno, Muthungu, Lembogi, Kabechi und der mutige Rinderhirte, der den Löwen verfolgt hatte, standen aufgereiht da, um mit mir loszuziehen. Angesichts der Größe unserer Truppe ging ich mit Abdi und Asani voraus und wies die anderen an, uns zur Sicherheit in einem Abstand von mindestens hundert Metern zu folgen.

Unterwegs bemerkte ich, dass Abdi selbstbewusst und mit sichtlicher Freude eine meiner ausrangierten Talkumpuderdosen in der Hand hielt, aus der, wenn er sie umdrehte und schüttelte, eine Aschewolke stob. Eine viel bessere Methode, die Windrichtung zu testen, als eine Handvoll Staub in die Luft zu werfen oder einen nassen Finger hochzuhalten, erklärte er. Mit diesem zuverlässigen Instrument könnten wir uns den Elefanten gefahrlos nähern. Wirklich eine große Befriedigung, einen Nutzen für den fein perforierten Deckel gefunden zu haben, auch wenn Abdi die Dose später gegen eine ordinäre Flasche austauschte.

Wir gingen bis zum Sumpf und an dessen Rand entlang, waren schon fast an seinem Ende angelangt und wollten die Hoffnung schon aufgeben, als Abdi vier Elefanten sichtete. Sie grasten auf einem freien Streifen, der sich wie eine Wiese neben dem hohen Schilf entlang zog und kehrten uns den Rücken.

Ich bat Asani, sich mit der Puppe anzuschleichen, während ich mit der Kamera bereitstand. Obwohl er mir gern jeden Gefallen tat, gehörte Kühnheit nicht zu seinen Gaben, und als die Elefanten vorwärts trotteten, konnte er mit seinen zögerlichen Schritten nicht mithalten. Einmal am Ende der Wiese angekommen, würden sie im Wald verschwinden. Ich sah die Gelegenheit schwinden, packte die Puppe und lief los, so schnell ich konnte. Abdi blieb hinter mir, schüttelte heftig die Asche aus der Dose in den Wind und war aufs höchste angespannt, da sie mal hierhin, mal dorthin wehte, der Wind schien unberechenbar.

Ich hatte die Puppe an einer langen Stange befestigt, die in den Boden getrieben werden musste. Als ich jetzt hinter den Elefanten herlief, bemerkte ich, dass die Erde steinhart war. Die Stange ging nicht tief genug hinein, die Puppe hatte keinen Halt, schwankte und fiel beim ersten Zug der Leine um. Wieder und wieder suchte ich nach einer besseren Position. Ich näherte mich den Elefanten, soweit ich es nur wagte. Jedes Mal, wenn der Stoff durch einen Windstoß flatterte, drehte sich eines der Tiere um, warf einen Blick auf die Puppe, beschleunigte den Schritt und ging sichtlich empört davon.

Meine Chance kam, als sich einer der Elefanten von der Gruppe in ein kleines Waldstück absetzte, wo der Boden feucht war. Ich schlich mich mit der Puppe an und sah, wie der Elefant mich durch die Zweige hindurch betrachtete. Im selben Moment drehte der Wind, er witterte mich und ging zum Angriff über. Als er die Puppe sah, die ihm den Weg versperrte, schüttelte er argwöhnisch den Kopf und zog sich zögerlich zurück. Das wiederholte sich noch zweimal: Er griff entschlossen an und stoppte kurz vor der Puppe. Sie stak nun ganz fest und tanzte tapfer vor ihm auf und ab. Trotz ihrer wüsten, spektakulären Possen gelang es ihr aber nicht, seine Aufmerksamkeit zu fesseln, die ganz und gar nicht ihr galt, sondern eindeutig *mir*.

Der Rinderhirte, der sah, dass der Scherz nicht angekommen war, entschloss sich zu einem neuen Zeitvertreib. Kaltblütig wie ein professioneller Matador forderte er den Elefanten heraus, indem er auf ihn zu rannte und wieder davonlief. Es hätte gefährlich werden können, aber zum Glück verlor der Elefant die Lust und wir seine Spur.

Der Anblick der Puppe war mir jetzt gründlich verleidet. Ihre Bemühungen hatten der Wissenschaft nichts gebracht, und ich fühlte mich den Elefanten gegenüber wie eine Verräterin. Der erfolgreichste Teil des Ausflugs kam, als wir sie feierlich wie eine Hexe mitsamt der Stange verbrannten.

Dann machten wir uns auf den Rückweg, geführt von Lembogi. Sein ständig wachsames Auge fiel nach Kurzem auf einen dunkelgrünen Busch, der neben dem Pfad wuchs. Er ließ sein Messer durch die Luft pfeifen und hackte eine Handvoll dünner, gerader Zweige ab. Während er sie in zentimetergroße Stücke teilte, erzählte er mir von den Vorzügen des Busches, den er »arak« nannte. Sein Holz war so faserig, erklärte er, dass es nach kurzem Kauen einer Bürste glich. Die Einheimischen nutzten es, um damit ihre Zähne zu reinigen.

Ich dachte manchmal, wenn Lembogi die Klassiker lesen könnte, dann wäre sein Held bestimmt der Vater der *Swiss*

Family Robinson[21]. Er fand die bemerkenswertesten Verwendungen für harmlos aussehende Pflanzen. Einmal litt ich unter einer so scheußlichen Halsentzündung, dass ich schon glaubte, es handele sich um Gelbsucht, und selbst da war Lembogi nicht um ein Heilmittel verlegen. Es wuchs überall im Gras und war nichts anderes als eine besonders aufdringliche Klette, die selbst am bloßen Finger kleben blieb – ein Fluch für Hunde und Maultiere. Auf einem Teller brachte Lembogi strahlend ein paar auserwählte Exemplare und versicherte mir, bei einer Halsentzündung müsse man eine Klette mit bloßem Finger so schnell in der Kehle verreiben, bis es blutete. Nicht lange, und der Patient sei wiederhergestellt.

Nach dem Abendessen nahm ich einen leeren Benzinkanister, der normalerweise zum Erhitzen des Badewassers diente, und fing an, in diesen hinein zubrüllen. Ich hörte, wie Abdi heiser flüsterte: »Löwen!«, und die Boys ihn aufzogen und erklärten, das sei nur die Memsahib. Ein schönes Kompliment. Ich versuchte es noch einen Ton tiefer, und zu meiner Überraschung brüllten zwei Löwen zurück. Ich setzte nochmal an, sie antworteten wieder, kamen näher und näher und brachen direkt hinter der Feuerglut in ein gewaltiges Gebrüll aus, das im Gegensatz zu meinen kümmerlichen Versuchen überwältigend und ohrenbetäubend war. Ich brüllte noch einmal aus vollem Hals zurück, um sie zu ermutigen, und darauf gaben sie ein Konzert, bis die Luft im Widerhall vibrierte. Die prachtvollen Klangwellen wogten durch die Nacht und hielten sich bis zum allerletzten Echo im Amphitheater der Felsen.

Die Löwen waren jetzt so nah, dass ich das trockene Rascheln des Grases unter ihren Pranken hören konnte, ja selbst, wie sie ihre Lungen mit Luft vollpumpten, ehe sie von neuem zum Gebrüll ansetzten. Abdi lief mit dem Gewehr herbei und

21 *Der Schweizerische Robinson*, verfasst zwischen 1794 und 1798 nach dem Vorbild von Daniel Defoes *Robinson Crusoe* vom Berner Stadtpfarrer Johann David Wyss (1743–1818) für seine vier Kinder. [KR]

sagte, sie seien gefährlich nah. Ich verbot ihm, zu schießen, es könnte ein ganzes Leben dauern, bis ich einen Löwen nochmal so nah brüllen hörte – der Schönheit dieser Klänge unter freiem Himmel hielt kein Zoo stand. Er drückte mir die Büchse in die Hand, bat mich, nicht allzu lange mit dem Schuss zu warten, und überließ mich meinem Vergnügen.

In der freien Wildbahn brüllen Löwen nur, nachdem sie gefressen haben, nie während der Jagd. Ich konnte keinen ärgerlichen Unterton entdecken. Vermutlich brüllten sie im freundschaftlichen Wettstreit und erfreuten sich einfach nur am Klang ihrer Stimmen. Ihre Haltung mir gegenüber verriet eine gutmütige Heiterkeit, und mit der liebenswürdigen Überlegenheit von Profis führten sie mir vor, wie man es wirklich macht.

Nach und nach kamen sie aber noch ein gutes Stück näher. Widerwillig feuerte ich in die Luft, und vermutlich tat ich gut daran, auch wenn es undankbar schien und unserem Spaß ein Ende setzte. Am nächsten Morgen entdeckte ich, dass sich eine Löwin im Umkreis weniger Schritte von der Küche herumgetrieben hatte, während die Löwen in der Nähe meines Zeltes brüllten. Es fiel nicht leicht, es zuzugeben, aber möglicherweise hatten die Löwen nur gebrüllt, um die Aufmerksamkeit von ihr abzulenken. Auch wenn mein Brüllen sie angeregt haben mochte: Der Geruch eines frisch geschlachteten Schafs in der Astgabel hoch über dem Küchenzelt stellte vermutlich die größere Verlockung dar. Ganz offensichtlich hatte mein Schuss die Löwin verängstigt, noch bevor sie dem Geruch auf die Spur gekommen war. In der darauffolgenden Nacht kam sie allerdings zurück, kletterte auf den Baum und stahl das Schaf aus sechs Metern Höhe, ohne dass es irgendjemand merkte.

Ich folgte ihrer Spur eine Weile, schaute mir dann aber die Spuren ihrer Gefährten an, um zu sehen, wie nah sie wirklich herangekommen waren. Die Geschichte über ihren Besuch stand genau siebenunddreißig Schritte entfernt von meinem Zelt deutlich lesbar in den Staub geschrieben. Ich konnte sehen, wie sie sich niedergelegt hatten, einer mit der Nase zu mir, der andere im rechten Winkel zu ihm. Ihre Körper hatten Mulden in den Staub gedrückt, ihre Klauen hatten ihn zerfurcht und ihre Schwänze zu beiden Seiten lange, flache Furchen geschlagen. Ganz in der Nähe entdeckte ich den frischen Dung der beiden Nashörner, die nachts für gewöhnlich rings um mein Zelt grasten, und kaum war ich zum Frühstück zurück, als drei Elefanten langsam durch das Camp trotteten und auf den Hügel zusteuerten, um zu ihrem gewohnten Pfad zu gelangen. Der verlief unterhalb vom Hügel und etwa fünfzig Meter über dem Camp und wurde tagtäglich von Elefanten und Nashörnern benutzt. Es handelte sich tatsächlich um ihre Hauptstraße, und ich hatte mein Zelt unbeabsichtigt mitten auf einem ihrer bevorzugten Weideplätze aufgeschlagen.

Am nächsten Tag machte ich mich auf Elefantenjagd. Ich entdeckte sie mittags im dichtesten Winkel des Waldes, wo sie sich von der Hitze erholten. Im silbrigen Geflecht aus Sonnenlicht und tiefen Schatten waren sie zunächst fast unsichtbar. Bald erkannte ich sie als die vier, die ich mit der Puppe belästigt hatte, und ich hatte ihnen gegenüber deswegen noch immer ein schlechtes Gewissen. Ihre durch und durch friedliche Stimmung fühlte sich sehr nach Vergebung an. Sie standen dort, schwankten leicht hin und her, dösten, schnarchten dann und wann auf und fächerten sich mit den Ohren Kühlung zu. Als sie mich nach einiger Zeit bemerkten, ein paar Meter entfernt, halb versteckt hinter einem Baum, schauten sie mich nachsichtig und arglos an.

Es war extrem heiß und die Luft erfüllt von dem Duft geschälter Rinde und zertrampeltem, saftigem Unterholz, durchzogen von der Süße der Akazienblüten und vor allem vom warmen, vertrauten Geruch der Elefanten selbst. Es herrschte eine solch atemlose Stille, dass das Summen der Fliegen wie ein Chor von Stimmen durch die Waldschneisen drang. Einer der Elefanten lehnte seine Stoßzähne gegen einen Ast und schlief ein. Und während er schlief, reglos wie ein Fels und ganz dunkelblau im Schatten, flatterte ein großer, gelber Schmetterling um seinen Kopf. Das gab der Szene den letzten Hauch innigen Friedens. Ich spürte, dass ich nur meine Kamera beiseitelegen musste, um mich auf Zehenspitzen zu den Elefanten zu schleichen und ruhig an ihrer Seite zu sitzen.

Nie wieder würde ich so frei sein, wie in diesem Moment. Aber als sich dann eine Gelegenheit ergab, meine geliebten Theorien auf den Prüfstand zu stellen, kamen mir ungebeten längst vergessen geglaubte Ermahnungen in den Sinn, um mich zurückzuhalten: »Versprich uns, keine Risiken einzugehen«, »wenn etwas passiert, wird man *uns* die Schuld geben.« Ein Jammer, dass ich es versprochen hatte, aber anders wäre ich jetzt nicht hier. Es handelte sich um praktische Erinnerungen für den Fall, dass ich vorhatte, mich auf das Experiment einzulassen, denn als ich mich so dicht neben den freundlichen Tieren befand, die mich turmhoch überragten, empfand ich ihnen gegenüber seltsamerweise ein Gefühl absoluter Sicherheit und ein ungebrochenes Vertrauen, ohne jede Angst. Ich kannte die Angst gut genug. Die lange Praxis des Fährtenlesens und Jagens, die Augen weit offen und die Ohren auf das leiseste Geräusch hin gespitzt, verhalfen einem zu einem höchst sensiblen Grad an Intuition, den man in der Zivilisation wohl als sechsten Sinn bezeichnet hätte. Es ging nicht länger um Schlussfolgerungen oder das Erkennen warnender Anzeichen. Lag Gefahr in der Luft, dann konnte man sie riechen, und ebenso konnte man auch die Gedanken und Stimmungen der Tiere lesen.

Diese Art von Telepathie, unberührt von der Macht der Sprache, ist bei Tieren wahrscheinlich hoch entwickelt. So können sie auch immer erkennen, ob Menschen Angst vor ihnen haben. Da ich die Gefahr riechen konnte, roch ich auch, wenn alles in Ordnung war. Vermutlich wäre es nach außen hin als verrückt und risikoreich erschienen, auf die Elefanten zuzugehen.

Ich glaube aber, dass in diesem besonderen Moment nicht die geringste Gefahr bestand.

Während ich sie betrachtete, begann einer, seinen Rücken an einem Baum zu scheuern. Schon oft hatte ich Bäume mit den lehmigen, glänzenden Stellen gesehen, an denen sich ein Elefant gescheuert hatte, jedoch noch nie einen dabei beobachtet. Und dann sah ich etwas noch viel Selteneres: Ein anderer Elefant drehte sich im Unterholz einmal um die eigene Achse und legte sich dann hin.

Das Unterholz war zu dicht für gute Fotos. Zum ersten Mal beobachtete ich die Tiere ganz in Frieden und schlich mich nach einer halben Stunde von ihnen unbemerkt davon. Was ihnen missfiel, war nicht meine Anwesenheit, sie hatten mich deutlich gesehen, sondern das metallische Geräusch der Kamera, davon war ich nun fest überzeugt. Es störte und verwirrte sie, erfüllte sie zunächst mit einem diffusen Unbehagen und erzürnte sie schließlich aufs Heftigste. Einer von ihnen war immer gezwungen, mich wegzujagen, was stets zu Ärger und schlechten Gefühlen führte.

Die andere unüberwindliche Schwierigkeit lag darin, dass sie sich nicht an meinen Geruch gewöhnen konnten. Der menschliche Geruch erfüllte sie unwillkürlich mit Angst. Wäre der Wind, während ich sie beobachtete, aus der falschen Ecke gekommen, die vier reizenden Elefanten hätten sich in wilde, gefährliche Bestien verwandelt. Meine Sicherheit hing also immer an diesen kleinen Luftwirbeln.

Es fällt schwer, sich das Ausmaß an Furcht und Abneigung vorzustellen, das allein der Geruch bei wilden Tieren hervorrufen kann, weil wir diese Erfahrung nicht machen. Für mich riecht kaum etwas besser als ein Elefantenhaus im Zoo. Aber selbst nach jahrelangem Kontakt mit den Menschen kann das Gedränge an einem Feiertag einen Geruch produzieren, der die Elefanten unterschwellig beunruhigt. Die Löwen, deren trauriger, abwesender Blick einen noch tagelang verfolgt, träumen vielleicht nicht unablässig von Freiheit und offener Weite. Vielleicht würden sie sogar eingestehen, dass die Verpflegung ausgezeichnet und mühelos zu haben ist und dass sie sich dafür mit der Menschenmenge, die sie permanent beobachtet, durchaus arrangieren können. Aber ich weiß, wie stark wilde Tiere auf den Geruch reagieren und kann ich mir vorstellen, dass sie manchmal zueinander sagen: »All das wäre ja erträglich, aber an den *Geruch* kann ich mich nicht gewöhnen!«

Abdi sah ungewohnt düster aus, als ich zu ihm zurückkehrte, und wir bewegten uns aus der Hörweite der Elefanten. Dieses Mal schien ich selbst für seinen Geschmack zu weit gegangen zu sein. Er schüttelte vorwurfsvoll den Kopf. Ich wurde wütend. »Der Wind stand gut, die Elefanten waren bester Laune. Genießt du das denn nicht?« »Du wagst dich nah heran«, erwiderte er, »und diesmal geht alles gut und beim nächsten und übernächsten Mal auch, aber dann kommt das eine Mal, und es ist aus.«

Wie sollte ich Abdi erklären, dass ich mich noch nie so sicher gefühlt hatte wie diesmal, selbst wenn ich den Tieren noch nie so nah gewesen war. Insgeheim schien er jedoch beschwingt durch unseren Erfolg und verkürzte unseren langen Rückweg mit einigen seiner besten Elefantengeschichten.

»Einmal in Somaliland«, begann er, »packte ein Elefant einen Einheimischen und hob ihn mit seinem Rüssel hoch, um ihn sich genau anzusehen. Jedes Mal, wenn er ihn durch die Luft wirbelte, flehte der Somali um Gnade, und schließlich setzte der Elefant ihn sehr sanft wieder auf die Füße und ging davon.«

Eine andere Geschichte handelte von einem Elefanten, der in Marsabit lebte, einem grasbewachsenen Krater an der nördlichen Bezirksgrenze. Dieser Elefant traf auf eine Safari, lud systematisch sämtliche Mehlsäcke von fünfzig Eselsrücken, verstreute das Mehl im Wind und ging seiner Wege. Dann gab es die schauerliche Geschichte des Pferdes, dessen Reiter von einem Elefanten aus dem Sattel gerissen wurde. Das arme

Pferd hatte selbst eine tödliche Wunde erlitten, galoppierte aber scheinbar unversehrt zum Camp zurück. Als man den Sattelgurt öffnete, quollen ihm die Eingeweide aus dem Leib, und es starb.

Abdi erklärte, er habe mit eigenen Augen gesehen, wie ein Elefant über ein Nashorn, das kurz vor ihm an seinem geliebten Wasserloch eingetroffen war, in derartige Wut geriet, dass er mit dem Rüssel einen Ast abbrach und das Nashorn verprügelte, bis es »winselte wie ein Hund«.

Während er noch aus diesem unterhaltsamen Dschungelbuch erzählte, kamen wir an eine Biegung, wo sich der Wald lichtete und einen großartigen Blick auf den Kilimandscharo freigab. Sein Schnee leuchtete fast purpurrot in der Abendsonne. Diese Herrlichkeit vor Augen, wurde mein Schritt länger, und ich vergaß die heiße, staubige Straße. Vorübergehend vergaß ich sogar die Elefanten und überließ mich vollends der großen, wunderbaren Vorstellung, zum Gipfel dieses mehr als fünfeinhalb tausend Meter hohen äquatorialen Berges zu kommen. Nur einen Tag zuvor hatte ich das Glück gehabt, einem der wenigen Menschen zu begegnen – er war auf dem Weg nach Nairobi –, die den Kilimandscharo bestiegen hatten. Er erklärte mir, ich könne in Moshi einen Guide und Träger anheuern und beschrieb mir in kurzen Zügen den Aufstieg – was mich mehr denn je befeuerte, den Versuch zu unternehmen. Ich hatte natürlich keine Bergsteigerausrüstung im Gepäck, die Schwierigkeiten lägen aber, wie er sagte, nicht im Klettern selbst. Es war ein langer, mühseliger Aufstieg, dessen Erfolg weniger vom Geschick abhing als von der Fähigkeit, der großen Höhe standzuhalten. Zum Abschied meinte er noch, ich müsse es rasch versuchen, ehe der Regen einsetzte.

Am Camp angelangt, hatte ich mich in meinem Kopf bereits durch unüberwindliche Dschungelbarrieren gekämpft, den schneebedeckten Gipfel bestiegen und einen Blick in den Krater gewagt, als diese herrlichen Luftschlösser schlagartig zerplatzten und in Trümmern lagen. Karua wartete auf mich. Selbst aus der Entfernung konnte ich sehen, dass etwas nicht stimmte. Seine übliche Fröhlichkeit und die muntere Begrüßung waren von Sorge überschattet. Ich schlussfolgerte: »Also der Lastwagen?« Leider hatte ich richtig vermutet. Verhalten wedelte er mit seinen dünnen Händen. Der Laster war tatsächlich von Neuem zusammengebrochen, man hatte ihn zur Reparatur nach Nairobi geschleppt. Eine Sache von einem Monat, höchstens sechs Wochen, versicherte er mir ernst. Aber was hatte ich davon? In einem Monat würde die kleine Regenzeit einsetzen, das hieße Neuschnee auf dem Kilimandscharo, ein Aufstieg käme nicht in Frage. Und einen anderen Lastwagen gab es nicht.

Ich schickte rasch einen Läufer los, um den Burschen zurückzuholen, der mit Marouf nach El Kinunet vorgeritten war. Eine Woche später waren die beiden wieder da. Der Bursche, hager wie Cassius, erzählte, die Hitze in der Savanne gliche einem Inferno, und die Moskitos in El Kinunet seien schlimmer als alles, was er je zuvor erlebt hatte. Mir wurde bewusst, dass ich in Namanga sehr gut dran war. Ein Blick unter Maroufs Sattelgurt bestätigte meinen Verdacht, dass er das Tier schon wieder rücksichtslos geritten hatte.

Meinen Traum, den Kilimandscharo zu besteigen, ließ ich bekümmert und schweren Herzens fallen – seit dem Morgen im Büro des Wildhüters hatte ich meine Hoffnungen in diesen Aufstieg gesetzt. Ich opferte den Rest des Programms, sollte für den Verzicht aber auf wunderbarste Weise entschädigt werden. Wenn ich es recht bedachte, wollte ich Namanga nie wirklich verlassen. Hätte ich zu diesem Zeitpunkt bereits gewusst, dass die Zukunft zwei Monate auf dem Mount Kenia für mich bereithielt, dann wäre mir der Zusammenbruch des Lastwagens sofort als Glück im Unglück erschienen. Hätte ich mich zwischen den beiden Bergen entscheiden müssen, meine Wahl wäre immer zuerst auf den Mount Kenia gefallen. Schon vor Jahren hatte der Blick auf seinen Schnee und seine Felsen eine unvergessliche Sehnsucht geweckt.

Namanga war ein Paradies an wilden Tieren, ich könnte ganz Afrika durchstreifen, ohne ein zweites dieser Art zu finden. Außerdem war ich jetzt schon so lange dort, dass ich Wurzeln gefasst hatte. Ich war nicht länger eine Reisende, die teilnahmslos durch ein fremdes Land fährt und Fotografien von Wildtieren als Kuriositäten mit nach Hause bringt. Namanga *war* mein Zuhause, und die Tiere begannen, mich als Nachbarin zu akzeptieren. Ihre Freundschaft, die mir so viel bedeutete, dass ich das kleinste Anzeichen wie einen Schatz hütete, war natürlich relativ, womöglich auch nur eingebildet. Nach diesen fünf Wochen, die ich bei ihnen verbracht hatte, schien es aber so, als würden sie sich wirklich an mich gewöhnen. Die scheuen Tiere wirkten nicht mehr ganz so scheu, die gefährlichen nicht mehr ganz so gefährlich.

Das war ein großer Schritt vorwärts. Er bedeutete mir mehr als der Aufstieg auf den Kilimandscharo. Ich beschloss, in Namanga zu bleiben, bis der Regen mich vertrieb.

Die Nacht war hereingebrochen und der Himmel übersät mit Sternen. Monat für Monat lebte ich unter ihnen, lernte viel über ihr Auf- und Untergehen und wie sich der gesamte Himmel im Laufe einiger Stunden verändert. Jetzt, Ende August, erschien Orion erst gegen Mitternacht. Seit den frühen Morgenstunden hatte ich über Astronomie gelesen und konnte an nichts anderes denken. Als ich nun zur Milchstraße aufblickte, die sich wie ein nebliger Schimmer über mir erstreckte, versuchte ich, mir klarzumachen, dass unsere herrliche Sonne nur einer unter vielen Millionen von Sternen ist, dass man, könnte man mit Lichtgeschwindigkeit reisen – dreihunderttausend Kilometer pro Sekunde –, vier Stunden zum Planeten Neptun bräuchte, der am weitesten von uns entfernt liegt, und vier Jahre, um zu dem Stern zu gelangen, der uns am nächsten ist. Und man könnte –

immer mit dreihunderttausend Kilometern pro Sekunde – hundert, tausend oder eine Million Jahre so weiterreisen, ohne je das Ende anderer Welten oder andere Sonnen zu erreichen.

Der Astronom Camille Flammarion[22] schrieb: »Das Zentrum ist überall, der Umfang nirgends … es gibt weder ein Oben noch ein Unten – weder Zenit noch Nadir – weder Osten noch Westen – weder links noch rechts. In welcher Richtung auch immer wir uns den Abgrund vorstellen, da ist in jeder Hinsicht Unendlichkeit. In dieser Unermesslichkeit bilden die Gruppen der Sonnen und Welten, die unser sichtbares Universum konstituieren, nichts als eine Insel in einem großen Archipel, und in der Dauer der Ewigkeit ist das menschliche Leben – das Leben unseres Planeten selbst – nur … der Traum eines Augenblicks.«

Wir versuchen, es zu erfassen … aber wir können es nicht, denn hier handelt es sich um ein Denken, das sich in Formen bewegt, die wir nicht kennen, jenseits der Grenzen der Vorstellungskraft. Beim Versuch, unsere Augen ins Unendliche zu lenken, die ungeheure, überwältigende Konzeption von Gott zu begreifen, überanstrengt sich der Geist und dehnt sich bis zum Zerreißen. Es ist, als wollte man den Ozean in einem Fingerhut fassen. Ich fand jedoch Trost in dem Gedanken, dass ein einziger Tropfen des Ozeans ebenso der Ozean ist wie Millionen Tonnen an Wasser.

Kehrst du dann von dieser sagenhaften, unvorstellbaren Reise zurück, kommt dir die Erde sehr klein vor – und sehr als die eigene. Wie solltest du dich einsam fühlen? Denn du bist überall ein Teil von ihr und lebst, wo du hingehörst. Nicht nur ein Dorf, eine Provinz oder ein Kontinent, nein, die ganze Welt ist dein Zuhause. Es ist überwältigend, an das Leben – an menschliche Wesen – auf diesem Planeten zu denken, vor Tausenden von Jahrhunderten. In der universellen Zählung ist das nur ein Atemholen.

---

22 Ehe noch die Bücher von Professor James Jeans erschienen waren.

Man kann zwischen den Sternen schweifen und sich in der Unermesslichkeit verlieren, man kann aber auch zurückkommen und die Ameisen studieren oder das Atom erforschen und einen ebenso sagenhaften Kosmos im eigenen Körper entdecken.

Die Welt ist voll mit Hunderten schöner Dinge, die wir aus Zeitmangel möglicherweise nie entdecken werden, und man sollte keine Zeit mit Kummer über unbedeutende persönliche Nöte verschwenden. Das Leben ist zu kurz und zu wunderbar. Wir haben keine Zeit für Unfreundlichkeit, Neid, Geiz, es macht keinen Sinn, den Verstand durch die Belanglosigkeiten des Augenblicks zu versklaven. Der Größe des Lebens ist man nur gewachsen, wenn man ihm folgt, wenn man nicht nach Liebe sucht, sondern sie gibt, wenn man nicht verstanden werden will, sondern lernt, zu verstehen.

Und ist dann alles zu Ende, wird einen die Reue quälen, weil man die Mühe gescheut und nicht mehr aus dieser kleinen Zeitspanne gemacht hat. Und kennt man endlich die Realität, wer weiß, ob man nicht mit unendlichem Bedauern auf seinen kläglichen, kleinen Glauben zurückblicken wird.

Kapitel 7

Zuhause in Namanga

Über längere Zeit an einem Ort zu kampieren, hatte den besonderen Reiz, der einer vertrauten Umgebung entspringt. Dieselben Bäume begrüßten mich beim Erwachen, die Vögel hüpften jetzt hoffnungsvoll von ihnen herab und warteten darauf, dass ich ihnen Futter und Wasser hinstellte. Eine Eidechse betrachtete das Zelt als ihr Zuhause und sonnte sich auf dem Gewehrkoffer, während die Töpferwespen *(Eumenes maxillosus)* es als eine so dauerhafte Einrichtung ansahen, dass sie an seinen Wänden ihre Nester bauten.

Jim sagte, wenn diese Wespen in deinem Haus bauen, ist das ein gutes Zeichen. Zwar musste ich ihnen im Zelt bedachtsam und mit umständlichen Manövern ausweichen, da sie endlos in der Luft verharrten, ehe sie sich zum Landen entscheiden konnten, aber es lag mir fern, sie zu entmutigen. Niemand arbeitete härter als sie. Vom frühen Morgengrauen an, selbst während der langen, heißen Stunden, in denen alles schlief, unternahmen sie ihre geduldigen Ausflüge und brachten jedes Mal ein mikroskopisch kleines Kügelchen aus schön zubereitetem Lehm zurück. Ganz langsam nahmen die Nester Gestalt an, bis sie nach wochenlanger Mühe winzigen Kalebassen glichen, die, eine über der anderen, drei-, vier-, manchmal sogar fünfgeschossig aneinanderklebten. Die Töpferwespen arbeiteten nicht mit schludrigen modernen Methoden. Jede Kalebasse wurde mit Liebe gebaut, hübsch gerundet und mit einer solchen Präzision vollendet, dass sie wie feine Terrakotta aussah.

Diese Wespen brachten aber nicht nur Glück. Den Boys zufolge hatten sie auch einen sehr giftigen Stachel, sodass mich ihre Gunst fast ebenso ängstigte wie ehrte. Sie waren vier Zentimeter lang, von auffälliger, beinahe unheimlicher Schönheit und besaßen eine Persönlichkeit, die man nicht einfach ignorieren konnte – vielleicht hing das aber auch mit dem Wissen zusammen, dass sie heftig zustechen konnten, wenn sie einen nicht mochten. Es wurde daher zu einem wesentlichen Bestandteil meines Lebens im Camp, sie dabei zu beobachten, wie sie summend in der Luft standen. Ihre zart violetten Flügel waren kaum wahrnehmbar, so rasant, wie sie vibrierten, und ihre knollenförmigen, stahlblau bis schwarzen Körper hatten in der Mitte so lange und unglaublich dünne Taillen, dass man sich verwundert fragte, wie sie zusammenhielten.

Als ihr Bau Fortschritte machte, bemerkte ich, dass die Schlupfwespen *(Ichneumonidae)* begannen, ihnen beim Hinein- und Hinausfliegen zu folgen. Auf den ersten Blick besaßen sie dieselbe Größe wie die Töpferwespen, in Wirklichkeit waren sie aber eine völlig andere Zunft und so anmutig und gertenschlank, mit langen, schmalen Flügeln, dass die Baumeister neben ihnen fast altmodisch und unbeholfen aussahen. Der stromlinienförmige Eindruck erhielt Unterstützung von den beiden lanzenähnlichen Legestacheln, die aus ihrem Hinterleib ragten. Auch die Schlupfwespen verharrten in der Luft, ihre orangefarbenen Beine – ein kühner Kontrast zu ihren schwarzglänzenden Leibern – hingen dabei wie die der Haarmücke als schlaffes Bündel herab. Es war jedoch das Verhältnis zwischen diesen Insekten, das mich erstaunte. Welches Motiv verband ihre Schicksale? Man sah, wie eine Schlupfwespe scheinbar desinteressiert umherkreiste. Kaum aber waren die Töpferwespen außer Sicht, spähte sie verstohlen in deren Nest.

Eines Tages war der Bau fertig, vier Stockwerke hoch, an der obersten Etage seitlich eine wulstige, runde Öffnung, die an die Tülle einer Kaffeekanne denken ließ. Eine Töpferwespe brachte eine große, grüne Raupe mit, in die sie offenbar ihre Eier gelegt hatte. Nachdem sie sie vorsichtig in den Bau bugsiert hatte, flog sie davon, um Lehm zu holen. Als ich das nächste Mal hinschaute, sah ich die Schlupfwespe aus dem Loch kriechen. Die Töpferwespe, die kurz darauf mit dem Lehm zurückkehrte, beendete ihre Arbeit, indem sie das Loch hermetisch damit verschloss.

Erst Jahre später erfuhr ich, was sich hinter diesem Geheimnis verbirgt und dass es sich bei der Schlupfwespe um einen Parasiten handelt. Sobald die Töpferwespe ihr den Rücken kehrt, nutzt die Schlupfwespe die Gelegenheit, ihre eigenen Eier in der Raupe abzulegen. Ihre Larven schlüpfen als Erste, zerstören die Larven des Wirts und ernähren sich von der Raupe, die den Nachkommen der Töpferwespe bestimmt war. Die Schlupfwespe wiederum hat auch einen Parasiten. Was als Brutstätte für die Töpferwespe begann, wird von der Schlupfwespe besetzt, die dann von einem dritten Insekt vertrieben wird, das schließlich triumphiert und sich durch die Wand des Nestes hindurch ins Leben frisst.

Im Übrigen hätte ich den Töpferwespen nicht mit dieser sklavischen Ergebenheit begegnen müssen, ihr Stich – auch das erfuhr ich später – lässt sich verschmerzen.

Schließlich gab es noch ein Pärchen winziger grüngoldener Bienenfresser. Ihr Lieblingsbusch stand nahe beim Zelt, sie hielten sich meist dort auf und jagten immer auf dieselbe Weise: Der eine hockte auf einem Zweig, der andere schoss mit spitzen, drachenartig geformten Flügeln einer Fliege hinterher, kam zurück, sobald er sie geschnappt hatte, und sofort machte sich sein Partner auf den Weg. Wenn ich sie nicht in ihrem Lieblingsbusch antraf, waren sie mit Sicherheit in einem ganz ähnlichen Busch, ein wenig höher am Hang. Nicht nur, dass sie ausschließlich von diesen beiden Büschen aus jagten, sie saßen auch immer auf demselben Zweig, um nach Beute auszuschauen.

Es war ein glücklicher Ort. Tag für Tag erwachte die Welt um mich her silbern und filigran unter dem blauen Himmel, die Felssporne zitterten in der Hitze, durch die süße Stille drang nur das schläfrige Gurren der Tauben, das schwache Läuten der Kuhglocken oder das Geräusch einer Axt, die Holz hackte. Selbst der Herbst erzeugte kein Gefühl von Traurigkeit oder Endgültigkeit, obwohl jeder Windstoß ein paar weitere tote Blätter von den Bäumen fegte und der Berghang, hier und dort noch scharlachrot gesprenkelt, zu Rostbraun und Gold verblich.

Es waren friedvolle Tage, gesegnet mit dem sorglosen Glück der Kindheit, voll der sprudelnden, unbändigen Freude von Haydns kurzem *Trio in G-Moll*, das ich am liebsten auflegte. Es gab alles, was das Herz begehrte: Wälder zum Durchstreifen, Elefanten zum Fotografieren, Bücher und die Muße, sie zu lesen, Berge zum Besteigen, einen Fluss, um an dessen Ufern zu träumen, und die Freiheit und Freundschaft des Himmels und der Wildnis.

Das alles verdankte sich nicht nur Afrika, es kam auch nicht daher, dass ich irgendetwas leistete, denn nach außen hin verbrachte ich bloß unbefristete Sommerferien: Das überströmende Glück und Wohlbefinden verdankte sich, wie ich jetzt begriff, einfach der Tatsache, dass ich die ganze Zeit in der Natur lebte, ohne auch nur einen einzigen Moment lang von ihr getrennt zu sein. In der Zivilisation fühlt man sich rastlos und unglücklich, da man drei Viertel dieses kurzen und kostbaren Lebens im Haus verbringt. Dort aber lebte ich unter freiem Himmel, schlimmstenfalls durch eine Zeltplane von ihm getrennt. Vom Bett aus war es nur ein Schritt, und Erde, Felsen, Bäume, sie alle warteten auf mich. Nicht eine Sekunde lang war ich ihnen fern. Nichts empfand ich mehr als Zeitverschwendung, selbst essen oder nähen nicht, und zu guter Letzt verlor sich das lähmende Gefühl, immer etwas zu vermissen, denn ich gehörte ja immer dazu.

Das Leben in der Zivilisation ist, als würde man die Natur durch das Fenster betrachten, oder in Handschuhen spazieren gehen. Man geht nie wirklich darin auf. Das erste grüne Gras, das ich sehe, wenn ich aus London herauskomme, erfüllt mich mit der unwiderstehlichen Lust, mich wie ein Pferd, dem der Sattel abgenommen wird, darin zu wälzen. Es muss jede Menge Menschen geben, denen es ähnlich geht, die ihren natürlichen Impuls jedoch der Tyrannei von Sitte und Anstand opfern.

Wenn ich auf die Zivilisation zurückblickte, fragte ich mich, ob ich die Freiheit, die ich jetzt besaß, jemals freiwillig für ein kleines, eingegrenztes, künstliches Leben aufgeben könnte. Aber niemand kann ihm allzu lange entkommen und so viele gar nicht. Aber selbst, wenn einen die Umstände dazu zwingen, in der Stadt zu leben, gibt es den ungemein tröstlichen Gedanken, dass einen der Wind, die Sonne, die Weite des blauen Himmels immer begleiten werden, bis zum letzten Tag, wo immer man auch ist. In ihnen liegt die Sicherheit, die innigste Freude, und beides wird nie versiegen.

Die pathetische Vorstellung vom Essen als Zeitverschwendung war schön und gut, aber die Ereignisse führten plötzlich an einen Punkt, wo es so aussah, als wenn es bald nichts mehr zu essen gebe.

Aus einem Grund, den sie nicht verraten wollten, verwehrten mir die Massai fünf Tage lang jedes Gramm Fleisch und jeden Tropfen Milch. Sie weigerten sich, darüber zu sprechen, ich weigerte mich, sie weiterhin mit Arznei zu versorgen. Ich hasste diesen nutzlosen Gegenschlag, und die Sache war wirklich absurd, da es auf keiner Seite böses Blut gab. Ich wusste, ich müsste nur ein Zeichen geben, und der Distriktverwalter würde die Sache innerhalb von zwei Minuten regeln, aber ich wollte nicht um Hilfe rufen und zugeben, dass ich mich den Massai nicht gewachsen fühlte. Die Situation war heikel, ich konnte sie nicht einmal überreden, mir Fleisch zu verkaufen, zu welchem Preis auch immer. Hätte ich mit Gewalt reagiert und ihr Vieh attackiert, man weiß es nicht, aber dann wäre es möglicherweise zu einem Massai-Aufstand im großen Stil gekommen.

Es war alles sehr unangenehm. Die Massai bedachten mich mit verdrießlichen Blicken, und die Boys wurden langsam unzufrieden mit der armseligen Kost, sodass ich am sechsten Tag dieser unerklärlichen Blockade dann doch ein Ultimatum stellte. Entweder würden sie noch vor Sonnenuntergang verhandeln, oder ich würde mich mit dem Distriktverwalter in Verbindung setzen. Dann verbannte ich die Angelegenheit aus meinem Kopf, rief Lembogi, den einzigen getreuen Massai, der mir geblieben war, und machte mich auf die Suche nach Elefanten.

Ich entdeckte dieselben vier, die ich jetzt bereits gut kannte, an einem ihrer bevorzugten Plätze am Waldrand. An diesem glühend heißen Tag standen sie reglos unter den Bäumen und fächelten sich mit den Ohren Kühlung zu. Der Wind war zu unsicher, um nah an sie heranzugehen, also setzte ich mich eine Stunde lang auf eine Waldwiese und wartete darauf, dass sie ins Freie kämen. Zu guter Letzt trotteten sie zum Fressen am Rand des Sumpfs entlang.

Es gibt nichts Herzerfrischenderes auf der Welt als einen fressenden Elefanten. Das Rascheln des Grases zog sich wie Wellengemurmel durch die Luft, während sie es ausrupften, fraßen und sich darin bewegten. Drei von ihnen wanderten tiefer in den Sumpf hinein, der vierte blieb am Ufer. Ich beobachtete, wie er seinen Rüssel um jedes Grasbüschel schlang – als wenn man Makkaroni um die Gabel wickelt – und es dann lässig ausriss. Man musste nur einmal versuchen, einen Halm dieses rauen Elefantengrases zu brechen, um zu begreifen, wie viel Kraft es erforderte, einen Armvoll auf einmal auszureißen. Geschützt war es außerdem durch scharfe, steife Grannen, die, wie Raupenborsten, nur schwer aus meinen Händen zu entfernen und sehr schmerzhaft waren. Ausnahmsweise wehte der Wind einmal goldrichtig. Abdi verzichtete selbst auf seinen Aschetest. Ich näherte mich also getrost auf fünfzehn Meter. Der Elefant sah mich genau, er hörte sogar auf zu fressen, um mich zu betrachten. In seinen Augen lag ein amüsiertes Zwinkern, ja, kein Zweifel, er *lächelte* buchstäblich, als würde er sagen: »Ich weiß schon, dass du da bist«, ehe er sich wieder mit gutmütiger Toleranz seiner Mahlzeit zuwandte.

Ich war überzeugt, dass mir diese Elefanten schließlich aus der Hand fressen würden, wenn ich sie ein Jahr lang jeden Tag besuchte. Einer meiner Träume – sollte ich jemals eine exzentrische Millionärin werden – bestand darin, täglich lastwagenweise Bananen und Zuckerrohr nach Namanga zu schicken, um das Experiment ordentlich in Angriff zu nehmen. Abdis Vorstellungskraft reichte nicht ganz so weit, er sagte aber, die Elefanten würden uns bereits recht deutlich zu verstehen geben, dass sie uns nicht länger für Eindringlinge hielten. Erst am vorigen Tag hatte eines der Tiere, eine Elefantenkuh, nur ein paar Meter von uns entfernt mit einem Stock gespielt, ihn aufgelesen, in die Luft geworfen und mit dem Rüssel wieder aufgefangen.

Abdi war Gold wert, nicht nur wegen seiner unglaublich wilden Geschichten, auch wegen seiner Gabe, Tiere mit einer Persönlichkeit auszustatten. Wie viele mühselige Rückwege verkürzten wir mit erfundenen Gesprächen zwischen den Elefanten und hatten unsere Freude an den Märchen, weil wir wirklich daran *glaubten*. Gelegentlich steuerte auch Asani ein paar eigene Ideen bei, aber ich bin nicht sicher, wie sehr er die Elefanten wirklich mochte. Er war meist nicht in Sicht, wenn ich die zweite Kamera gebraucht hätte.

Ich arbeitete mit vier Kameras, darunter eine Bell & Howell 16 mm Filmkamera und eine Victor 16 mm, die Zeitlupenaufnahmen machen konnte. In sie setzte ich allerdings nicht allzu viel Vertrauen. Sie hatte die ärgerliche Angewohnheit, in entscheidenden Momenten zu klemmen, ich brauchte sie nur zur Reserve, wenn ich in Eile war und noch mehr filmen wollte. Ich besaß auch eine gute Reflex Plattenkamera für Standfotografie. Meine kleine Zeiss Pocketkamera, die ich mit dem Feldstecher am Gürtel trug, war allerdings viel handlicher, und die Erfahrung zeigte, dass die Vergrößerungen genauso scharf wurden und ich letztendlich keinen Unterschied mehr zwischen beiden feststellen konnte. Ich habe die Filme nie vor Ort entwickelt, aus Angst, das Wasser könnte zu warm werden, sondern sie, wann immer sich die Möglichkeit bot, nach Nairobi geschickt. Für diese falsche Entscheidung musste ich teuer bezahlen. Ich konnte die Ergebnisse nicht rechtzeitig genug überprüfen, um aus meinen Fehlern zu lernen. Erst, nachdem ich Selengai bereits verlassen hatte, stellte ich fest, dass alle Aufnahmen von den Vögeln, die ich mit der Reflex und einem Teleobjektiv gemacht hatte, nichts geworden waren, weil das Objektiv nicht richtig fokussierte. Die Bell & Howell glich das zum Glück aus, und der Brief des Fotografen, der den letzten neunzig Metern des Elefantenfilms beilag, lobte die Sequenz, was mich sogleich motivierte, etwas noch Besseres zu versuchen.

Feierlich erschienen am nächsten Tag die Dorfältesten, und wir hielten einen großen, einstündigen Kriegsrat ab, mit höchst zufriedenstellenden Ergebnissen. Eine Kuh wurde geopfert, eine Ziege – und die Vergangenheit mit mindestens einer Gallone schäumender Milch hinweg gespült. Die alten Männer ließen sich von ihrem eigenen Redefluss, von der Bekundung ihres guten Willens förmlich mitreißen und betonten, alles sei machbar, vorausgesetzt, ich würde meinen Brief an den Distriktverwalter zurückziehen.

Mit ihrem Waffenstillstand waren sie jedoch zu spät dran – Karua hatte den Brief nachts nach Kajiado gebracht.

Ich hatte nur um Rat gebeten, daher war meine Bestürzung groß, als Hugo gleich am nächsten Abend höchstpersönlich erschien, um zu erfahren, wo das Problem lag. Es wurde um einiges größer, als ich feststellte, wie ernst er es nahm und dass er entschlossen war, mich auf der Stelle nach Kajiado mitzunehmen.

Wir diskutierten beim Essen darüber, und ich stand schon fast auf verlorenem Posten, als eines der zahmen Nashörner vorbeischaute, um das Thema zu wechseln. Hugo war sichtlich sprachlos über die Weiderechte in meinem Camp. Ich hakte rasch ein und erzählte ihm von den zwei, manchmal auch drei Nashörnern, die für gewöhnlich jede Nacht rings um mein Zelt grasten, ein ausreichender Schutz vor einer ganzen Armee böswilliger Massai. Das Nashorn, das sich in unser Gespräch eingemischt hatte, unterstützte mich tatkräftig, da es nahe genug herankam, um jeden weiteren Einwand im Keim zu ersticken.

Nachdem klar geworden war, worum es mir ging, war ich Hugo für sein Kommen sehr dankbar, denn er vereinbarte mit den Massai, mir ihr Vieh zu *verkaufen*, so wie ich es von Anfang an gewollt hatte. Es war unfair, von ihnen zu verlangen, mich während eines derartig langen Aufenthalts mit Fleisch zu versorgen, wie viel medizinische Versorgung auch immer ich ihnen zukommen ließ.

Es stellte sich heraus, dass in ihrem Embargo mehr lag, als auf den ersten Blick erkennbar war, ja, dass sie mich auf irgendeine vertrackte Weise als Vorwand benutzt hatten, um untereinander Unruhe zu stiften. Hugos Einschreiten rettete mich nicht nur vor zukünftigen Experimenten dieser Art, sondern stattete mich in ihren Augen auch mit einer vermeintlichen Wichtigkeit aus, sodass sie mich von da an als eine Art Mittlerin zwischen ihnen und der Regierung betrachteten. Die alten Männer erschienen mit der Bitte, für sie Gesuche für alle möglichen neuen Konzessionen zu schreiben. Eines davon hatte natürlich mit den Grenzrechten zu tun. »Wenn die Kolonie Kenia und das Gebiet von Tansania beide Kinki Georgey gehören, warum dann alle diese Vorschriften wegen der Grenze?«, fragten sie. Es war zum Verrücktwerden. Ihre Rinder vergingen täglich fast vor Hunger, und dabei lag eine unberührte, grasbedeckte Weite, golden wie reifes Getreide, direkt vor ihren Augen. Bei diesem Gebiet handelte es sich um die Sperrzone zwischen den beiden Ländern. Keinem Tier, weder von der einen noch der anderen Seite, war das Weiden erlaubt.

Eine Woche später ereignete sich ein weiterer Zwischenfall, dessen Signale ich ebenfalls nicht richtig gedeutet hatte: Die Viehauktion von Namanga wurde in letzter Minute ganz unvorhergesehen abgesagt. Die großen, buntgescheckten Herden, die man zur Auktion zusammengetrieben hatte, verliefen sich nur langsam wieder. Nicht allein, dass sie jeden Halm des spärlich gebliebenen Grases abfraßen, sie zogen auch sämtliche Löwen des Distrikts an, deren Knurren durch die Nacht hallte. Inder schossen aus der Herde auf sie, Einheimische schrien, Rinder brüllten, Hunde kläfften und obendrein gab es noch ein Rudel heulender und glucksender Hyänen.

Die Löwen forderten ihren Tribut in Gestalt von drei Bullen. Am Morgen verfolgte ich die Schleifspur längs der Straße, wobei ich hoffte, dass Abdi besser mit dem Gewehr umgehen konnte als ich in meiner pseudo-offiziellen Stellung mit dem Schreibstift.

Als ich um eine Kurve bog, sah ich einen Weißen, der neben seinem Wagen stand. Er kehrte mir den Rücken, blitzschnell wich ich zurück und verschwand im Wald. Es machte Spaß, die Gefahr zu riechen und wie eine Antilope in Deckung zu gehen, sich auf der Seite der Tiere zu fühlen und den Menschen durch ihre Augen zu betrachten: ein Eindringling, den man fürchtet und meidet. Ein merkwürdiges Wesen, der Mensch! Auf seine Art clever, zugegeben, aber ohne die geringste Ahnung von der Weisheit des Dschungels. Er war nicht einmal in der Lage, einen Feind zu wittern, egal, wie der Wind stand, und hatte ein so schlechtes Gehör, dass man schier in ihn hineinlaufen konnte, ohne dass er die Gefahr wahrnahm.

Doch anscheinend war der Tag für Geselligkeit bestimmt, und abends, auf dem Rückweg von den Elefanten, kam mir an derselben Kurve prompt das nächste Fahrzeug entgegen. Ich zog am Zügel, lenkte Marouf unter die Bäume und stemmte ihm die Fersen in die Seiten. Zu spät. Der Wagen hielt an, und heraus sprang ein Mann, dessen Gesicht mir irgendwie bekannt vorkam. Er begrüßte mich sofort und stellte mir seinen Freund vor. Wir waren doch zusammen auf der *Mantola* gereist, rief er heiter. Die beiden kamen aus Moshi und waren auf der Durchreise, sie hatten eine furchtbare Tour hinter sich, eine Panne nach der anderen, und da die Sonne bald untergehen würde, lud ich sie zu mir ein.

Ich rätselte immer noch über das Gesicht. Es war so aufreizend und schwer greifbar wie ein sonderbares Puzzleteil. Erst gegen Ende des Abendessens dämmerte mir die sagenhafte Wahrheit: Er war kein anderer als das schwärzeste Schaf auf dem ganzen Schiff, fast immer – obwohl auf einigermaßen harmlose Weise – betrunken und einhellig aus der vornehmen Gesellschaft verbannt. Aber inzwischen war ich der Meinung, dass man ihn auf dem Schiff zu Unrecht geschnitten hatte, denn die Bemerkungen, die er an diesem Abend mir gegenüber machte, waren eher läppischer Natur: »Hören Sie mal, das ist ja wirklich komisch«, sagte er hin und wieder, oder »Hören Sie mal, Sie hatten immer so hübsche Kleider an, da auf dem Boot, und jetzt treffen wir Sie hier draußen, ganz allein auf einem Esel!« Dieser frappierende Widerspruch schien ihn bis zu seinem Aufbruch zu beschäftigten. Eine andere Sache schien ihn dagegen zu beunruhigen und er kam immer wieder darauf zurück. Obwohl er häufig von den wunderbar offenen Weiten sprach, schaute er sich immer wieder abrupt um – das Heulen der Hyänen drang bereits düster durch die Nacht – und fragte mich mit einem Frösteln, ob mich hier draußen eigentlich nicht die »Wullies« überfielen. Ich hatte keine rechte Vorstellung, was das sein könnte, erwiderte aber, er solle sich keine Sorgen machen.

Sein Freund war einer vom alten Schlag, ein Rohdiamant, im besten Sinn des Wortes, der während der letzten dreißig Jahre die ostafrikanische Wildnis erforscht hatte. Er hatte allein im Busch gelebt und sich nicht einsam gefühlt, und er besaß jenes Verständnis – angereichert mit Erfahrung, oder wie man es ausdrücken will –, das die Menschen jenseits von Zugehörigkeit, gesellschaftlicher Klasse oder Vorurteil auf die Ebene des Menschseins hebt. Wir sprachen von Tanaland – in sich ein unerschöpfliches Versprechen –, wo er jahrelang auf dem herrlichen Bellazoni-Gut gearbeitet hatte, das in mir eine verschwommene, aber glückliche Erinnerung an Flammenbäume hinterlassen hatte, an Schwalben, deren Nester sich über den Türstürzen drängten, und an Ananas, mit einem Geschmack, dem ich seitdem nirgendwo mehr begegnet bin.

Karioki übertraf sich selbst, und Jim, flink und schweigend, sah jeden unserer Wünsche voraus – obwohl es ihm das Herz brach, als ich kurzentschlossen die letzten drei Eier in die Mayonnaise schlug.

Es war nach zehn, als sich die Reisenden verabschiedeten. Sie hofften, noch vor Ende der Nacht bis nach Nairobi zu kommen, immerhin hundert Meilen auf einer extrem schlechten Straße.

Ich schürte die Scheite zu einer lodernden Flamme und sehnte mich ausnahmsweise einmal nach jemandem, mit dem ich über den Abend hätte sprechen können. Ich dachte über diese zufälligen Begegnungen nach. Ein Baum, der Reisenden Schatten spendet, könnte es so empfinden wie ich. Eine kurze Aufregung, der Klang von Stimmen, und fort sind sie. Und du? Du schüttelst deine Blätter im Wind, wunderst dich und überlässt dich wieder dem Frieden des Waldes, mit einem Seufzer der Erleichterung. In Wirklichkeit kam mir diese reichlich selbstgefällige Überlegung aber erst einige Tage später in den Sinn, als mich zwei sonderbare Damen, die mit dem Auto zum Tanganjikasee unterwegs waren, im Camp überfielen und offen erklärten, sie hätten von ein paar Einheimischen am Fluss von mir gehört und »wollten mal sehen, wie ich so ausschaute«.

Ich kann mir nicht erklären, warum ich es für meine unvermeidliche Pflicht hielt, sie zum Tee einzuladen. Im nächsten Moment bereute ich es schon, denn sie schienen von der noch unvermeidlicheren Pflicht besessen, mich ins Gebet zu nehmen und gingen mich direkt wegen der Gefahren an, denen ich mich aussetzte, und wegen meiner Unternehmung, die sie für töricht hielten, sodass ich mir vorkam wie Alice im Wunderland zwischen der Roten und Weißen Königin. Das wäre mir vielleicht noch egal gewesen, aber als sie mein zahmes Nashorn beleidigten, gerieten wir uns in die Haare. Der eigentlich triviale Vorfall machte mir klar, dass ich allein war und dass das, was ich so sehnsuchtsvoll ausdrücken wollte, sich am Ende nicht mitteilen ließ.

Die Nacht wurde aufs Herrlichste von Sternen erhellt, und die schmale Sichel des Mondes hing tief im Westen. Ich hörte Mozart und Schuberts *Klaviertrio B-Dur.* Beides erfüllte mich wieder mit dem tiefen gemeinschaftlichen Gefühl, dass alles, was ich empfand, bereits empfunden und großartig zum Ausdruck gebracht worden war.

Ich verließ das Feuer, ging den Hügel hinauf und setzte mich zwischen die Felsen. Das Camp schlief bereits, die Mondsichel war verschwunden und die Stille so vollkommen, dass sich die Erde in die Schatten zurückzog und man nur noch die Sterne wahrnahm, die in der samtenen Tiefe des Weltraums funkelten. Plötzlich fühlte ich mich ihnen näher als der Erde, und die beruhigenden Orientierungspunkte von Osten und Westen, von Oben und Unten zu verlieren, war im Grunde genommen nicht weiter erschreckend. Nach einer gemächlichen Reise durch saphirblaue Weiten und feurige Konstellationen ruhten meine Augen zuletzt wieder auf dem Zelt. Es machte einen behaglichen Eindruck im Feuerschein, der darüber zuckte, und unter dem Baum, der es schützte, dahinter die zärtliche Kurve des Bergs, schwarz unter den Sternen.

Schmerzhaft durchzogen von einem seltsamen Glück, und überzeugt, dass es mir diesmal gelingen würde, einen tieferen Sinn festzuhalten, lief ich zurück, entzündete die Laterne und schlug mein Tagebuch auf. Aber die Worte entzogen sich mir und entglitten. Ich suchte nach dem purpurnen Glanz der Sprache, konnte aber nur vage über Glück schreiben, dass es etwas ist, das dich in ein Reich jenseits der Worte bringt. Genauso wenig, wie sich die Sonne durch einen kadmiumgelben Klecks darstellen lässt, helfen hier Worte weiter. Es ist dieses wunderbare Aufgehen in allen Dingen, das Zu-ihnen-gehören. Auf der Erde liegen und fühlen »wir sind die gleiche Substanz«, und dass alles aus ihr erwächst und in sie zurückkehrt, in einem endlosen Kreislauf der Freude. Und unaufhörlich aus sich selbst herausgeführt werden durch die reine Liebe der Dinge. Der Sternenwind küsst deine Augen, und der blaue Himmel umhüllt dich mit Licht. Die klare, süße Farbe der Dinge singt zu dir und trägt dein Herz auf Silberschwingen in die Unendlichkeit.

Am Morgen – schrieb ich weiter – lief ich zwischen den Felsen hinauf, um die rot aufgehende Sonne zu begrüßen, und nach dem Frühstück lag ich unter einem meiner Lieblingsbäume und beobachtete die Geier, die hoch über mir kreisten und die beiden grüngoldenen kleine Bienenfresser, die Schmetterlinge jagten. Ich sage »beobachtete«, doch für den Augenblick gibt es kein ich und kein sie: Ich *bin* sie.

Obwohl gelegentlich Autos vorbeifuhren, war der Ort gefeit gegen jede organisierte Jagdgesellschaft oder Fotosafari. Sie erhielten keinen Zugang zum Wildreservat. Es gab jedoch eine Ausnahme: eine Expedition professioneller Fotografen. Bei deren Leiter handelte es sich um einen weltbekannten Jäger und Fotografen, er hatte die Erlaubnis, hinzugehen, wo immer er wollte.

Auf ihrem Weg zum Tanganjikasee kampierte die Gruppe drei Tage lang am Fluss und brannte darauf, die Elefanten zu sehen, die ich mittlerweile als die *meinen* betrachtete. Ich bot an, sie zu führen, und sie nahmen mich in einem ihrer Wagen mit. Zum ersten Mal erfuhr ich, wie Wildfotografie wirklich geht – und insgeheim war ich froh, dass ich es nicht eher gewusst hatte. Es war wirklich eine Sache für sich. Das Moment der Jagd trat zwangsläufig ganz dahinter zurück. Sie wollten gar nicht mit den Tieren in Berührung kommen oder für einen kurzen Moment zum blauen Himmel hochschauen oder die Düfte des Waldes einatmen.

Der Expeditionsleiter und sein junger Studioassistent hatten beide Kameras dabei, die jeweils an die neunzig Kilo wogen, dazu Stative, die auch Maschinengewehre getragen hätten. Ein junger Siedlerfreund war auch mit von der Partie. Wir ließen die Wagen stehen und machten uns mit Trägern, die unter dem Gewicht der Ausrüstung schwankten, in einer langen Reihe, einer hinter dem anderen, auf den Weg.

Glücklicherweise waren die Elefanten in der richtigen Stimmung und kooperierten. Ohne Schwierigkeiten entdeckten wir sie zwischen Sumpf und Wald, genau dort, wo ich sie zu finden hoffte. Lembogi wies uns auf sie hin, und ich flüsterte: »Da sind sie!«, in der Erwartung, dass die Fotografen sich nun verstohlen anschleichen würden. Was nur bewies, wie wenig ich von der Sache wusste. Stattdessen wurde Halt gemacht. Zuerst packte man die Kameras aus, sie wurden montiert und eingerichtet, dann die Stative.

Meine Elefanten erwiesen sich als Vorbild an Geduld, ich war stolz auf sie. Normalerweise blieben einem nur eineinhalb kostbare Minuten, in denen sie die Lichtung kreuzten, dann traten sie auch schon in den Schatten des Waldes oder verschwanden hinter den grünen Vorhängen des Sumpfs.

Als alle Teile zusammengesetzt waren, dachte ich, nun wäre es so weit, der aufregende Moment stünde bevor. Doch da diese Kameras mit hervorragenden 8 und 12 Zoll Objektiven ausgestattet waren, schien die Schwierigkeit weniger darin zu bestehen, nah genug an die Elefanten heranzukommen, als weit genug entfernt zu stehen, um das ganze Tier im Bild zu haben. Alles unter sechzig Metern war sinnlos, wahrscheinlich würden diese starken Objektive auf eine Entfernung von fünfundzwanzig Metern nur drei Ringe vom Rüssel oder sechs Haare am Schwanz aufnehmen.

Meine eigenen Kameras waren auf Erbsengröße geschrumpft, fast schämte ich mich, einzugestehen, dass sie nur auf jämmerliche zwanzig Meter Sinn machten. Ich konnte es aber nicht lange verheimlichen. Die Fotografen versicherten mir, sie hätten bereits genügend Material beisammen, jetzt sei ich an der Reihe.

Was folgte, war aufregend. Als ich den Bach durchquerte, der zwischen mir und den Elefanten lag, verlor ich Abdi und bemerkte, dass einer der Elefanten auf mich zukam, ohne dass mir eine Ausweichmöglichkeit blieb. Der Sumpf versperrte mir den Weg nach vorn, der Bach schnitt mich nach rechts hin ab, links war der Elefant. Die kleine Furt, die durch den schier undurchdringlichen Wall aus Binsen führte, lag fast hundert Meter zurück. In diesem Moment pflügte sich Abdi auf der Suche nach mir noch einmal durch den Bach und zwar so erbittert, dass ich schon einen weiteren Elefanten ganz in der Nähe vermutete. Er dachte umgekehrt dasselbe, und anstatt aufeinander zuzugehen, liefen wir in entgegengesetzte Richtungen und lieferten uns ein albernes Versteckspiel.

Unterdessen türmte sich der Elefant über dem hohen Gras und schwang seinen Rüssel so anmutig wie einen Schwanenhals in die Höhe, um den Wind zu prüfen. Er hatte schon fast den Binsenwall erreicht, an dem ich entlanggegangen war.

Um ihm zu entgehen, musste ich zur Furt zurück, meine einzige Chance. Aber mein Fluchtweg lag genau zwischen dem Elefanten und den Binsen und war nur noch eine schmale Gasse. Jetzt oder nie. Ich rannte los, huschte unter den Augen des Elefanten zurück zum Binsenwall und fühlte mich wie eine Feldmaus, die um ihr Leben läuft, während hinter ihr die letzten Halme unter der Sense fallen. Ich schoss über die Lichtung, stürmte auf die Binsen zu und schlug mich auf die sichere Seite durch. Den Fotografen gelang ein schönes Bild des Elefanten, wie er auf der Suche nach mir durch die Hecke brach, die Ohren abgespreizt und meinen Geruch in der Nase, bevor er unwillig aufgab und wieder zum Sumpf zurückkehrte.

Anschließend liefen uns einige Warzenschweine über den Weg und ein kleiner Wasserbock. Nachdem sich der Expeditionsleiter, der irgendwas von Blutdruck schnaubte, auf den Heimweg gemacht hatte – es war wirklich heiß –, genossen wir einen herrlichen Blick auf die Elefanten. Ohne die Hand, die sie bremste, strafften beide jungen Männer die Schultern, legten die Objektive beiseite und wollten sich das Vergnügen einiger Nahaufnahmen nicht nehmen lassen.

Die Elefanten bekamen jedoch bald Wind von der Sache und steuerten gezielt auf uns zu. Ich bewunderte, wie der junge Studioassistent, der in seinem Leben noch keinen wilden Elefanten gesehen hatte, vor diesen drei wirklich beängstigenden Riesen, die sich ungerührt näherten, standhaft blieb. Es konnte sich nur um den Mut der Ahnungslosigkeit handeln. Mir sahen die Dinge gar nicht gut aus. Herankommenden Elefanten die Stirn zu bieten, wenn man genau weiß, dass sie Witterung aufgenommen haben, bringt Ärger. Niemandem gelingt ein rascher Rückzug mit einer achtzig Kilo schweren Kamera. Die erste goldene Spielregel besteht darin, sich zu vergewissern, dass man den Wind auf seiner Seite hat.

Die Elefanten hatten mir außerdem beigebracht, dass sie von allen Tieren die launischsten sind und man ihre Stimmung zu respektieren hat. Es gibt Tage, da kann man direkt auf sie zugehen, und sie ertragen einen mit großherzigem Wohlwollen. Und dann gibt es wieder Tage, an denen man instinktiv spürt, dass sie keine Lust haben, solche Freiheiten zu gewähren und ihnen schon vierzig Meter zu nah sind. In dieser Stimmung waren sie gerade, und Abdi und ich lasen die Anzeichen ihrer Ungeduld mit größter Besorgnis, als sie kehrtmachten, einander umkreisten und, die Ohren abgespreizt, erneut vorrückten. Die beiden jungen Männer verübelten mir meine Warnungen, wie konnte es anders ein, und beschwerten sich, ich hätte mich selbst viel näher herangewagt. Sie schienen nicht zu bemerken, dass die Elefanten ihr Missfallen überdeutlich zum Ausdruck brachten und jetzt wirklich in Wut gerieten.

Ich war dankbar, das wir schadlos davonkamen. Nichts fand ich beunruhigender als diese Versuche, den Elefanten als Gruppe zu begegnen. Einschließlich der Träger waren wir ein Trupp von fünfzehn Leuten. Mit einem erfahrenen Bewaffneten und meiner kleinen Bell & Howell fühlte ich mich allerdings weitaus sicherer. Lustig war, dass auf dem Rückweg Abdi und Asani beide von sich aus dasselbe sagten, ihre lieben Worte waren Balsam für meine Seele. Auf dem Hinweg waren sie noch voller Staunen und Bewunderung für die professionellen Kameras gewesen, und ich hatte mich schon besorgt mit dem Gedanken vertraut gemacht, dass sie meine eigenen Methoden anschließend für alle Zeiten ablehnen würden.

Nun sah ich aus dem Augenwinkel, wie Abdi ausspuckte und mit hörbarer Abneigung erklärte, es habe sich heute überhaupt nicht gelohnt, »aber was kann man erwarten, wenn man nicht auf den Wind achtet«, wobei er die Boys der Fotografen mit einer reichlich fantasievollen Version unserer früheren Heldentaten unterhielt.

Ich hatte befürchtet, meine Boys könnten außer Kontrolle geraten, wenn sie einer anderen Gruppe begegneten, und nun wurde mir warm ums Herz, wie sie vor Fremden zu mir hielten, bei Anweisungen salutierten – das war ganz allein ihre Idee gewesen – und dem Rest der Welt bewiesen, dass wir zusammengehörten, eine aufeinander abgestimmte und glückliche Einheit, ohne Schwachstelle in der Defensive.

Abends trank ich ein Glas mit den Fotografen, und ihr Leiter unterhielt mich mit Geschichten, bei denen selbst Abdi große Augen gemacht hätte.

Die Fotografen wollten die Aufnahmen der Elefanten in einen Film einbauen, den sie in Form einer fortlaufenden Geschichte produzierten. Sie verließen Namanga ein paar Tage später, nachdem sie alle Bilder geschossen hatten, die sie brauchten.

Das brachte mich auf die Idee, mir eine Einführung zu meinem eigenen Film auszudenken. Ich schrieb und malte den Titel mit Jod auf Papierbögen:

Die 4 geduldigen  von Namanga

Dann klebte ich sie zu einem Streifen zusammen. Mit Hilfe von Abdi und Asani hielt ich ihn so nah vor die Kamera, bis der Titel – das hoffte ich jedenfalls – zu lesen war.

Nachdem ich einmal damit begonnen hatte, den Film zu komponieren, kam mir der Gedanke, auch die Boys darin auftreten zu lassen. Dazu hatten sie größte Lust, sie liebten die Schauspielerei über alles und lachten sich während der Proben schief.

Der Film sollte mit einem Camp-Idyll beginnen: Siki schlafend, ich lesend draußen vor dem Zelt. Dann sollten Kabechi und Lembogi ins Bild laufen, um mir – pantomimisch – zu bedeuten, sie hätten die Elefanten aufgespürt. Darauf würde ich nach den Kameras greifen, während Abdi und Asani mit Marouf erschienen. Ich würde Hollywood-like in den Sattel springen, und los ging's.

Niemand hatte dem armen Marouf den Sinn des Lärmens und Herumlaufens erklärt. Verwirrt stemmte er seine Hufe in den Boden und weigerte sich klipp und klar, ins Bild zu kommen, obwohl er von vorne gezogen und von hinten geschoben wurde. Sein Beitrag musste nochmal gefilmt werden.

Zunächst legen wir ein Stück Weg unter den breiten Kronen der Akazien zurück, dann steige ich von Maroufs Rücken, und wir beginnen, nach Spuren zu suchen und zu jagen. Von einem Ameisenhügel aus sehen wir die Elefanten. An dieser Stelle bauen wir eine Reihe guter Nahaufnahmen ein, gefolgt von seriösen Aufnahmen der Landschaft, der Wasserlöcher, der Fährten und der Bäume, an denen sich die Elefanten scheuern, oder deren Rinde sie abreißen, anschließend Nahaufnahmen der verschiedenen Pflanzen, Platterbsen usw., von denen sie sich ernähren.

Auf dem Rückweg stieß ich dann selbst auf die Elefanten. Sie standen im dichten Wald. Eine Stunde lang wartete ich auf meine Chance, und dann gelang es mir, den großen Bullen in einer herrlichen Kulisse zu filmen, wie er sich, umrahmt von Bäumen, in einem Waldteich spiegelte.

Kapitel 8

Alles über Elefanten

Ein paar Tage später hatten wir unglaubliches Glück. Die Boys erklärten, ein besseres Omen könne es nicht geben, für jeden einzelnen von uns und für das Unternehmen im Ganzen: Fortuna lache uns zu.

Aber ich nehme die Ereignisse vorweg. Zunächst war es nur so, dass Lembogi mit der Nachricht erschien, fünf Elefanten hielten sich in der Nähe auf.

Wie so oft, wenn man denkt, man würde nur drei Schritte tun, sich unbekümmert in der Mittagshitze auf den Weg macht und selbst die Flasche mit dem kalten Tee vergisst, wanderte ich meilenweit und sah nichts. Die Elefanten hatten sich in den undurchdringlichsten Teil des Sumpflands zurückgezogen. Ich musste es umgehen und geriet dabei zu dem Wasserloch, wo ich vor einiger Zeit erfolgreich einer Zebraherde aufgelauert hatte, richtete mir ein gutes Versteck ein und wartete. Kein Zeichen irgendeines Lebewesens. Also machte ich mich auf den Heimweg.

Unterwegs filmte ich zwei kleine Ziegenhirten, die ihre Herden beaufsichtigten. Sie waren vielleicht vier oder fünf Jahre alt, pfiffen und hüteten die widerspenstigen Tiere mit schönem Ernst. Mit ihnen gingen die letzten paar Meter Film zu Ende. Ich ließ mich im Schatten nieder, um eine neue Spule in die Kamera einzulegen. Wie sich herausstellte das Beste, was ich nur tun konnte. Ich war gerade fertig, als ich die Elefanten aus dem hoch wogenden Gras kommen hörte.

Ich erwartete sie am Rand des Sumpfs, stand zwischen ihnen und einer Herde von Rindern und Eseln, die in das Gras strömte, das die Elefanten noch zum Teil verbarg. Ich pirschte näher heran, die Kamera bereit, fragte mich, was passierte, wenn sie sich begegneten und filmte schließlich Elefanten und Rinder, die friedlich Seite an Seite grasten. Ein überwältigender Anblick. Man war nahe daran, sich die Augen zu reiben und verwundert zu fragen, ob das Jahrtausend angebrochen sei, in dem Löwe und Lamm beieinander liegen.

Nach einer Weile schien es den Elefanten aber, als würden sich die Rinder zu viele Privilegien herausnehmen. Der größte unter ihnen stampfte auf die Rinder zu, schwenkte den Kopf mit einem lauten, mahnenden Trompeten, schmetterte ihnen seinen Rüssel entgegen, als knallte er mit einer Peitsche, trieb die umherstreunenden Rinder und auch ein paar Esel buchstäblich zusammen und schickte sie ein ganzes Stück zurück. Dann machte er kehrt und schloss sich seinen Gefährten wieder mit sanfter Bedächtigkeit an. Die Rinder grasten ungerührt weiter.

Wäre das eine von Abdis Geschichten gewesen, ich hätte sie ihm nicht geglaubt. Da ich es aber mit meinen eigenen Augen sah, kam mir der Verdacht, dass ich die Elefanten endlich so erblickte, wie sie wirklich waren, und nicht so, wie sie sich geben, wenn sie vermuten, dass sie von menschlichen Wesen beobachtet werden. Das Verhalten des Bullen war gekennzeichnet von großer Duldsamkeit oder, besser noch, es war durch und durch angemessen. Mit einem Schlag seines Rüssels hätte er die Tiere um sich herum töten können. Wäre er nur ein bisschen schneller gelaufen, er hätte mühelos ein Dutzend von ihnen zertrampelt. Doch das gegenseitige Verständnis war perfekt: Das Vieh schien nicht ernstlich beunruhigt, hielt ab jetzt aber respektvoll Distanz.

Elefanten scheinen sich ihrer eigenen Kraft zu einem guten Teil bewusst zu sein. Man beobachte nur im Zoo, wie ein Elefant mit dem Fuß eine Haselnuss knackt, ohne sie zu zerquetschen. Wenn man das selbst versucht, wird man begreifen, welch ein gutes Gespür das verlangt.

In der Hoffnung, dass sich die Elefanten noch einmal zeigen würden, wartete ich ab, als sich plötzlich das hohe Gras teilte. Es klang wie Wellen, die sich am Strand brechen. Dann tauchte ein Elefant auf, der einen zweiten an seinem Rüssel hinter sich her zog.

Abdi machte vor Freude fast einen Sprung und rief auf Englisch: »Das bringt Glück!« Lembogi warf sich in den Wind, hüpfte wie verrückt umher und schleuderte seinen Speer in die Luft. Abdi erklärte mir dann, die Weißen wüssten es nicht, aber jeder Afrikaner glaube fest daran, dass es kein glücklicheres Omen gebe, als auf miteinander spielende Elefanten zu treffen.

Der Film sollte einzigartig werden, das war mein Ziel, aber es erforderte mehr Willensstärke, als ich besaß, um die ganze Zeit über durch den Sucher zu schauen. Alles war so weit entfernt. Es schien mir, als betrachtete ich diese lebendige, ergreifende Szene durch das falsche Ende des Teleskops. Ich konnte nicht widerstehen, gelegentlich den Blick zu heben, um mich über die nahe Realität zu freuen.

Jetzt waren vier der Elefanten ins Freie gekommen – eine Elefantenkuh blieb mit ihrem Kalb im Schutz des Sumpfs zurück. Sie umkreisten einander, trennten sich, umkreisten einander wieder in einem sonderbar rhythmischen Tanz.

Dann verschränkten zwei von ihnen ihre Rüssel und begannen ein herrliches Tauziehen. Die Rüssel wurden zu lebenden Seilen aus Stahl, als sie sich gegenseitig schwankend hin und her zogen, die gigantischen grauen Lenden vor Anstrengung gespannt. Erst tat der eine einen Schritt zurück, dann der andere, bis es zu einem kraftvollen Patt kam. Mit einem unvermittelten Ruck stürmte dann einer der beiden rückwärts und zog den anderen fast zwanzig Meter mit sich. Dann lösten sie sich voneinander und kämpften, bis das Elfenbein krachte. Die entsetzliche Wucht hinter den aufeinanderprallenden Stoßzähnen machte mir klar, warum bei vielen Elefanten die Spitze der Stoßzähne abgebrochen ist. Ich wunderte mich auch, dass das Elfenbein nicht unter dem Aufprall zersplitterte, selbst bei diesem freundschaftlichen Spiel.

Ganz sicher war ich mir übrigens nicht, ob es sich nur um ein Spiel handelte, oder ob es dem alten Bullen ernst damit war, den jungen zu verdrängen. Der Alte siegte natürlich, ging und ließ den Jungen nachdenklich unter einem Baum zurück. Fast meinte man, ihn laut grübeln zu hören.

Aber gar nicht lang, da tauchte der alte Bulle wieder auf, näherte sich ihm von der Seite und legte seinen Kopf sanft gegen den des jungen Elefanten, als wollte er sagen, es sei ihm nicht wirklich ernst gewesen, es war ja nur ein Spiel. Es dauerte nicht lange, da hatten sich die verletzten Gefühle des Jungen beruhigt, und sie begannen, vergnügt zusammen den Baum umzustoßen. Der große Bulle klemmte einen Ast zwischen Stoßzähne und Rüssel und hebelte.

Aber letzten Endes waren sie nicht in Stimmung für echte Arbeit, gaben die Sache bald dran und trotteten Schulter an Schulter durch die langen, blauen Schatten des Abendlichts in den Sumpf zurück. Dann schloss sich das Gras hinter ihnen.

Auf dem Rückweg zum Camp hörte ich das Donnern von Hufen, ließ die Boys zurück, lief bergauf und ging hinter einem Ameisenhügel in Deckung, als eine Herde von mehreren hundert Zebras wie eine Kavalleriedivision auf mich zu galoppierte. Ein großer Moment. Mein Ameisenhügel, wie ein Fels in der Brandung, teilte sie für einen Augenblick, in fliegendem Galopp strömten sie an beiden Seiten vorbei, die Hufe dröhnten, dass der Boden bebte. Dann schlossen sie sich hinter mir wieder zusammen.

Was immer sie anfangs auch erschreckt haben mochte, angesichts der Angst, die sie jetzt überfiel, als sie mich witterten, war es wohl eine Bagatelle. Jetzt stolperten sie förmlich über mich und konnten nicht mehr ausweichen. Für mich, die ich mit rotem Staub bedeckt hinter dem Ameisenhügel zum Vorschein kam, war es wie das Wagenrennen in *Ben Hur*. Vor dem chaotischen Hintergrund aus Lärm, fliegenden Hufen und wirbelndem Staub erschien ab und zu ein scharfes Bild: gestreifte Knie, angezogen zum Sprung, runde Hinterbacken, die an Ponys erinnerten, Hufe, die wie Kolben schlugen, ein wehender Schweif oder ein tief gebeugter Nacken mit der kurzen, steifen, zum Rücken zulaufenden Mähne, angelegte Ohren. Ich kauerte noch immer am Boden, während das Donnern sich allmählich entfernte und der Staub sich legte, als ein von der Stampede aufgeschreckter Impalabock lautlos herankam und so nah neben mir Schutz suchte, dass ich seine bebende Flanke hätte berühren können. Ein wunderschöner Anblick, wie er dastand, sich meiner Gegenwart nicht bewusst, wie er über die Schulter zurückblickte und horchte, jeder Nerv wachsam gespannt. Als er sich davon überzeugt hatte, dass die Gefahr vorbei war, schwang er lässig seinen Schwanz und verschwand mit kurzen, eleganten Sprüngen in den Büschen.

Es wurde dunkel, ich nahm eine Abkürzung zum Camp, ein Weg, den ich noch nicht kannte, und stolperte über vier kleine nebeneinanderliegende Hügel, die mit Steinen bedeckt waren. Ich vermutete, es könnte sich um Soldatengräber handeln, also sprach ich im Vorübergehen ein Gebet für sie. Sie sahen so klein und verloren aus, ich dagegen fühlte mich so unverschämt voll von diesem kurzen Leben … »Und doch«, hätte der Stoiker Epiktet gesagt, »warum betrübt sein? Ein Weilchen, und auch du wirst dort sein, und Gott gebe, dass der Ort auch nur halb so gut ist.« Den Philosophen zum Trotz versprach ich, in der Regenzeit wiederzukommen und zwischen den Steinen ein paar Blumen zu pflanzen.

Als ich am nächsten Tag erwachte und den Rauch beobachtete, der sich träge im goldenen Licht kräuselte, war die Luft erfüllt von flatternden Vogelschwingen und der Frische des frühen Morgens. Auf einmal wurde mir in aller Deutlichkeit bewusst, wie viele schöne Dinge ich als selbstverständlich betrachtete, wie selten ich innehielt, um über die Freude nachzudenken, die sie schenkten. Die helläugigen Stare allerdings habe ich nie betrachten können, ohne tief Luft zu holen angesichts ihrer Schönheit, wenn sie durch die Sonne schossen, funkelnd wie Edelsteine, Saphire und Amethyste, die an die Flügel brasilianischer Schmetterlinge erinnerten, kontrastiert mit einem fast feuerroten Zimtbraun. Täglich erblickte ich irgendeinen eigenartigen, hübschen Vogel. Am bezauberndsten waren die perlfarbenen Tauben. Immer, wenn ich sie sah, überkam mich der Wunsch, meine Augen und Lippen an ihre kleine Brust zu drücken. Selbst die Krähen erfüllten mich nicht mehr mit Unbehagen, ich hatte mich endlich mit ihnen angefreundet. Ein Krähenpärchen spazierte unter der Veranda meines Zeltes und suchte zwischen den Proviantkisten nach Essbarem. Als ich sie aus der Nähe beobachtete, ihre weißen Pelerinen, ihre intelligenten, hellen Augen, schämte ich mich, dass ich sie als Boten des Unheils betrachtet hatte.

Ich will auch nicht die Zuckerameise unterschlagen, die ich »tiefgefroren« in der Butter fand. Ich dachte, sie sei tot, schöpfte sie heraus und legte sie auf meinen Tellerrand, als sie sich plötzlich regte. Ich setzte sie auf meine Handfläche, so würde die Butter schneller schmelzen und ihre Beine und Fühler freigeben. Sie hatte wahrscheinlich die ganze Nacht in der Butter zugebracht, halb im Wasser, mehr tot als lebendig. Doch sobald sie sich wieder bewegen konnte, putzte sie sich als erstes sorgfältig von oben bis unten und machte sich gleich wieder entschlossen an die Arbeit.

Man könnte einwenden, dass diese Ameise nur das natürlichste tat. Aber nachdem ich sie eine halbe Stunde lang beobachtet und versucht hatte, mich in sie hineinzuversetzen, war ich doch sehr berührt über die unendliche Tapferkeit der Natur. Es ist immer das gleiche, vom kleinsten Lebewesen, das sich regt, bis hin zum größten. Dieselbe Furchtlosigkeit lässt sich sogar bei Bäumen und Pflanzen beobachten. So etwas wie Aufgeben ist in der Natur schlichtweg unbekannt. Keine Verletzung, kein Hindernis, keine Enttäuschung können diesen immensen Willen zum Leben und Handeln brechen oder behindern. Nur der Tod selbst kann dem Körper das Leben entziehen.

Wenn ich einmal den Fehler machte, mich selbst, nur weil ich ein Mensch bin, als etwas Höheres zu betrachten, erfuhr ich gleich darauf immer und immer wieder, dass mich das kleinste Wesen, relativ gesehen, an Treue zum Leben übertraf. Sie, die mich nie zu belehren schienen und die mir ihre Weisheit nie aufdrängten, waren meine wahren Lehrer. Je näher ich ihnen kam, desto tiefer und echter erfüllte mich die Ehrfurcht vor allem Leben. Über diese Ehrfurcht wurde millionenfach und durch alle Zeitalter hindurch nachgedacht, doch der Tag kam, an dem ich sie für mich selbst entdeckte – und erst da wurde sie zu meiner eigenen lebendigen Wahrheit. Die Ehrfurcht vor dem Leben, das der Mensch mit seinem kreativen Geist so leichtfertig zerstört. Alle Völker dieser Erde könnten sich hinsetzen und den Tod einer Ameise beweinen und wären doch nicht in der Lage, ihr auch nur den kleinsten Funken Leben zurückzugeben.

Eines Tages tauchte ein seltsamer Einheimischer auf, er kam aus Moshi und war auf dem Weg nach Nairobi. Asani sagte, er sei sein Bruder, und ob ich wohl einen Empfehlungsbrief schreiben könnte, um ihm zu einer Arbeit zu verhelfen. Ich wunderte mich über dieses Zusammentreffen und fragte mehrmals nach, ob er denn auch wirklich sein Bruder sei, bis Jim die aufschlussreiche Erklärung vorbrachte, dass die beiden »nicht wirklich aus demselben Bauch stammten«.

Asani beharrte darauf, dass sie trotzdem Brüder seien, als Kinder, während des Ersten Weltkriegs, waren sie in Tanganjika Spielkameraden gewesen. Er zeichnete solch ein schönes und bewegendes Bild vergangener Freuden und gegenwärtiger Nöte, dass ich im Namen seines »Bruders« wortreich an den Wildhüter schrieb. Dem Bruder gab ich ein paar Shilling mit, um ihm die Sache zu erleichtern. Zu all dem bewog mich weniger die vermeintliche Verwandtschaft als sein erstaunlicher Mut: Ein Einheimischer, ohne Geld oder irgendwelche Mittel für seinen Unterhalt, der außer den Lumpen, die er am Leib trug, nichts besaß, noch nicht einmal einen Speer zu seiner Verteidigung, der ganz allein zu Fuß dreihundert Meilen durch ein zum größten Teil von Löwen besiedeltes Land wanderte.

Ich ging zum Fluss hinunter und fand dort einen mächtigen Baobab, dessen Stamm schon von der untergehenden Sonne vergoldet wurde, setzte mich darunter und konzentrierte mich auf das, was Izaak Walton, der passionierte Angler, als lernen, ruhig zu werden, bezeichnet. Über meinem Kopf spielten die Affen in den Ästen, und ein Schliefer, der aussah wie ein kleiner Biber, saß vor seiner Haustür am Fuß des benachbarten Baumes, sonnte sich, zupfte mitunter an seinen Schnurrhaaren oder blinzelte mir gesellig zu. Ein wunderschöner kleiner goldener Vogel mit kohlschwarzem Kopf huschte zwischen den Blättern umher, und während ich ihn beobachtete, erblickte ich einen noch winzigeren Vogel mit roten Flügeln und Pfauenkamm.

Die Affen waren felsenfeste Verbündete aller Wildtiere, sie schlugen ausnahmslos als Erste Alarm, und seitdem sie mir trauten, sahen auch die Impala keinen Grund zur Sorge mehr und grasten fröhlich am gegenüberliegenden Ufer. Sie waren kaum zwanzig Meter entfernt, und gelegentlich betonte die Sonne ihre gebogenen Hörner oder hob eine rötlichbraune Flanke aus den Schatten heraus. Die Affen tobten fast zwischen ihren Füßen.

Es ist erstaunlich, wie Tiere Anzeichen von Gefahr erkennen können. Ich hätte nur ein Stielchen knicken müssen, und sie wären sofort davongestürzt. Die Affen hingegen schleuderten

Zweige durch die Luft, warfen Astwerk oder Früchte von den Bäumen und machten einen solchen Radau, dass man – würde man sie nicht sehen – den Atem anhielte und damit rechnete, dass jeden Moment irgendein riesiges Tier durch das Unterholz bräche. Die Impalas hoben nicht einmal den Kopf.

Ein Moment wie dieser überwand alle Barrieren. Es gab nicht länger sie und mich. Wir waren alle gleichermaßen Teil der Einheit in dem göttlichen Plan. Das Wort *Einheit* wiederholte sich in meinen Träumen und prägte sich in mein waches Bewusstsein ein, eine beharrliche Botschaft. Diese unvermittelten Einblicke offenbarten seine Bedeutung, die ganze Antwort auf das Leben als eine leuchtende Vision der Nähe Gottes.

Die Vision schrieb sich auf unvergessliche Weise ein, als die Sonne sank und die Dunkelheit über den Hügel kroch, als der Himmel wie in einer Nachlese noch einmal hell wurde und sich mit derart herrlichen Farben überzog, die sich so blendend und fließend über ihn verbreiteten, dass ich kaum in der Lage war, ihn länger zu betrachten, sondern den Blick auf das Bergmassiv richtete und mich fragte, ob all dies denn wirklich sei. Im dunkler werdenden Osten flammten die Wolken noch einmal auf, doch sanft und so zart wie tausend Rosen, ich hätte sie am liebsten an mein Herz gedrückt. Als ich mich umwandte, um sie genauer zu betrachten, wichen sie vor dem Vollmond zurück. Das war wunderbar, denn bei Sonnenuntergang ist der Mond gewöhnlich noch nicht aufgegangen, meist schimmert er nicht einmal leise. Jetzt aber leuchtete er über den rosigen Wolken und schickte die hellen Strahlen der Nacht hinab. Ich stand stumm vor dieser Herrlichkeit, überwältigt von der Freude, »die alles, was sie hat, in den Staub wirft und kein Wort kennt«[23].

Am folgenden Morgen ging ich in aller Frühe in den Wald, zu einem meiner Lieblingsteiche, den ich die Lichtung der

23 Zitat aus den *Hohen Liedern* (1914) von Rabindranath Tagore (1861–1941). [KR]

Schmetterlinge getauft hatte. Denn wann immer ich dort war, stets traf ich auf eine Wolke von Schmetterlingen, die neben einem moosbedeckten Baumstumpf über dem Wasser flatterten. Wie gern saß ich still auf diesem Baumstumpf, wenn die Schmetterlinge in ihrem Auf und Ab wie Blütenblätter im Sonnenschein über mein Gesicht strichen, und die großen weißen Schmetterlinge verwandelten die Strahlen mit ihren Flügeln in gleißenden Opal. Es gab auch rotgoldene, die wie Flämmchen glühten, und die verschiedensten blauen, braunen, grünen, goldenen und hellgelben Falter. Ein besonders schönes und seltenes Exemplar schoss schwalbengleich an mir vorbei, mit langen, samtschwarzen Flügeln, getupft mit Lapislazuli. Ich konnte seinen Lufthauch spüren.

Die Elefanten waren ganz in der Nähe. Zwischen den hohen, schlanken Bäumen und dem Schachbrettmuster aus Licht und Schatten erschienen sie riesig, und der Wald war hier offen genug, um sie in Erscheinung zu bringen.

Kaum etwas faszinierte mich so sehr, als durch diesen lichten Wald zu wandern und die Elefanten zu beobachten, wenn sie mich nicht bemerkten. In solchen Momenten fühlte ich mich aufgenommen in die süße Intimität der Natur, die nicht länger vor mir auf der Hut war.

Wenn ich sie dabei beobachtete, wie sie mit ihren Stoßzähnen die Rinde von den Bäumen schälten und wie geschickt sie dabei ihren Rüssel benutzten, sodass sie selbst die kleinsten Fasern zu fassen bekamen, die ich kaum mit meinen Fingern hätte greifen können, dachte ich, dass sie sicher auch in der Lage wären, einen Faden durch ein Nadelöhr zu fädeln. Es gibt nichts, was so enorm stark und zugleich so empfindsam und beweglich ist wie der Rüssel eines Elefanten. Mit ihm kann er einen Gewehrlauf zu einem U verbiegen, was mir ein Jäger erzählte, dem genau das passiert war. Ich wiederum beobachtete einmal zwei Elefanten, die nebeneinander standen, wobei der eine den anderen mit seinem Rüssel liebevoll in die Lippe zwickte, als würde er behutsam Daumen und Zeigefinger einsetzen. Fünf Minuten lang standen sie so zusammen, bis sich ihre Rüssel auf einmal in zärtlichster Liebkosung ineinanderschlangen.

Ganz in die Beobachtung vertieft, lag ich reglos auf den raschelnden Blättern, halb verborgen von einem Ameisenhügel, als ein dritter Elefant auftauchte, der ein paar verlockende grüne Zweige entdeckte, die außerhalb seiner Reichweite lagen. Erstaunlich geschickt kletterte er auf die glatten Hänge meines Hügels und streckte seinen Rüssel meterhoch in die Luft. Er wirkte geradezu gigantisch, und auch wenn er mit seinem Kunststück an einen Zirkuselefanten erinnerte, der auf einen zehnfach überdimensionierten Bottich steigt, den Vorderfuß auf einem Sockel roter Erde, Nacken und Rüssel zum Himmel erhoben, überragte er die Bäume eher wie ein steinerner Torbogen.

An einige der köstlichsten Zweige kam er aber immer noch nicht heran, also stieg er herab und stieß den Baum schwungvoll um – ein großer Baum, robust wie eine Eiche. Er presste seine Stirn gegen den Stamm und drückte so lange dagegen, bis die Wurzeln brachen, aus der Erde traten und ihm der Baum direkt vor die Füße fiel. Er umrundete ihn, pflückte behutsam die zartesten Triebe aus der Krone und schlenderte zum Wald zurück.

Es grenzte an ein Wunder, dass hier überhaupt noch Bäume standen. Die Elefanten fällten Bäume groß wie Zedern, und beinahe täglich verschwand eine weitere nützliche Orientierungshilfe aus der Landschaft.

Es war bereits Mittag. Die Hitze, die vom Boden aufstieg, sorgte für tückische Luftwirbel. Ich verließ die Elefanten, ehe der Wind mich verriet. Bis zum Camp waren es drei Meilen, und ich hatte nicht bemerkt, wie sengend die Hitze geworden war. Die harte, rissige Erde brannte durch meine Schuhsohlen, die hellgrelle Luft schlug mir in heißen Wellen ins Gesicht.

Eine Gelegenheit kommt selten allein. Hundert Mal hatte ich gewartet und Ausschau gehalten in der Hoffnung, dass ich einmal auf einen Elefanten traf, der gerade dabei war, einen Baum aus der Erde zu reißen – und noch am selben Nachmittag sollte ich es ein zweites Mal erleben.

Ich entdeckte die Elefanten im Freien, jenseits vom Sumpf. Und dieses Mal waren die Bedingungen ausnahmsweise einmal perfekt: Die Sonne stand richtig, der Wind auch, der Abstand stimmte, und die Elefanten – die üblichen vier, mit dem Bullen, der manchmal zu ihnen stieß – standen zusammen und wirbelten mit ihren Rüsseln Staub in die Luft, scharrten mit den Füßen in der Erde und gruben Wurzeln aus, an denen nussartige Früchte klebten, die, wie ich später herausfand, gut schmeckten, ein wenig nach Kiefernharz. Abdi wusste alles über sie und erklärte, man könne aus ihnen einen wunderbaren Hustensaft für Säuglinge zubereiten.

Wenn der Boden kahl ist, scheinen Elefanten immer näher zu sein, als sie es tatsächlich sind. Ich schätzte die Distanz auf etwa zwanzig Meter. Als ich sie später abschritt, waren es volle fünfunddreißig.

Der Wind schwankte und zwang mich einige Male zum Rückzug. Und dann klemmte die Kamera. Ich dachte schon, damit sei die Chance meines Lebens dahin, schraubte das Objektiv aus, rüttelte am Blendenverschluss, und alles funktionierte wieder. Aber ich kenne kaum eine raffiniertere Folter als den Versuch, angesichts fünf heranrückender Elefanten ein kleines, zerbrechliches Objektiv einzuschrauben.

Sie tauchten in den Sumpf ab, ich saß da, wechselte den Film und hatte es gerade geschafft, als ich einen von ihnen zurückkommen hörte. Ohne auf Abdi zu warten, stürmte ich zu dem Fleck, wo er erscheinen musste. Er kletterte aus einem versteckten Wasserbecken und türmte sich vor mir auf. Selbst im Sucher war er gigantisch. Als ich dann mit bloßem Auge schaute, überwältigte mich seine Nähe. Er erblickte mich und segelte mit abgespreizten Ohren, den Schwanz erhoben, auf mich zu. Das Wasser glitzerte auf seiner Haut.

Alle Elefanten kamen nun hinter der Wasserstelle der Zebras zum Vorschein, und in diesem Augenblick sah ich, wie der große Bulle, ein dunkler Schatten gegen den smaragdgrünen Sumpf, eine Akazie umstieß. Ich eilte vorwärts, die Augen nur auf ihn gerichtet, und steckte plötzlich bis zur Hüfte in zähflüssigem Morast. Zappelnd kämpfte ich mich heraus und quatschte durch den Schlamm zurück auf festen Grund, wo Abdi schon wartete und mich ernsthaft schalt, ich hätte, so unvorsichtig, wie ich war, auch bis über die Ohren einsinken können.

Wir schlichen am Rand des Sumpfes entlang bis zu einer Lücke zwischen einem hohen grünen Wall zur Rechten und dem blubbernden Moor zur Linken. Von dort aus konnten wir den Elefanten ungestört beobachten. Er schälte einen Baum ab, dann klemmte er ihn sich beinahe zwischen die Vorderbeine, ergriff ihn mit dem Rüssel und schwenkte ihn hin und her als wäre er nichts weiter als ein Schössling.

Es war ein großartiger Moment und herrlich ausgeleuchtet. Näher wagte ich mich aber nicht heran, denn zu meiner Linken, im Sumpf verborgen, wartete ein anderer Elefant. Abdi zog mich am Ärmel, ich schaute über die Schulter und sah ebenso erschreckt wie erstaunt rechts von uns den dritten Elefanten, der uns seelenruhig durch die Blätter hindurch beobachtete. Wir hatten ihn bereits passiert, waren daher zwischen Sumpf und Elefanten eingekeilt. Klopfenden Herzens zogen wir uns langsam zurück, heraus aus diesem engen, gefährlichen Kreis.

Kapitel 9

Regenzeit

Die Trockenheit hatte nun den Höhepunkt erreicht, doch ausgelöst durch das Wunder eines einzigen Gewitters, sprossen an allen Bäumen paradoxerweise wieder Blätter, das zarteste Frühlingsgrün überzog die silbrigen Zweige und streute verschwenderische Schatten über die ausgetrocknete Erde und das spröde Gras – ein ebenso unwirklicher wie herrlicher Effekt. Die transparenten Farben am frühen Morgen – herbstlich in ihrer Klarheit, frühlingshaft in ihrer Zartheit – waren so schön, dass ich beim Erwachen nur in Staunen ausbrechen konnte, und ich verstand, wie gut es war, am Leben zu sein.

Selbst die Gottesanbeterinnen reagierten auf diesen plötzlichen Wechsel. Als die Blätter abfielen, waren auch sie graubraun geworden, und wie sie nun nachts, vom Licht der Laterne angezogen, auf meinem Tisch landeten, leuchteten sie im hellsten Grün, wie junge Erbsenranken.

Die Stab- oder Gespenstschrecken behielten die Farbe des strohbleichen Grases. Wenn man eine von ihnen dabei beobachtete, wie sie sich am Boden fortbewegte – ihre Gelenke glichen denen der Grashalme, der Kopf versteckte sich zwischen den langen, schützenden Vorderbeinen –, dann schien es zunächst, als handele es sich um trockenes, vom Wind daher gewehtes Gras. Die Stabschrecke bewegt sich wirklich auf eigenartige Weise, jeder ihrer Schritte wird von einer beschwingten Vor- und Rückwärtsbewegung begleitet, und man kommt leicht auf die Idee, dass man nichts als einen ziellosen Strohhalm vor sich habe. In dieser Bewegung lag jedoch eine so ansteckende Ausgelassenheit, und ich dachte plötzlich, dass sie diesen Schwindel gewiss als Riesenspaß betrachtete.

Die Elefanten hatten jetzt drei freie Tage, was leider nicht meinem eigenen Willen, sondern den äußeren Umständen geschuldet war, denn ein neuer Malariaschub zwang mich nieder. Wie immer zerstörte das Fieber jedes Maß, ich fühlte mich einsam und zutiefst beunruhigt. Aber der Natur gelingt es nicht, jemanden so außer sich zu sehen, sie hat Mitleid, und plötzlich, Wunder über Wunder, flog die scheue, kleine Gabelracke, die ich in Namanga im ganzen Monat nur ein einziges Mal zu Gesicht bekam – und auch da nur von Weitem durch den Feldstecher –, direkt zum Eingang meines Zeltes. Ihr buntes Gefieder war eine Botschaft der Freude: die pflaumenblaue, leicht rötlich getönte, grüngoldene Brust und die Flügel, die jedes nur erdenkliche Blau, Opal, Grün und Türkis entfalteten, wie die Tiefen und Untiefen einer Lagune, auf der die Sonnenstrahlen spielen.

Auf einmal empfand ich es nicht mehr als Verschwendung kostbarer Zeit, im Bett zu liegen, denn überall um mich herum standen doch Bäume, neigten ihre Kronen in dem unvergleichlichen grauen Licht, und der Berg zeichnete sich anthrazitfarben und grün vor dem sanften Himmel ab.

Das Gefühl der bevorstehenden Trennung hielt mich gefangen. Die zarten Farben des Abends liebkosten die Erde, verharrten für einen kurzen Augenblick, ehe sie unmerklich in die warme Dämmerung übergingen, und erfüllten mich mit einer so überwältigenden Liebe zu allem, dass ich mich plötzlich so groß fühlte wie die Welt, fähig, die ganze Erde an mein Herz zu drücken, mich mit jedem Fluss zu vermischen, die kleinen Bäume vor lauter Liebe schier in meinen Armen zu erdrücken und die Bergspitzen zu küssen. Ich betete, dass mich diese herrliche Wildnis nicht vergessen möge, und die Antwort lautete immer: »Nicht *ich* bin es, die vergisst, es ist an dir, den Weg zurückzufinden.« Das ist die immerwährende Botschaft des Göttlichen durch die Natur. Und da sie der Menschheit ihre Liebe nie aufdrängt, bleibt sie so oft unbeachtet und ist doch immer da, für jeden, der nach ihr sucht.

»Der Mensch, der seine Hand nach den Sternen ausstreckt, vergisst allzu oft die Blumen zu seinen Füßen.«[24] In dieser allumfassenden Suche nach dem Neuen, dem Unbekannten, dem Unerprobten wird unser Blick unscharf. Häufig besitzen wir das Beste bereits, es ist uns jedoch so nah, dass wir es nicht sehen können. Gott selbst verbannen wir in den unergründlichen Himmel, wo wir Ihn nie erreichen werden – als wären wir blind und taub für die ewige Gewissheit, die sich in jeder Blume, jedem Hügel, jedem Tautropfen ausdrückt, dass Er überall um uns ist, uns näher, als alles andere es je sein könnte.

Als ich wieder auf den Beinen war, brachte mir ein junger Massai einen Pavian. Ich kaufte ihn für drei Shilling frei. Er hockte angebunden auf dem halbhohen Lampenhaken an der Zeltstange, fraß getrocknete Aprikosen und trank ein wenig Milch, die ich ihm auf einer Untertasse servierte. Er war zahm und freundlich, aber ich konnte seinen wehmütigen Blick kaum ertragen und wollte ihm die Freiheit nicht länger vorenthalten. Er war so überrascht, als ich ihn losband, dass er nicht etwa mit einem einzigen Satz in seinem geliebten Wald verschwand, sondern immer wieder stehen blieb und zu mir zurückschaute.

Die Regenzeit rückte unaufhaltsam heran. Dunkle Tage mit bleiernem Himmel folgten aufeinander, die gesamte Natur wartete in atemloser Spannung. Blitze zuckten über den Horizont, Donner grollte wie ferner Trommelklang, und in der trägen Luft roch es nun nach Regen. Doch noch fiel kein Tropfen, und obwohl ich wusste, dass das Leben im Zelt durch den Re-

24 Zitat des englischen Philosophen und Sozialreformers Jeremy Bentham (1748–1832): »Stretching his hand up to reach the stars, too often man forgets the flowers at his feet.« [KR]

gen elendiglich klamm würde, sehnte ich ihn herbei, um diese drückende Ruhe zu durchbrechen, dieses gespannte Warten darauf, dass etwas geschieht. Mein Kopf schmerzte vom Donner, und durch die unnatürliche Stille schallte das unaufhörliche Schrillen der Zikaden – so unerträglich wie das Schleifgeräusch von Messern auf dem Wetzstein –, das Gurren der Tauben und der Ruf des Wiedehopfs in endloser, beharrlicher Wiederholung. Und wie bei manchem Zauber, den man nicht brechen kann, zeichneten sich die Schirmakazien fantastisch grün zwischen den schwarzen Wolken und dem bleichen, staubigen Boden ab.

Die Elefanten waren gar nicht weit vom Camp. Ich entdeckte sie bei ihrer Lieblingsbeschäftigung, die darin bestand, Kiefernüsse auszugraben.

Je mehr ich mich den Elefanten oder auch irgendeinem anderen Tier widmete, desto zurückhaltender wurde ich mit Verallgemeinerungen. Man kann keine ultimative Regel aufstellen, wie sie sich unter bestimmten Umständen verhalten würden. Wie jeder Mensch haben auch sie ihren eigenen individuellen Charakter, und keine Theorie über Rasse, Umwelt und Konditionierung räumt einen Spielraum für individuelle Impulse ein.

An einem dieser Abende stieß ich noch einmal auf kämpfende Elefanten. Vielleicht spielten sie auch nur, schwer zu sagen. Es handelte sich um zwei Kühe, die am Rand des Sumpfes ein heftiges Tauziehen veranstalteten.

Abdi war außer sich und sagte, er habe so etwas bei einem Elefanten noch nie erlebt. Er war überzeugt, dass uns etwas ganz Besonderes bevorstünde. Bislang war ich persönlich noch nie jemandem begegnet, der einen Elefantenkampf mitangesehen hatte. Abdi bestätigte meine Vermutung, dass es sich um ein seltenes Erlebnis handelte.

Deshalb bedauere ich es bis heute, um ein interessantes und in jedem Fall wertvolles Stück Film gekommen zu sein. Die

Sonne wollte gerade untergehen und warf ein grellrotes Licht mit irrealen purpurnen Schatten auf die Szene. Die beiden kämpfenden Elefanten, deren Profil gut zu sehen war, stürmten erst in die eine, dann in die andere Richtung und schimmerten in dieser theatralischen Beleuchtung wie Bronze, ihre schlanken, geschwungenen Stoßzähne leuchteten wie ein unnatürlich scharfes Relief vor dem seegrünen Sumpf. Der Effekt war so sonderbar, dass sie den Eindruck riesiger urzeitlicher Monstren machten. Doch das Licht trog. Es war nicht mehr hell genug, und der Film wurde so, wie ich es bereits befürchtet hatte: hoffnungslos unterbelichtet.

Ein oder zwei Tage später stieß ich auf der Suche nach meinen vier alten Freunden unerwartet mit dem großen Bullen und seiner Gefährtin zusammen. Er fraß im Waldstück gleich neben der Straße, und obwohl er weder meine Witterung aufnehmen noch mich hören konnte, schien er irgendwie zu ahnen, dass ich da war. Er trottete auf die Straße und patrouillierte zweimal planvoll auf und ab.

Was geschähe wohl, ging mir auf einmal durch den Kopf, wenn ein unglücklicher Autofahrer just in diesem Moment hier entlangfahren würde. Kaum hatte ich den Gedanken zu Ende gedacht, da hörte ich auch schon eine Hupe. Gefolgt von Abdi lief ich auf die Straße, als der Wagen, gesteuert von einem wild aussehenden Somali, um die Kurve bog und plötzlich von allen Seiten von Elefanten bestürmt wurde. Das Gefährt war genau in dem psychologisch heiklen Augenblick aufgetaucht, in dem die Elefanten beschlossen hatten, die Straße zu überqueren. Der große Bulle, hinter dem ich immer einen Schurken vermutet hatte, gierte jetzt vermutlich danach, es auf eine Kraftprobe mit einem vorbeifahrenden Wagen ankommen zu lassen, ergriff beim ersten Tuten aber erstaunlicherweise aufs Schändlichste die Flucht, während der zweite Elefant völlig den Kopf verlor, zunächst über die Straße irrte, um dann direkt vor mir in den Wald hineinzurasen.

Doch wenn der Schurke schon an Henry Ford gescheitert war, so durfte er sich von mir nicht unterkriegen lassen, und kaum sah er mich herannahen, setzte er auch schon zum Angriff an. Inzwischen war die Sonne untergegangen, also überließ ich ihn sich selbst. Er stand da, seine riesenhaften Ohren weit abgespreizt, verwundert über den Ton meiner Trillerpfeife, wodurch ich dem Burschen signalisierte, mir Marouf zu bringen.

Am nächsten Tag schien jede Jagd vergebens, und auch wenn ich die Elefanten entdeckt hätte, wäre der Himmel zum Fotografieren zu dunkel gewesen.

Die ganze Welt war dunkel und still – still bis auf das fieberhafte Quaken der Frösche, mit dem sie den Regen willkommen hießen. Die drückende Atmosphäre lastete wie Blei auf mir, während ich wie im Traum weiter und weiter ging. Auch die Tiere glänzten so schwarz wie der Himmel über ihnen – drei Warzenschweine und das schieferfarbene Perlhuhn, die träge flatternden Geier, die Zebras, ja selbst die Impala bewegten sich wie dunkle Schatten unter einem drohenden Schicksal.

Aus der Stille schlug mir plötzlich das Geheul des Windes entgegen. Eine wirbelnde, turmhohe Säule aus Staub und Blättern raste über die Savanne. Mit beängstigender Geschwindigkeit zog sie ganz nah vorbei. Abdi erklärte, wenn einer dieser Windteufel das Zelt zu fassen bekäme, würde er es vom Boden reißen und wer weiß wie hoch durch die Luft schleudern.

Siki jagte ein paar Giraffen, und ich jagte ihr hinterher, als ich beinahe über ein armes, kleines Kalb gestolpert wäre, ganz schrumpelig und dem Tode nah. Es gelang uns, das Tierchen auf die Beine zu stellen, und ich dachte, wenn ich es mitnehmen und füttern könnte, hätte es vielleicht die Chance, zu überleben. In diesem Moment fielen die ersten dicken Tropfen. Ich übergab das Kälbchen den Boys, griff nach den Kameras und galoppierte mit Marouf zurück.

Nicht lange, dann goss es in Strömen. Im Handumdrehen war ich bis auf die Knochen durchnässt, weit schlimmer aber:

Der Regen drang auch in die Kameras. Blitze zuckten blendend hell vor mir am Himmel, und der Boden war so schlüpfrig, dass Marouf, bis über die Hufe im Wasser, sich kaum mehr auf den Beinen halten konnte. Als ich ins Camp kam, war es fast dunkel. Ich brachte die Kameras im Zelt in Sicherheit und machte mich gleich noch einmal auf den Weg, um den Männern beizustehen. Aus Furcht, sie im dichten Busch zu verfehlen, pfiff ich die ganze Zeit. Keine Antwort. Schließlich traf ich sie nur ein kurzes Stück von dem Ort entfernt, an dem ich sie verlassen hatte, und wo sie sich noch immer mit dem Kalb abmühten. Es war so gut wie tot. Ich kam nicht umhin, es seinem Schicksal zu überlassen, das es in Gestalt von Hyänen ereilen würde – armes, kleines Tier. Wir waren alle völlig durchnässt und zitterten vor Kälte, es war Nacht und das Camp zwei Meilen entfernt.

Der Regen verzog sich am folgenden Nachmittag. Ich jagte im Gegenwind mitten im Wald, dort, wo Lembogi die Elefanten aufgespürt hatte, als Abdi mit den Fingern schnippte. Durch das Laub erspähte ich plötzlich ein Ohr und die schlanken, gebogenen Stoßzähne einer Elefantenkuh direkt *hinter* mir. Ich wich zurück, so gut ich konnte, und biss mir vor Ärger auf die Lippen, dass ich ihr eine wunderbare Gelegenheit gegeben hatte, mich zu wittern. Als wir uns von der anderen Seite anpirschten, fraß sie aber unbekümmert. Während ich sie beobachtete und auf eine Gelegenheit lauerte, fiel mir auf, dass ihre Augen fest geschlossen waren: Sie schlief tief und schwankte dabei leicht von einem Bein aufs andere. Ganz allmählich erwachte sie und bummelte auf mich zu. Wie immer verriet mich das Klicken der Kamera – worauf sie kehrtmachte und durch den Wald davonging.

In der dampfenden Hitze, die mich wie in einer Badewanne durchnässte, folgte ich dem ungeheuren, faltigen Hinterteil durch den Busch, der sich vor ihm teilte und hinter ihm wieder schloss. Die Sonne stach zwischen den Gewitterwolken herunter und entlockte der feuchten Erde und den frisch erblühten

Akazien einen so leidenschaftlich süßen Duft, dass ich immer wieder stehenbleiben musste, um ihn ganz tief einzuatmen. Es hätte ein Apriltag zuhause sein können und der Dschungel ein zartes, frühlingshaftes Waldland. Aber dann kreuzten ein paar exotische Schmetterlinge meinen Weg, und da tauchten auch die gewaltigen Beine wieder vor mir auf – und ich war aufs Neue tief im Herzen von Afrika.

Ein einziger Regenguss hatte die Welt aus Staub und Dürre in ein liebliches Land verwandelt, wo überall Blumen blühten, die im Schimmer der Sonne von brennenden Tautropfen funkelten. Die Vögel fanden ihre Stimmen wieder und erfüllten die Luft mit ihrem Gesang, und die Massai, deren Rinder wie die Fliegen eingegangen waren, jubelten über das Ende des Hungers. Tausende von Rinnsalen entsprangen dem Berghang in fröhlichem Tumult, und die ganze Erde besang die Befreiung: »Aber die Wüste und Einöde wird lustig sein, und das dürre Land wird fröhlich stehen und wird blühen wie die Lilien.«[25]

Die Schauer waren aber nur die Vorboten dessen, was kommen sollte. Denn jetzt brach die Regenzeit ernstlich an.

Ohrenbetäubende Gewitter dröhnten von allen Seiten, hoben das Zelt aus seiner Verankerung und füllten es mit dem Sprühnebel der Bäche, die über den Boden rauschten. Innerhalb von zwei Minuten stürzten Wassermassen herab, rissen die Zeltpflöcke los, die ganze Nacht hindurch zwangen sie mich ein ums andere Mal in den strömenden Regen hinaus, um sie wieder einzuschlagen.

Ich musste an den Marsch mit meinem Vater rund um den Lorian-Sumpf denken. Zwar bestand die permanente Sorge heute nicht mehr darin, auf die Häute zu achten, ich stellte aber recht schnell fest, wie unpraktisch es war, Bücher, Grammophon, Schallplatten, Kameras und Filmmaterial während der Regenzeit im Zelt zu lagern. Dennoch war der Regen nie will-

25 Jesaja 35:1 [KR]

kommener als jetzt, und während der langen, dunklen Tage, an denen das Wetter mich im Zelt gefangen hielt, vergaß ich Feuchtigkeit und Unbehagen, wenn ich mich in Charles Doughtys Reisebücher und Alexander Kinglakes *Eothen* stürzte, erneut *Othello* las oder das Buch Jesaja. Dem monotonen Hämmern des Regens gegen die Zeltplane setzte ich einige Beethoven-Streichquartette entgegen, besonders op. 135 »Muss es sein?«, auch wenn die Andantes durch das Getöse draußen kaum hörbar waren.

Erst nach dem ersten heftigen Wolkenbruch entdeckte ich, dass das Zelt frontal zum Sturm stand, anstatt ihm eine Flanke mit niedrigem Dach zu bieten. Wir verbrachten den ganzen folgenden Morgen damit, es umzusetzen. Auch die Männer schlugen ihre Zelte an einer besseren Stelle auf und hoben tiefe Entwässerungsgräben rings um sie herum aus.

Ein Ochse wurde geopfert, um ein wenig Fröhlichkeit ins Camp zu bringen, doch bei aller Schlemmerei sah ich ganz klar: Wir würden dem Regen nicht mehr lange standhalten. Die Männer waren unglücklich, sie hockten zusammengekauert in ihren kleinen Zelten, ohne Möglichkeit, die Kleidung zu wechseln. Es war ihnen kein Vorwurf zu machen. Sie hielten stoisch durch, und bis auf einmal, nach einer Nacht, in der selbst ich für eine Weile die Lust am Zelten verlor, begrüßten sie mich jeden Morgen gut gelaunt.

Beinahe den ganzen Tag hatte ich damit verbracht, alles vor dem furchtbarsten Sturm, den ich bislang erlebt hatte, in Sicherheit zu bringen, und ich träumte von einem Land, wo sich die Zeltpflöcke nicht lösten und wir wieder einmal richtig trocken werden würden. Ob man zu Bett ging oder aufstand, es machte keinen Unterschied, lediglich der Grad an Feuchtigkeit veränderte sich, ich konnte mir kaum vorstellen, dass es irgendwo auf dieser Welt noch einen trockenen Faden gab. Auf Büchern und Leder zeigten sich allmählich grüne Schimmelflecke, das Metall war mit Grünspan überzogen, selbst das Brot schmeckte modrig. Unter dem Bodentuch warf sich die Erde auf, trieb kränklich weiße, von einem feuchten Pelz umgebene Sprösslinge, es wimmelte von Spinnen, Skorpionen, weißen Ameisen und Tausendfüßlern, die dort Zuflucht gesucht hatten.

Ich nutzte den einzig schönen Moment des Tages, um dem feuchtkalten Elend zu entfliehen und machte mich auf die Suche nach den Elefanten. Kaum hatte ich einen aufgestöbert, stürmte er durch den Sumpf auch schon auf mich los.

Der Anblick eines Elefanten, der zur Verfolgung ansetzt, ist außerordentlich. Er sammelt seine Kräfte, geht in die Knie wie ein Löwe, der sich zum Sprung bereit macht und schießt dann plötzlich unter schrillem, furchterregendem Trompeten vorwärts.

Der Elefant war vollkommen durchweicht und schwarz wie Pech. Regen und Donner hatten ihn offenbar genauso mitgenommen wie uns andere auch, und seine Nerven lagen bloß. Der Sumpf hatte sich in einen trostlosen Ort verwandelt, der Regen hatte das Schilfrohr umgeknickt. Das halbverbrannte, schwarz verkohlte Elefantengras lag jetzt aufgeweicht auf einem grauweißen Untergrund und erinnerte an den Rücken eines Stachelschweins. Kein Wunder, dass mein Erscheinen das Fass zum Überlaufen brachte.

Ich verzog mich und stapfte zum Camp zurück, als der nächste sintflutartige Wolkenbruch über mir niederging.

Wie ein Alpenfluss toste der Namanga River vom Berg herab. Der Sumpf wurde dadurch so gut wie unpassierbar, was meinen Unternehmungen definitiv ein Ende setzte. Kurz vor dem Camp eilte eine Schar tropfnasser, schmutziger Paviane durch den Sturm hinüber zum Hang, wahrscheinlich in der Hoffnung, sich zwischen den Felsen besser schützen zu können. Ich fragte mich, wo sich die Vögel versteckten, und wie die Tiere einen trockenen Platz finden konnten. Die einzige Sorge, egal, ob Mensch oder Tier, bestand in diesen Tagen ausschließlich darin, trocken zu bleiben.

Nebelschwaden strichen über den Hügel, senkten sich ins Tal oder hoben sich von einem nassen stahlgrauen Hang. Das Wasser rauschte am Zelteingang vorüber, und der Himmel hing tief, schwer von den zu erwartenden Regengüssen. Alles, was die Natur tat, tat sie aus vollem Herzen.

Endlich gab es einen schönen Morgen. Im Glanz des frühen Sonnenscheins machte ich mich auf den Weg, um von den Elefanten Abschied zu nehmen.

Ich traf am äußersten Ende des Sumpfs auf sie, wo drei von ihnen miteinander spielten – das würde uns zum Abschied Glück bringen, wisperte Abdi. Der alte Bulle stand etwas abseits, scharrte in der Erde nach Kiefernüssen und rollte die Büschel an der Innenseite seines Rüssels hin und her, um sie von Erde zu befreien, eine Meisterleistung, bei der ihm keine einzige Nuss entglitt.

Dann ergab sich eine Chance, auf die ich zwar gehofft, mit der ich aber nie wirklich gerechnet hatte: Abdi und ich kamen beide nahe an die Elefanten heran, und Asani konnte uns zusammen mit ihnen filmen. Als genügend Material beisammen war, gingen Abdi und ich noch ein kleines Stückchen näher und grüßten die Elefanten zum Abschied in Habachtstellung. Im gleichen Moment musste einer von ihnen unsere Witterung aufgenommen haben, denn er kreiste mit abgespreizten Ohren, um den Gruß zu erwidern, und verschaffte meinem Film auf diese Weise ein dramatisches Ende.

Ich wollte nicht mehr fotografieren, konnte mich aber noch nicht von den Elefanten lösen. Dies war mein letzter Tag. Am nächsten Morgen sollte Karua mit dem reparierten Lastwagen kommen und mich zur Bahnstation von Kajiado bringen. Es gab keinen Aufschub mehr, und so setzte ich mich schweren Herzens ins Gras, um die Elefanten ein letztes Mal zu betrachten.

Im Laufe der drei Monate, in denen ich fast täglich mit ihnen zusammen war, hatte ich jedes der fünf Tiere in seiner Eigenart kennengelernt: den alten Bullen, der die Rinder vertrieben hatte – er war es auch, der unseren Gruß erwiderte –, die Kuh, die so anmutig mit dem kleinen Zweig gespielt hatte, den Bullen mit dem abgebrochenen Stoßzahn, der aus dem Teich geklettert war, den jungen Bullen, der den Kampf verloren hatte und die Kuh, die ich schlafend im Wald entdeckte. Sie waren zu einem Teil meines Alltags geworden, und ich konnte den Gedanken kaum ertragen, dass ich sie nie wiedersehen sollte.

Der Abschied wäre nicht so schmerzlich gewesen, hätte ich hinübergehen und ihnen Auf Wiedersehen sagen können. Doch das gelang mir nur im Traum. Da mischte ich mich unter sie und erklärte ihnen die scheußlich klickende Maschine, und sie sprachen mit mir und führten mich durch wunderbare Wälder. Sie trugen mich auf ihrem Rücken, erlaubten mir, ihren geheimnisvollen Tänzen zuzusehen und mit ihren Kälbchen zu spielen.

Selbst wenn es mir gelungen wäre, Jahre bei ihnen zu verbringen – hätte ich wohl je die Lücke zwischen Traum und Wirklichkeit schließen können? Ohne einen Zaubertrank, durch den ich die Sprache der Tiere verstehen würde, bestand keine Hoffnung. Ich hätte ebenso gut die Regenbogenbrücke nach Walhalla suchen können.

Während ich dort saß, den Elefanten zusah, die nun friedlich im heiteren Sonnenschein grasten, und über die Torheit meiner Suche nachdachte, erinnerte ich mich daran, was ich vor Jahren einmal gelesen hatte. Es handelte sich um die Theorie – aus einem Buch über Theosophie, glaube ich –, dass Tiere keine Auren wahrnehmen können. Damals hatte ich dem wenig Beachtung geschenkt, doch nun warf dieser Gedanke ein Licht in mein Dunkel, das einer Offenbarung glich. Der Erfolg hing weder von einem äußeren Wunder ab, noch von Magie. Es war viel einfacher als das, so einfach, dass ich es übersehen hatte. Die Mittel lagen in meinen eigenen Händen, denn nahm man die Theorie der Auren als Arbeitshypothese, so war ich selbst es, die zu etwas anderem werden musste. Meine Aura war womöglich rot und reichlich sentimental, und wie sehr ich sie auch liebte – solange sie diese Aura nicht in einer reinen blauen Flamme leuchten sahen, würden die Tiere mir nie ihr Vertrauen entgegenbringen.

Ich begriff jetzt, dass ich mich meinem Ziel von der falschen Seite her genähert hatte und dass ich noch gar nicht verdiente, es zu erreichen. Neue Perspektiven taten sich vor mir auf, und plötzlich verstand ich, dass mein Wunsch nach Freundschaft mit den Tieren mich auf etwas Größeres und Tieferes verwies, das weit darüber hinausging. Beides war jedoch so untrennbar miteinander verbunden, dass ich das Geringere nur erfassen konnte, wenn ich das Größere verfolgte.

Die Farbe meiner Aura würde sich nie ändern, wenn ich mich mit sorgsam ausgesuchten Vorräten und Bediensteten, die sich um mich kümmerten, in der Wildnis niederließe. Es bräuchte nicht nur eine stoische Einfachheit, sondern eine über mein gegenwärtiges Verständnis hinausgehende intensive Anstrengung und geistige Konzentration. Es hatte keinen Sinn, eine komfortable Einfachheit zu praktizieren, eine Einsamkeit mit perfekt funktionierendem Haushalt und die impulsive Zuflucht zum Gebet nur in Augenblicken spiritueller Gnade. Wenn ich manchmal die erhebende Nähe des Geistes erfuhr, so nur dadurch, dass der allumfassende Geist verstehen und verzeihen konnte. Meine Reaktion darauf war jedoch so schwach und unschlüssig, dass die Tiere sie nicht wahrnehmen konnten. Sie sahen nur ein äußerst gewöhnliches, rücksichtsloses menschliches Wesen, das sie sich nicht anders als feindselig vorstellen konnten. Nur die Kraft des manifest gewordenen Geistes hätte sie gewinnen und ihnen Zutrauen geben können.

Diese Kraft des Geistes war jedoch nicht etwas, das man besaß, sondern etwas, das man sich erwarb. Hier gab es keine halben Sachen. Eine innige geistige Harmonie mit der Natur – und auch der Menschheit – erforderte das höchste Opfer, das in eben diesen Worten zum Ausdruck kommt: Lass alles, und folge mir nach. Nur die Heiligen haben den Weg gefunden – oder vielleicht haben ihn viele flüchtig betrachtet, doch nur eine Handvoll besonderer und auserwählter Wesen hat die Kühnheit und den Mut besessen, den Glauben und vor allem die bedenkenlose und unermessliche Liebe, ihm zu folgen.

Bei diesen geschah die vollkommene Vereinigung mit der Natur ganz selbstverständlich. Es gibt das wunderbare Bild von Buddha in der Wildnis:

> In schweigender Betrachtung, oft so lang',
> Da während er so sann, – bewegungslos
> Gleich wie der Fels, sein Sitz, – auf seinen Schoss
> Eichhörnchen sprangen, die scheue Wachtel
> Die junge Brut zu seinen Füßen führte …[26]

Oder das Bild, das ich am liebsten mochte: Franz von Assisi, umringt von Vögeln und wilden Tieren. In solchen Leben war die Freundschaft mit den Tieren nur ein beiläufiger Schritt auf dem Weg zu einem größeren Ziel.

Durch seine Entscheidung für den schwierigsten aller Wege – sich selbst und seinen Willen dem Geist anzuvertrauen – kam Franz dem Geist so nah, dass die Tiere seine Liebe verstanden und sie erwiderten, wenn er zu seinen Kleinen Brüdern sprach.

»Es wird regnen, Memsahib«, sagte Abdi, der zu mir heraufgekommen war und nun geduldig wartete. Widerwillig hob ich meinen Blick von den fernen, unerreichbaren, silbernen Visionen, schaute auf und sah, dass Abdi Recht hatte. Die Wolken zogen sich zusammen, und abgesehen von einem scharfen Sonnenstrahl war der Himmel schwarz wie Tinte.

---

26 Edwin Arnold (1857–1935), *Die Leuchte Asiens*, Fünftes Buch. [KR]

Das unsterbliche, reinigende Feuer war nicht für Leute wie mich, und voll Bedauern sprang ich auf die Füße. Am Ende war es ein Abschied, wie ich ihn mir erhofft hatte: Die Elefanten sahen mich deutlich, meine Gegenwart machte ihnen aber nichts aus, und als ich mich schließlich losriss, fraßen sie immer noch ungestört weiter. Ich kehrte ihnen den Rücken und floh vor dem aufziehenden Sturm.

Selbst Abdi war niedergeschlagen. Es gab keine Elefantengeschichten mehr.

Meinen eigenen Gedanken überlassen, besann ich mich traurig all der Freunde, die ich verlassen würde: die drei Nashörner, die nachts rund um mein Zelt grasten, die Löwen, die mir das Brüllen beigebracht hatten, die Zebraherden und Impalas, denen ich jeden Tag begegnet war, so dass sie sich kaum mehr die Mühe machten, eine Regung zu zeigen. Dann waren da noch die beiden Dikdiks in der Nähe des Camps, ein Schliefer, die vielen Vögel, zwei Fischadler inbegriffen, das Krähenpaar und ein Grünspecht, die beiden kleinen Bienenfresser, eine Kette zahmer Perlhühner, zwei Rebhühner und eine Schar von Staren und Tauben, die ich täglich fütterte.

Als ich diese lange Liste durchging, lachte ich bei dem Gedanken an die vielen Menschen, die mich gefragt hatten: »Ja, bist du denn nicht einsam?« Selbst mein Zelt teilte ich mit einer Familie zirpender Grillen, mit Spinnen, Eidechsen, Töpferwespen und – seit der Regen eingesetzt hatte – mit beinahe zu vielen Skorpionen und Tausendfüßlern. Jede Nacht flogen zwei Fledermäuse über meinem Bett hin und her und fächelten mir dabei sanft Luft zu, während sie Moskitos jagten. Ich liebte es, im Dunkeln zu liegen und darauf zu horchen, wie sich das Ende jeder ihrer Runden mit einem raschen, samtigen Flügelschlag ankündigte.

Den ganzen Rest des Tages schwankte das Zelt unter den heftigen Windstößen, die straff gespannte Plane tönte wie eine Trommel unter dem Getöse des herabrauschenden Regens. Ich konnte mich der Kälte nicht erwehren und zitterte erbärmlich. Dann machte ich mich schweren Herzens ans Einpacken.

Als ich die Vorräte sichtete und einen wohlverdienten Anteil für Karua beiseitestellte, erinnerte mich der Gedanke an ihn daran, dass ich ja nicht nur die Tiere verlassen musste. In zwei Tagen würde ich die Boys auszahlen und auch ihnen Lebewohl sagen. Am nächsten Morgen packten wir den Lastwagen, doch weder die schönste rote Decke noch ein funkelndes Messer, nicht einmal die heiß begehrten Wickelgamaschen erleichterten Lembogi den Abschied.

Gegen Abend hoben sich die Wolken, Siki jaulte und zwang mich, meine ungesellige Beschäftigung zu unterbrechen und mit ihr eine Klettertour zu unternehmen.

Als ich die nassen Felsen erklomm, über die vom Regen gewaschene Erde ging, der bereits neues Leben entspross, spürte ich, wie die drückende Traurigkeit von mir genommen wurde. Oben auf dem Berghang umwehte mich der Wind wild und triumphierend, die Nebelfetzen wirbelten hoch über meinem Kopf, unter mir lag düster das regendurchtränkte Land, durchzogen von Streifen, auf denen das Wasser stand, ein neugeborenes Grün zeichnete sich schwach ab, wo sie sich berührten. Der Longido stand in graue Wolken gehüllt, sein Vorgebirge schimmerte finster wie Indigo. Die ganze Welt war dunkel und nass, doch neugierig, mit großen Augen, als hätte sie geweint. Der Wind flaute ab, und die Stimmen der Vögel und Bäche klangen klar und glockenhell durch die Abendstille.

Dann riss der Himmel auf, verwandelte sich in einen transparenten, blassgrünen See. In seiner Mitte, berührt von der verborgenen Herrlichkeit der Sonne, der einzige Lichtpunkt in all der weiten, furchtbaren Dunkelheit, leuchtete der Kilimandscharo, hell wie eine Erscheinung über dem blendenden Gürtel der Wolken, das wahre Symbol der Verheißung.

Während ich ihn voller Bewunderung betrachtete, dachte ich, dass sich eines Tages vielleicht doch die Gelegenheit bieten würde, ihn zu besteigen. Mir wäre nicht im Traum eingefallen, wie dieser Wunsch schließlich in Erfüllung ging.

Dem Dschungelfotografen, der sich schwitzend in der Hitze der Savanne abmüht, wo das Wasser lauwarm ist und die Butter zu Öl gerinnt, wo er bei Tag und Nacht von Fliegen, Moskitos und einer überwältigenden Vielfalt von Zecken geplagt wird, wo er, kaum dass er einen Fieberanfall hinter sich hat, gleich schon dem nächsten erliegt, diesem Fotografen kann die Vision des ewigen Schnees nur in gesegnetem Kontrast als eine Belohnung für seine Quälerei aufscheinen. Mein Paradies auf Erden war aber letztlich nicht der Kilimandscharo, sondern der noch viel felsigere, noch viel schönere Mount Kenia.

Teil II
Der Berg (Mount Kenia)

Kapitel 10

Die Berghütte auf dem Mount Kenia

1923 – auf Elefantenjagd im Meruwald – hatten wir unser Camp an den Hängen des Mount Kenia aufgeschlagen. Als ich damals aus dem Schatten der Bäume trat, sah ich den Schnee wie zwei Blütenblätter, rosig in der Abendsonne, unterhalb vom Gipfel liegen. Seitdem habe ich mich danach gesehnt, hierher zurückzukehren und den Berg zu besteigen.

Es handelte sich um eine dieser Ideen, die man im Hinterkopf mit sich herumträgt. Nun, als ich mich während der Regenzeit in Nairobi aufhielt, befeuerte mein Freund, der Privatsekretär des Gouverneurs, sie aufs Neue.

Mount Kenia, erklärte er, sei nicht einfach nur ein Berg, sondern ein ganzes Land für sich, teilweise noch unentdeckt. Seine Beschreibungen der wilden Pracht, der Gletscher und Schluchten, der Täler voller Blumen und der unendlich blauen Bergseen hier und da in den Felswüsten, erfüllten mich mit einer solchen Sehnsucht, dass ich mich am liebsten sofort auf den Weg gemacht hätte. So stark der Reiz von Wüste und Dschungel auch ist, die Berge ziehen mich doch am meisten an.

Der einzige Nachteil lag in dem wenigen Wild. Mir wurde aber rasch klar, dass dies auch ein außerordentlicher Vorteil war. Da es keine Löwen gab, gegen die man sich schützen musste, erübrigte sich auch das Gewehr, und – besser noch – einmal in der Berghütte eingerichtet, könnte ich sämtliche Träger fortschicken. Es gäbe dann im Umkreis von zwanzig Meilen keine Menschenseele mehr, und ich würde es schließlich wagen: das Experiment der wahren und absoluten Einsamkeit.

Die beste Gelegenheit dazu war jetzt, gleich nach Ende der kurzen Regenzeit. Von Dezember bis März ist es auf dem Berg am besten. Es war bereits Dezember, und ich blickte verzagt zum tiefhängenden, bleiernen Himmel, an dem sich keine Änderung abzeichnete. Bald war Weihnachten, und jeder fragte mich, ob ich die Feiertage nicht lieber in fröhlicher Gesellschaft im Landesinneren verbringen wollte, als wieder ganz allein in die Wildnis aufzubrechen? Weihnachten ist aber eine besondere Zeit, da feiert man im Kreis der Familie, und da ich keine hatte, mochte ich den Gedanken, Weihnachten auf dem Berg zu verbringen.

Das Problem, Einheimische zu finden, die die Kälte auf sich nehmen, wurde ebenso wie ein paar andere Schwierigkeiten vom Privatsekretär gelöst. Er setzte sich mit Mtu Massara in Verbindung, dem Häuptling der Mwimbi, den er auch bei seinen eigenen Klettertouren beschäftigte, und versicherte, dass er das richtige Personal für mich finden würde, Männer, die schon einmal bis zur Schneegrenze gekommen waren.

Während andere vom Weihnachtsfest sprachen, zogen wir uns wie Verschwörer zurück, vertieften uns in Landkarten, legten Proviantlisten an und stellten die Ausrüstung zusammen. Ich glaube, es bereitete ihm fast ebenso viel Freude, im Vorfeld diese Pläne auszuarbeiten, als wenn er sich selbst auf den Weg zum Berg gemacht hätte. Immer noch konnte ich es nicht recht glauben, spielte eigentlich nur mit dem Gedanken und witzelte über den Einfall meines Freundes. Die Vorstellung, ganz alleine auf den Berg zu gehen, ihn nach Herzenslust erklettern und erkunden zu dürfen, schien zu schön, um wirklich wahr zu sein. Aber ehe ich noch begriff, wie mir geschah, stand ich vor vollendeten Tatsachen, alles war abgemacht, sämtliche Bedenken ausgeräumt. Ich würde zwei Monate in der Berghütte verbringen, knapp über der Baumgrenze an den

Osthängen des Mount Kenia, auf einer Höhe von dreitausend Metern.

Bis zum letzten Tag gab ich mir alle Mühe, es für mich zu behalten. Die paar, die davon wussten, fragten fast vorwurfsvoll, warum um Himmels willen ich zwei Monate allein auf diesem düsteren Berg verbringen wollte. Da oben gab es ja nicht mal Elefanten!

Mit der Ausrede, ich wolle dort fotografieren, war es jetzt vorbei. Pflanzenkunde klang aber auch nicht schlecht. So einleuchtend es war – viele Freunde schüttelten traurig den Kopf. Sie fanden es jammerschade. Ich konnte sie ebenso wenig überzeugen wie die Rote und Weiße Königin. Jetzt weiß ich, dass sie sich geirrt haben, wie sich Leute, die einem von Abenteuern abraten wollen, eben immer irren.

Blieb noch die Frage meines Outfits. Ich betrachtete kläglich meine abgewetzten tropischen Sachen, für solche Höhen waren sie nicht warm genug. Nairobi schien mir nicht der Ort, um Bergsteigerstiefel mit den richtigen Nägeln zu produzieren, oder – natürlich mit Ausnahme der unsterblich geliebten Sturmmütze – irgendwelche warme Kleidung. Was ein Bergsteigerzelt und einen Eispickel betraf, könnte man genauso gut auf Spitzbergen nach Zuckerrohr suchen.

»Ich kann dich mit den meisten Sachen ausrüsten, die du brauchst«, sagte der Privatsekretär, der aus praktischer Erfahrung viel besser als ich wusste, was nötig war. »Du kannst mein Zelt haben, meinen fellgefütterten Schlafsack und meinen Trenchcoat, ich habe auch ein richtig gutes Aneroid-Barometer, das leihe ich dir. Was den Rest angeht, da schauen wir mal, was Melhuish für dich tun kann.«

Mr. Melhuish war ein echter Bergenthusiast. Nachdem er gehört hatte, was auf mich zukam, lächelte er anerkennend und überließ uns der Betrachtung seiner schönen – jetzt übrigens berühmten – Fotografien des Berges, mit deren Hilfe ich mir rasch ein paar wichtige Orientierungspunkte einprägte. Dann tauchte er mit einem Paar gut gefetteter Stiefel auf, rundherum mit genau den richtigen Nägeln beschlagen, die er bis zu seiner nächsten Tour entbehren konnte. Mit dicken Socken passten sie mir wie angegossen.

Sie waren kostbarer als Gold, und als ob das noch nicht genug wäre, ging er an die Grenzen der Freundschaft und fügte einem ständig wachsenden Berg von Zubehör noch sein Seil und seinen Eispickel hinzu. Bei all der Zuwendung, von der ich überschüttet wurde – davon gab es wirklich sehr, sehr viel –, wird mir dieser Eispickel immer unvergesslich bleiben. Unvorstellbar, dass ich das selbst einmal über mich gebracht hätte. Ein Werkzeug oder eine Waffe zu verleihen, verlangt einen Opfergeist höherer Ordnung – und ein Eispickel ist ein ganz besonderes Ding. Ich habe ihn oft eingefettet, und auch wenn ich kaum die Chance hatte, ihn zu benutzen, so war er doch ein Schmuckstück für die Hütte und gab dem Unternehmen einen ebenso sachlichen wie malerischen Anstrich. Aber alles, was mit Bergsteigen zu tun hat, besitzt für mich vielleicht noch etwas mehr als den ihm innewohnenden Zauber.

Jetzt war ich zum Aufbruch bereit.

Im letzten Moment lieh mir ein anderer Freund einen Kaross, einen Umhang aus Fell, der sich in Hall Tarns als Segen erwies, und ein weiterer gab mir seinen Wagen plus Fahrer, der mich die hundertachtundvierzig Meilen von Nairobi nach Chogoria brachte, zum Fuß des Berges. Diese Gefälligkeiten waren umso größer, als sie sich selbst nicht mehr als einen vierzehntägigen, hart verdienten Urlaub auf dem Berg leisten konnten und wer weiß was alles für die Chance gegeben hätten, die ich nun wahrnahm.

Schließlich hörte der Regen auf. Frühmorgens gegen fünf Uhr belud der einheimische Fahrer den Wagen mit meiner Ausrüstung, den Proviantkisten, Benzinkanistern und Siki.

Es hatte etwas Merkwürdiges und Schmerzliches, mit dem Auto von Thika über Fort Hall nach Meru zu fahren, auf derselben Straße, die wir fünf Jahre zuvor in Hitze und Staub entlangmarschiert waren. Wir erlebten sieben Reifenpannen und stießen mit der Planierraupe zusammen, die einen Kotflügel ramponierte, was deren Fahrer sehr leid tat. Er gab aber unbefangen zu, er habe weder angehalten, noch Platz gemacht, weil er »gehofft hatte, wir wären Inder«. Durch diese langwierigen und dauernden Verzögerungen erreichten wir unser Ziel, die Mission in Chogoria, erst abends nach zehn.

Dennoch – für das, was damals ein ganzer Tagesmarsch gewesen war, brauchten wir zusammengerechnet kaum mehr als eine knappe Stunde Fahrzeit mit dem Auto. Darin lag beinahe etwas Herzloses, ein Mangel an Respekt. Über die Vorteile eines Autos kann man nicht einfach hinwegsehen, trotzdem halte ich sie für teuer erkauft. Man mag der Straße, deren Launen und Einfällen man zuvor ausgeliefert war, überlegen sein, aber diese Überlegenheit schickt einen als völlig Fremden durch das Land. Denn wie lang die Straße zu Fuß auch immer erschien, sie war doch ein Gefährte, den man schließlich verstand und zu lieben begann. Vom Auto aus rauscht das Sehenswerte zu rasch vorbei, um etwas zu bedeuten. Bäume sind nicht länger freundschaftliche Ziele, die uns fröhlich von der fernen Kurve zuwinken, damit wir dann im Vorübergehen einen Moment in ihrem grünen Schatten ausruhen. Jetzt blitzen sie kurz auf, unpersönlich wie Telegrafenmasten und genauso schnell vergessen. Und die Musik des strömenden Wassers – selten genug an einer afrikanischen Straße – erfreut das Ohr nicht länger, es ist, als wäre sie nicht da, denn der Motorlärm verhindert, dass man auch nur einen Ton davon hört.

Doch so sehr ich meine Form der Fortbewegung auch missbilligte, so sehr ich mich schuldig fühlte, auf diese unwürdige Art zurückzukehren, es war trotz allem eine ganz besondere Freude, wieder mit dieser Straße verbunden zu sein. Wegmarken erinnerten mich an weitere, die vor mir lagen, Abschnitte der Straße standen mir wieder so lebhaft vor Augen, als wäre es gestern gewesen, ich nahm die ganze Zeit gespannt vorweg, was auf mich zukam – ein Spiel zwischen Erinnerung und Realität. Hier die erste Marschroute von Thika aus – wie endlos sie uns vorgekommen war! – und der Sumpf, wo wir von einigen Einheimischen Zuckerrohr gekauft hatten; dort der langgestreckte Hügel, wo Kongoni, der Gewehrträger meines Vaters, den Weg damit verkürzt hatte, uns beizubringen, wie Elefant, Büffel und Löwe auf Swahili hießen. Der einzelne Baum auf einem Hügel, unter dem wir kampiert hatten, da stand er noch unverändert, und unterhalb von ihm der Bach, wo Kasaja, einer der Träger, Wasser geholt und zum ersten Mal auf seiner Fiedel gespielt hatte, deren eindringliche kleine Melodien uns dann so vertraut wurden. Als nächstes kam Fort Hall. Und die Schmetterlinge, die uns von der Straße fortgelockt hatten, weil wir ihnen unbedingt folgen mussten, flatterten immer noch über den grünen Büschen am Fluss.

Eine Reifenpanne – es war die vierte, glaube ich – ereilte uns beim großen Sumpf in der Nähe von Embu. Ich schlug mich durch das hohe Gras bis zu einem Ameisenhügel und konnte von dort oben den Ort ausmachen, wo wir so viele Büffel gejagt hatten. Büffel sah ich keine, aber dafür flog ein Schwarm weißer Reiher auf, ihre ständigen Begleiter, anmutig wie Seeschwalben, und kreiste über dem leuchtend grünen Sumpf. Zu Embu, dieser kleinen Oase an einem wilden Ort, schaute ich nicht hinüber, als wir vorbeifuhren. Ich hatte zu viel Angst, dadurch den ersten lebendigen Eindruck von ihr zu verlieren.

Später gab es einige Abschnitte der Straße, die mir neu waren. Zu Fuß hatten wir die Serpentinenabkürzungen genommen. Als wir unterhalb von unserem alten Camp vorbeifuhren, wo auf einem Ast gleich über dem Zelt drei Eulenjungen gehockt hatten, wusste ich wieder, wo ich war: Hier der Fluss mit der eingestürzten Brücke, den wir durchwaten mussten, dort die Ecke, die noch immer nach Schweinen roch, und wieder suchte ich vergebens nach dem Baum, der diesen penetranten Geruch verströmte.

Nun war ich wirklich im Wald und wartete auf eine bestimmte Kurve, in meiner Erinnerung ein Sinnbild für den ganzen langen Marsch, dort, wo die Bananenblätter die späte Sonne in ihrem lichten Grün einfingen, ihnen gegenüber die aufrechten, silbernen Mukui Bäume, deren hochgereckte Zweige sich vor dem Hintergrund der düsteren Tiefe ineinander verflochten. Endlich kamen wir zu dieser Stelle – ich fand sie unverändert und so schön wie damals. Zu schön. Plötzlich durchfuhr mich der Jammer. In ihm gipfelte dieser lange Tag aus vergangenen und wiederbelebten Szenen. Auf einmal wünschte ich mir aus ganzem Herzen, ich wäre nie wieder hergekommen.

Doch die Bilder verwischten mit der Dämmerung. Dann wurde es dunkel. Wir stellten den Motor ab. Die Straße war schlecht, und so rollten wir einfach langsam und lautlos die langgestreckten Hügel hinab. Mich überfiel die Stille der Nacht. Ich konnte den Ruf der Nachtvögel hören und wenn ich mich zurücklehnte, durch das Blätterdach den Halbmond sehen.

Es ging wieder bergauf, wir ließen den Wald unter uns, und da erschien Jupiter, rot im nächtlichen Dunst, eine düstere, matte Kugel. Das war nicht der Blick auf einen weit entfernten Planeten, es schien, als blickte man über die Baumkronen hinweg und durch den Weltraum hindurch zu einer anderen Sphäre – ein überwältigender Eindruck, beinahe beängstigend, doch merkwürdig schön. Im nächsten Moment tauchte der Wagen wieder in die Bäume ein, folgte den Haarnadelkurven der engen Täler, hinauf und hinab. Die üppige Vegetation verströmte einen scharfen Duft, beißend und süß in der Dunkelheit. Der Geruch von Erde, Tau und Holzrauch, das Rauschen des Wassers unter den Brücken und das gleichmäßige, glockenhelle Quaken der Frösche hüllte mich tief in den Wald ein, der jetzt unsichtbar wurde.

Bald schon verwandelten die Scheinwerfer die Straße in einen Lichttunnel, überhängende Zweige tauchten darin auf und verschwanden gleich wieder, Motten flatterten durch den

Lichtstrahl, und zwei Rubine, die am Boden funkelten, verrieten eine Höhennachtschwalbe, die reglos dasaß, bis das Rad sie beinahe überrollte. Im letzten Moment stob sie auf und schwang sich mit raschen, weiten Flügelschlägen aus dem Zauberkreis in die Dunkelheit.

Hinter Chuka kamen wir vom Weg ab und hielten bei einem Dorf, um uns nach der Richtung zu erkundigen. Dort war ein einheimischer Tanz in vollem Gange, ein monotoner Singsang und Trommeln, deren Schlag mit unterdrückter Erregung endlos durch die pechschwarze Finsternis dröhnte, bis er sich schließlich in der Stille verlor.

Zu guter Letzt blinzelten die Lichter der Chogoria Mission in freundlichem Willkommen durch die Bäume, und obwohl es schon nach zehn war, hatte man mir das Abendessen aufgehoben.

Ich erhielt ein reizendes kleines Gästehaus für mich allein, das die Sonne am nächsten Morgen, kaum aufgegangen, mit ihren Strahlen durchflutete. Über eine blumenübersäte Böschung blickte ich auf Hänge voller Farnkraut, die sich in silbrig taufeuchten Linien vor den fernen blauen Hügeln abzeichneten. Solch ein Morgen trieb mich sofort hinaus, um alles zu sehen, was es nur zu sehen gab. Ich ging um das Haus herum, und da erblickte ich plötzlich über dem Urwald den Gipfel, tief violett im gleißenden Licht. Er drängte mich zum Aufbruch, und ich ärgerte mich über den Verzug. Zuerst traf die restliche Ausrüstung nicht ein. Dann war Sonntag. Am dritten Tag machte ich mich endlich auf den Weg.

Obwohl die Träger morgens um sieben pünktlich versammelt waren, verloren wir, wie immer zu Beginn einer Safari, viel Zeit damit, die Lasten zuzuweisen. Als ich sie dann gerecht unter fünfundzwanzig Trägern verteilt und noch zwei weitere Männer verpflichtet hatte, die die Pakete mit einheimischem Mehl und Butterfett trugen, musste ich noch alle Namen notieren und jeden mit Decken versorgen. Die Träger wurden etwa vier Meilen ohne Lasten vorausgeschickt, und nach dem Frühstück fuhr mich Dr. Irvine im Lastwagen mit der gesamten Ausrüstung hinterher. Dadurch sparten wir Zeit und Mühe, und ich kam ausgeruht am Wald an, bereit für den langen Aufstieg. Alles wurde noch einmal umgeladen. Ich verabschiedete mich von Dr. Irvine. Sehr nett und hilfsbereit hatte er alles für mich arrangiert. Dann ging es los.

Wir waren noch gar nicht weit gekommen, da holte uns ein Bote ein und drückte mir ein Paket mit fünf winzigen Brathähnchen in die Hand – ein Abschiedsgeschenk von Dr. Irvines Frau, um mir den Weg zu erleichtern. Ich wusste, dass sie für Weihnachten bestimmt waren und sofort verzehrt werden sollten.

Über ein oder zwei Meilen zog sich der Pfad unter Bäumen dahin. Dann lag er über einer Brücke, die über einen Bach führte, in der vollen Sonne da. Breite Bananenblätter warfen zitternde grüne Flammen auf die Schatten.

Weiter ging es mit dem Aufstieg. Der herrliche Wald ließ die Sonne mitunter nur als sattes Zwielicht erscheinen, so dicht war das Dach, das sich über uns ausbreitete. Wo ein mächtiger Stamm durchbrach und dunkel vor einem Hintergrund aus Blättern stand, wurde er mit einem Mal leuchtend grün. Was mich aber am meisten beeindruckte, war seine Stille, die in die Gedanken drang, man musste innehalten, um zu lauschen. Die Stimmen der Männer tönten, als hallten sie durch die Seitenschiffe einer Kathedrale.

Wir überquerten einen weiteren Bach, er plätscherte zwischen Baumfarnen dahin, die Fontänen ihrer grünen Wedel schossen sechs bis acht Meter hoch in die Luft.

Unter dem Baldachin des Waldes war es nie zu heiß zum Klettern, doch die schweren Lasten drückten, und die Träger verlangten häufig nach einem Halt. Da die Zeit drängte, trieb ich sie an, blieb als Nachhut zurück und sammelte den einen oder anderen Versprengten ein, der entmutigt neben seiner

Last hockte. Ich half ihm, sie neu zu verzurren und dann auf seinen Kopf zu hieven. Dabei schob ich ihn unerbittlich vorwärts.

Die Hütte lag neunzehn Meilen entfernt, wir hätten es in einem Tagesmarsch schaffen sollen. Als wir das Camp auf halber Höhe erreichten, war es schon nach drei. Die Männer erklärten, es läge noch ein vierstündiger Aufstieg vor uns. Die Gefahr, unterwegs einem Büffel oder Elefanten zu begegnen, bewog mich schließlich zum Einlenken – wenn auch nicht allzu gern, denn der Aufenthalt erforderte ein unnötiges Auspacken. Inzwischen hatten wir den Wald hinter uns gelassen und einen Gürtel aus niedrigerem Gehölz durchquert, waren bis zu einer Hochebene geklettert, wo inmitten von Heidekraut und Tussockgras helle Flecken rosiger, scharlachroter und goldener Immortellen leuchteten, und schließlich zu den Ausläufern des Bambuswalds gelangt.

Ich schlug das Bergsteigerzelt auf einer winzigen, wenige Quadratmeter großen Lichtung im ersten Bambusgehölz auf. Der Platz reichte gerade für das Zelt und für ein Feuer. Die fedrigen Wipfel des Bambus trafen sich über meinem Kopf.

Im Endeffekt war ich dann doch froh, die Nacht hier zu verbringen und ruhte mich ein wenig aus, ehe ich mich ans Auspacken machte, um mein Abendessen zu kochen. Ein kontinuierliches Gemurmel ließ mich aufhorchen. Neugierig, warum die Träger noch nicht damit begonnen hatten, ihr eigenes Camp zu errichten, schaute ich um die Ecke. Da saß ein halbes Dutzend von ihnen, die Köpfe zusammengesteckt, und rezitierte aus der Bibel. Vorwürfe waren nicht angebracht. Ich bedeutete ihnen milde, dass alles seine Zeit habe, das Beste, was ich unter diesen Umständen tun konnte. Gequält schauten sie auf, schlugen das Buch zu und machten sich mit christlicher Resignation an ihre Aufgaben.

Das zweite Brathähnchen und ein Becher heißer Kakao bescherten mir ein herrliches Abendessen. Ehe noch die Sterne aufgingen, kroch ich in meinen Schlafsack, hin und wieder spürte ich, wie Siki sich immer näher an meinen Rücken drängte, aber ich erwachte erst, als Hezekiah mich um sechs Uhr weckte.

Hezekiah war mein neuer persönlicher Boy. Das Bergklima machte ihm nichts aus – Jim hätte das nie ertragen –, aber darüber hinaus war er für wenig gut. Ich hatte ihn gebeten, mich um fünf Uhr zu wecken, um sofort mit dem Packen zu beginnen – wovon Hezekiah auch keine Ahnung hatte. Ich wollte bei Tagesanbruch starten.

Doch so sehr ich mich auch beeilte, ich war steif vor Kälte und die Träger immer noch vom Schlaf benommen, alles war nass von Tau, das Zelt ließ sich kaum zusammenlegen, und wir machten uns nicht vor sieben auf den Weg.

Der Morgen war wolkenlos, in der Luft hing ein scharfer Geruch. Der Pfad schlängelte sich unter Bambustunneln aufwärts, führte über Lichtungen voller Blumen und mündete schließlich in den richtigen Bambuswald. Dort stand Stamm an Stamm, dunkel und grün wie die Tiefen der See. Die Stille war überwältigend. Gelegentlich drangen goldene Sonnenstrahlen durch die Blätter, und schaute man gegen die Helligkeit zu ihnen auf, erschienen sie wie flackernde Speere aus Licht, von einer warmen Aura umgeben.

Ich ging absichtlich vor, so war ich außer Hörweite, bewegte mich nicht und lauschte auf die Stille. Die Sonne stand hinter mir. Als ich mich umdrehte, sah ich zwischen den Stämmen Hunderte einzelner Spinnweben. Faden für Faden blitzte in schillernden Farben vor dem schattigen Grund, wie Wasser, über das die Sonne funkelt. Wie leicht könnte man sich an solch einem Ort verlieren. Als die Träger herankamen, hallte der Wald von Lachen wider, die Stimmen zogen sich warm durch die feuchtkalte Luft, erweckten sie zum Leben. Blieb man nur hundert Meter zurück, wurde man wieder von Stille überflutet, die im Kielwasser der Stimmen wie hohe Wellen über einem zusammenschlug. Ich strengte die Ohren an: Nicht ein Geräusch war zu vernehmen. Kein Vogellaut. Vielleicht eine Brise, die durch die Blätter strich, vielleicht ein Stamm, der gegen einen anderen stieß, mit einem unbeschreiblich traurigen Klang.

Außer frischem Elefantendung sah ich von Wild keine Spur und war froh, dass ich das Gewehr zurückgelassen hatte. Es hieß, Elefanten, Nashörner und Büffel seien eine Gefahr. So, wie wir uns hier vorantasteten, hätte ein Gewehr aber wenig Sinn gemacht.

Allmählich wurde der Wald spärlicher, die kleinen rosigen Blumen fingen das Sonnenlicht ein, sie leuchteten im Tau wie Korallen, Veilchen überzogen den Wegrand mit einem violetten Mantel. Wir kamen zu den letzten struppigen Vorposten: Bäume, von deren nackten Ästen bleiche Moosstränge wehten. Oberhalb eines Hangs aus Heidekraut, zeigte sich plötzlich ohne Ankündigung oder Vorwarnung der Gipfel, der während des Aufstiegs die ganze Zeit über verborgen geblieben war.

Ein letzter Blick zurück über die Waldhügel, die zur fernen Savanne hin abfielen, und im nächsten Moment schirmte ein erster Wall aus Heidekraut sie hinter mir ab. Ich befand mich in einem neuen Land, im Angesicht des Berges.

In fein geschwungenen, gelbbraunen und violetten Linien erhob er sich über gewaltigen Heideflächen und Moorland, sanfte Kurven, die dunkel und hell in die Höhe schwebten, während die kleinen Wolken über sie hinwegsegelten. Darüber schierer, zerklüfteter Fels, dann ein Schneefeld unterhalb des Gipfels, der immer höher in den tiefen Himmel stieg.

Der plötzliche Ausblick war kühn und inspirierend, und obwohl mir vom Aufstieg die Knie zitterten, hätte ich am liebsten gejubelt aus lauter Freude an seiner Schönheit.

Jetzt wurde der Weg allmählich flacher, führte über das offene Gelände und durch einen Hain mit herrlichen limettenartigen, zwanzig bis fünfundzwanzig Meter hohen Bäumen, den *Dombeya mastersii*. Ich schritt froh voran, stoppte hier und da, um die Bäume zu fotografieren, die den Berg umrahmten, Gruppen von Zedern oder einen Bambuspulk neben einem echten Moorlandbach. Motive, wohin man auch blickte, ausgewogen und mit einer unwiderstehlichen Schönheit der Linie. Letztendlich war es aber weniger die Form, die faszinierte, als die Farbe: lebhafte Farben, Grün-, Blau- und Gelbtöne, in Licht getaucht von der Herrlichkeit des Morgens, goldene Blumen vor dem azurblauen Himmel, Farben von einer solchen Intensität, dass sie fast schon Gesang wurden.

Eine halbe Stunde später plagte ich mich um die letzte Kurve und stieß unerwartet auf die Hütte, idyllisch in einer kleinen Senke, geschützt von riesigen Heidesträuchern und einem einzelnen grünen Baum. Inmitten der weiten Einsamkeit sah sie einen wunderbar einladend aus. Herzklopfend drehte ich den Schlüssel um und öffnete zum ersten Mal die Tür zu meinem Heim.

Die Träger hatten keine Lust, eine weitere Nacht in der Kälte zu verbringen, setzten ihre Lasten ab und machten sich sofort auf den Rückweg.

Für die schweren Arbeiten behielt ich Hezekiah und Magadi bei mir, und da ich es kaum erwarten konnte, endlich einzuziehen, stießen wir sofort die Fenster auf, stellten Tisch, Stühle und Bettrahmen heraus und begannen, alles mit Wasser und Seife abzuschrubben. Ich packte die Vorräte aus, scheuerte die Schränke, legte sie mit sauberem Papier aus, deponierte den Vorrat für die Hütte im einen Schrank und meinen persönlichen Vorrat in dem daneben.

Bis wir alles geschafft hatten, war es schon dunkel und ich fast zu müde, um noch ans Abendessen zu denken. Aber es war Weihnachten, sie hatten mir sogar einen Plumpudding mitgegeben. Ich komplettierte das Festmahl mit einer Büchse aufgewärmter Heinz-Spaghetti in Tomatensauce, ein altes Lieblingsgericht, machte die Läden gegen die Kälte dicht und gab der Einweihungsparty mit Beethovens *Siebter Sinfonie* den nötigen Rahmen.

Kapitel 11

Lake Ellis und Coryndon Peak

Die Farnhöhle unter der natürlichen Brücke in den Felsen war das erste, was mich anzog.

Sie war nicht leicht zu erreichen, die Klippen, die sie umgaben, fielen zu beiden Seiten mehr als zwanzig Meter steil ab. Auf ihrem Grund gurgelte der Mara River, unsichtbar in den sanften, grünen Tiefen. Auf der anderen Seite, unter einem Felsvorsprung, führte ein Erdhang hinab. Hier hatten die Träger früherer Expeditionen einen gewundenen, schmalen Pfad zur Wasserstelle ausgetreten. Ich brauchte einige Zeit, bis ich ihn entdeckte, und als ich schließlich durch den grünen Dschungel hinunterstieg, fand ich mich neben einem kleinen Wasserfall wieder, in einem Märchenland aus Blumen, Farnen und Moosen.

Ich war früh aufgestanden, hatte das Bett gemacht, die Hütte gefegt, mein Frühstück zubereitet und saß nun eine Weile träumend am Wasser, erfüllt von der süßen Zufriedenheit, die schlichte Arbeit mit sich bringt. Letztendlich geht es um diese müßigen Momente, die so kostbar sind. Wenn alles andere vergessen ist, werde ich noch immer den Sprühregen goldgelber Blumen sehen, der vor dem goldfarbenen Dunst hängt, und den Fluss, der wie Kristalle über Bernstein rinnt. Oder mir vorstellen, wie ich zu dem Bartmoos hinaufschaue, das über mir wogt und schwebt, grün und grau vor dem intensiven tiefblauen Himmelsstreifen.

Ich hatte einen Eimer mitgenommen, da ich schon einmal versuchen wollte, das Wasser allein über den steilen Pfad nach oben zu schleppen, für die Zeit, wenn die Boys nicht mehr da waren. Auf den ersten zehn Metern ging es ganz gut, dann wurde der Weg rutschig, und lange, bevor ich keuchend oben ankam, hatte ich die Hälfte des Wassers verschüttet und mein Vollbad war definitiv gestrichen.

Als ich aus der Schlucht herauskam, sah ich, dass sich die Stimmung des Tages geändert hatte. Innerhalb weniger Minuten überzog sich der Himmel jetzt mit schweren Wolken, der Berg wurde dunkel und dräuend.

Es war aber noch nicht einmal zehn Uhr. Ich bat die Boys, Feuerholz zu sammeln, packte meine Kamera und eine Tafel Schokolade ein und nahm die Straße oberhalb der Hütte.

Außer den langen, hügeligen Hängen mit Heidekraut, in deren Falten sich die Hütte versteckte, kannte ich noch nichts von meiner Umgebung. Ich wollte unbedingt herausfinden, was sich hinter der nächsten Kuppe verbarg, auf die gleich eine weitere folgte, ging bis zu den Gates of Kenya – zwei kuppelförmige Hügel, zwischen denen sich eine felsige Kluft auftut – und folgte im Zickzack der Straße, bis sie endlich einigermaßen gerade wurde und hoch oben um ein weitläufiges steinernes Amphitheater herumführte. Sie war Teil des Weges nach Hall Tarn, dem großen Gletschersee. Dort machen Bergsteiger auf ihrem Weg zum Gipfel normalerweise Zwischenstation. Die Straße war zwar überwachsen, aber gut angelegt und über ein, zwei Meilen sogar befahrbar. Anfangs ärgerte es mich, dass sie in solch einen unberührten Ort eindrang. Als ich sie dann verließ, um einen herrlichen, sechs Meter hohen Schopfbaum in voller Blüte zu fotografieren, dabei hoffnungslos durch das dichte Tussockgras stolperte und die hohe Baumheide über meinem Kopf wogte, verwandelten sich meine Gefühle ihr gegenüber allerdings rasch in Dankbarkeit.

Ich hoffte immer noch, bis zu einem der Seen zu kommen. Halbwegs um das Amphitheater herum geklettert, setzte ich den Kompass, testete das Aneroid-Barometer und ließ mich kurz nieder.

Alles an diesem Berg überwältigte durch schiere Größe. Es war wie in Norwegen: die gleichen Pflanzen, der gleiche Duft, die gleichen Steilhänge, die aus dem Heidekraut ragten, umgeben von verstreuten Felsbrocken. Versuchte man aber, irgendeinen sanften Hang zu erklimmen oder einen der kleineren Gipfel zu besteigen, brauchte man dazu nicht vierzig Minuten, sondern zwei bis drei Stunden. Das Vorwärtskommen – abgesehen von der Straße – war äußerst mühsam, und die trügerische Atmosphäre ließ die Distanzen geringer erscheinen, als sie wirklich waren.

In diesem gewaltigen Amphitheater, das bestimmt hundert Meter tief abfiel, sich um mich herum mit ausladenden Felsschultern, Klippen und Felsspitzen erhob und sogar einen flachen, indigoblauen Vulkan besaß, blieb ich ganz still und lauschte. Außer dem Zwitschern der Honigsauger in einem einsamen Busch neben mir war kein Laut zu hören. Die kleinen Vögel schwirrten wie Kolibris über Blumen, die dem Johanniskraut ähnlich sahen. Sie hatten lange Schnäbel und Schwänze und ein schillernd schwarz-grünes Gefieder. Über den Gipfeln hingen Nebelschwaden, und von Zeit zu Zeit trug der Wind das Rauschen eines Wasserfalls so plötzlich heran, dass ich zusammenschrak. Siki war unruhig, vielleicht eingeschüchtert. Hätte all dies mich nicht an die vertrauten Szenen meiner Kindheit erinnert, wäre ich nicht an die Einsamkeit gewöhnt und glücklich damit, so hätte ich mich in dieser Weite und überirdischen Stille vermutlich zu Tode erschrocken, wie mir fast schaudernd bewusst wurde.

Inmitten der sonnenlosen, finsteren Verlassenheit der Felsen fühlte ich mich wie eine Stecknadel. Es war, als stünde ich dem Anfang der Schöpfung von Angesicht zu Angesicht gegenüber.

Als die furchtbare Erhabenheit der Szene kaum mehr zu ertragen war, schob der starke Arm, der mich schützte, die Einsamkeit ein für alle Mal beiseite, im leuchtenden Bewusstsein von Gott und von der überwältigenden Freundschaft der Erde.

Ich ging beschwingt, den Hut in der Hand, nach Hause und sang vor lauter Glück ein improvisiertes Magnificat. An einer Kurve scheuchte ich eine Ducker-Antilope auf, das erste lebendige Wesen, das mir bisher begegnet war. Siki jagte und fraß Heuschrecken, ich pflückte Rittersporn, der das dunkle Heidekraut hier und dort mit seinem leuchtenden Blau erhellte, und sammelte mehr als zwanzig verschiedene Blumen, um sie zu malen.

Das Bild des ungewöhnlich flachen und vollkommen runden Vulkans ging mir nicht aus dem Sinn. Gleich am nächsten Tag brach ich zu seiner Erkundung auf. Er erhob sich am nördlichen Horizont und lag so weit abseits der ausgetretenen Pfade, dass ich mich fragte, ob sich wohl jemals einer die Mühe gemacht hatte, ihn zu besteigen. Die Boys nannten ihn Karingo. Es war, wie schon befürchtet: Meilen von Hügeln und Tälern lagen zwischen mir und ihm, und der Weg führte durch Tussockgras. Das Laufen war extrem mühsam. Es schien ausgeschlossen, an einem einzigen Tag bis zum Vulkan zu kommen und wieder zurück. Zum ersten Mal bemerkte ich jetzt in der Nähe einen kegelförmigen, grasbewachsenen Hügel, der sogar noch höher aussah, und beschloss, dann eben diesen zu besteigen.

Die dunklen, deprimierenden Tage waren vorbei. Ich stand am nächsten Morgen in aller Frühe auf und öffnete die Tür, sobald sich der erste rote Sonnenschimmer auf dem Berg zeigte. Der volle Mond hing transparent wie eine Wolke über den gezackten Gipfeln, die Büsche funkelten im kalten Tau, und unter mir floss das wogende Nebelmeer in schimmerndem Opal auf den Horizont zu.

Es war ein jubelnder Morgen, man konnte nicht anders, als vor Freude zu laufen, zu singen und zu hüpfen. Als ich vor dem

Aufbruch meinen Kaffee trank und von hier oben auf die dichte Wolkendecke blickte, die in der Sonne wie Perlmutt glänzte, wurde ich beinahe traurig bei dem Gedanken, dass weiter unten Menschen erwachten und sagten: Was wird das wieder für ein grauer, langweiliger Tag.

Der magische Wolkengürtel trennte den Berg von der Erde. Man stand auf dem Olymp oder dem Dach der Welt und atmete eine besondere Luft. Die Sonne beschien die Farben in ihrer ersten Regenbogenreinheit, ungefiltert durch jegliche Atmosphäre, alles war ungemein klar und wie ein Relief, so als wären selbst die Blätter vor dem Himmel aus Metall gestanzt.

Als ich durch den Raureif ging, stach mir die Schärfe der Luft in die Nase, und ich musste einfach loslaufen.

Nach einer halben Stunde hatten mich die Boys eingeholt, wir verließen die Straße, schlugen uns nach rechts und begannen diagonal den Aufstieg auf einen mit Heidekraut und Tussockgras bewachsenen Berg. Sein Gipfel schien immer genau vor uns zu liegen, und kaum hatten wir ihn erreicht, stellten wir fest, dass ein Felseinschnitt uns von einem weiteren, noch höheren Gipfel trennte. Ich begriff, dass es Unsinn war, auf jeden Gipfel zu steigen. Besser, einen Weg durch die Täler zu finden. Die Boys hatten wenig Vertrauen in meine Qualitäten als Pfadfinderin, sie stiegen und kletterten einfach weiter. Als sie von einem dieser Gipfel hinabschauten, bemerkten sie jedoch, dass ich sie unten überholt hatte, obwohl sie eigentlich dreimal so schnell waren wie ich.

Ich folgte einer Reihe wilder Schluchten. Dort fielen die Felsen grau und zerklüftet ins Gras ab – mir kam es wie ein typisches Versteck für einen Hasen vor –, und zwischen dem Geröll reckten die Schopfbäume ihre Blütenkegel in die Höhe, was aussah wie gleißendes Gold vor einem tiefblauen Himmel.

Obwohl der runde Hügel – Mugi nannten ihn die Boys – mein eigentliches Ziel war, wollte ich zuvor Lake Ellis finden, den größten See des Berges, eine halbe Meile lang und halb so breit. Es dauerte eine Zeit, bis ich ihn schließlich gut versteckt in einer Senke am Hang entdeckte.

Ich erreichte ihn an der Stelle, wo er in einen Bach floss, und scheuchte ein paar Enten auf, schwarz mit weißen Streifen auf den Flügeln. Die Art, wie der Wind das tiefblaue Wasser zerzauste und dabei die kleinen Wellen weiß betupfte, das Geräusch, mit dem sie gegen das Ufer schlugen, erinnerte mich an unseren See in Norwegen, und unwillkürlich hielt ich Ausschau nach unserem Segelboot. Ich kletterte hinunter und ging am Ufer entlang, wo die Riesenlobelien wie Wachposten standen, als mit einem Mal durch eine Öffnung im gegenüberliegenden Felsen das ganze Relief leuchtender, schneebedeckter Gipfel sichtbar wurde.

Ich trank von dem eisigen, kristallklaren Wasser, machte einige Aufnahmen und wandte mich wieder nach Osten in Richtung Mugi, an dem ich auf meiner Suche nach dem See bereits vorbeigekommen war.

Mugi erschien höher, als er tatsächlich war, vielleicht hatte ich mich diesmal aber in umgekehrter Weise geirrt. Ich brauchte vierzig Minuten, um vom See aus zum Gipfel zu gelangen. Um elf Uhr fünfundvierzig maß mein Aneroid-Barometer 3.535 Meter.

Die Spitze, nur einen knappen Meter im Durchmesser, stand für sich allein, und der Blick von dort war großartig, egal, in welche Richtung ich mich drehte. Auf der einen Seite lag Karingo, der flache Vulkan. Von ihm aus zog sich ein langer Grat namens Ndugi aufwärts nach Norden. Im Osten und weit unter mir träumten Hügel, Wälder und Ebenen unter den sonnenbestrahlten Wolken, während hinter mir die schneebedeckten Gipfel in fließenden Linien aus Licht in den enzianblauen Himmel strebten.

Himmel und Erde strotzten vor ausgelassenem Blau. Der Wind wirbelte Schnee auf, der auf Schwingen von Licht über den Hang stob. Die Hügel tanzten, und der Himmel lachte vor Freude.

Ich lag in der heißen Sonne, den Kopf auf einem Büschel Heidekraut, was mir den rechten Blickwinkel gab, und betrachtete durch den Feldstecher die beiden nah beieinanderliegenden Hauptgipfel: Batian und Nelion. Ohne einen Schweizer Bergführer kam die Besteigung dieser beiden Riesen überhaupt nicht in Frage. Aber natürlich war niemand, der in ihrer Nähe lebte, mit Blick auf sie, gegen den Versuch gefeit. Viele Versuche waren schon unternommen worden. Bislang hatte es aber nur Mackinder[27] mit seinen beiden Schweizer Guides geschafft, den Mount Kenia zu bezwingen. 1899 erreichte er nach größten Entbehrungen und einer Nacht, die er ungeschützt am Diamond Gletscher kurz unterhalb vom Grat verbringen musste, den Gipfel des Batian.

Links von den beiden Hauptgipfeln erstreckte sich eine Anzahl gewaltiger Felsnadeln, die im Coryndon Peak und im Delamare Peak kulminierten. Ich überlegte, wie man wohl am besten an sie herankäme. Es wäre eine harte Tour für einen einzigen Tag, wenn ich abends wieder an der Hütte sein wollte, ein fast zweitausend Meter hoher Aufstieg, aber den Versuch wäre es wert. Noch nie hatte sie jemand bestiegen, zumindest war mir das so gesagt worden, und ich könnte zumindest im Interesse der Wissenschaft mein Aneroid-Barometer ausprobieren.

Ich wollte die Boys rufen, um ihnen die messerscharfen Bergspitzen zu zeigen, auf die ich es abgesehen hatte, doch beide lagen zusammengerollt im Heidekraut und schliefen fest. Sie sahen aus wie zwei verspielte, junge Jagdhunde. Einmal unterwegs gingen sie so schnell, als hätten sie Siebenmeilenstiefel, und kaum gab es eine Pause, schliefen sie auch schon. Obwohl sie mich oft mit ihrer Trägheit und Gutmütigkeit verrückt

27 Dem britischen Geographen Halford Mackinder (1861–1947) gelang 1899 die Erstbesteigung des Batian, mit 5199 Metern der höchste Berg im Mount-Kenia-Massiv und nach dem Kilimandscharo der zweithöchste Berg Afrikas. [KR]

machten, hatte ich sie wirklich gern. Man konnte nicht anders, so vertrauensvoll und unkompliziert, wie sie waren.

Am liebsten mochte ich Magadi. Er war ein ungestümer Wilder und lachte unentwegt. Er trug einen Speer bei sich, hatte eine karierte Decke über die eine Schulter geworfen und war von einer Unbeschwertheit, die sich ganz bestimmt auch seiner Frisur verdankte. Sein Haar war kurzgeschoren bis auf einen kreisrunden, leicht schrägen Schopf, der wie ein Barett aussah. Ich glaube, er empfand einen Anflug von Heldenverehrung gegenüber dem christianisierten Hezekiah, der der African-initiated church angehörte.

Wie es sich für sein Erleuchtet-Sein gehörte, trug Hezekiah ein Khakihemd, Shorts und einen verblichenen grünen Homburg, den er so gut wie nie vom Kopf nahm. Lernen und Literatur waren der Wildheit immens überlegen, und Hezekiah sorgte dafür, dass man das nicht vergaß. In jedem noch so abwegigen Moment des Tages las er sich mit sonorer Stimme durch die Bibel, Seite um Seite. Das begann schon um sieben Uhr früh und zog sich hin, bis ich den Versuch aufgab, in der Hütte lesen oder schreiben zu wollen, verzweifelt hinausstürzte und mir irgendetwas ausdachte, womit ich ihn beschäftigen konnte. Magadi lag stets vor ihm auf dem Bauch, die Ellbogen aufgestützt, und sog jedes Wort mit andächtiger Aufmerksamkeit ein. Ich fragte mich, ob Dr. Irvine bewusst war, wie bald er auf einen weiteren Bekehrten zählen konnte. Vielleicht hatte er die reichhaltigen Möglichkeiten, die der Berg für Studium und Meditation bereithielt, vorausgesehen und die beiden hier nicht ohne Hintergedanken ausgewählt. Ich würde später einmal nachfragen.

Im Übrigen bestand kein Zweifel daran, dass der heidnische Magadi, das perfekte Faktotum, Hezekiah, den Kollegschüler, bei Weitem ausstach. Bei unseren Klettertouren war es Magadi, der voranging, erfüllt von gutgelauntem Glauben an unser Abenteuer. Hezekiah hatte eine Art, sich überkorrekt zu geben und gequält dreinzuschauen. Immer, wenn ich mich besonders über ihn ärgerte, dachte ich, dass er für einen Einheimischen ein reichlich eingebildeter Schnösel war. Aber dann tat er plötzlich etwas völlig Entwaffnendes, und ich nahm den harschen Gedanken rasch wieder zurück. Einmal schenkte er mir einen Löffel, den er stundenlang und mit allergrößter Sorgfalt aus dem harten Holz der roten Zeder geschnitzt hatte. Ein anderes Mal waren es zwei Butterspachtel. Er schrubbte den Fußboden, ohne dass ich darum gebeten hatte, und manchmal, wenn ich in die Hütte trat, hatte er einen leuchtend blauen Rittersporn an meine Stuhllehne gebunden.

Es war schwierig, für die Boys Beschäftigungen zu finden. Ich bemühte mich, Hezekiah die Grundlagen des Kochens beizubringen und dachte mir alle möglichen Aufgaben aus, um sie auf Trab zu halten. Aber bald gab es wirklich nichts mehr, was sie noch tun konnten. Sie hatten viel zu viel freie Zeit, gähnten vor Langweile, wurden immer niedergeschlagener, hassten die kalten Nächte und sehnten sich nach der Savanne und nach ihren Freunden. Der Ort enthielt für sie keinen Reiz, sie waren auch nicht wie ich vom unersättlichen Drang nach Klettertouren befallen. Ich verstand, wie sie sich fühlten und war unbeschreiblich gerührt, dass sie nicht einmal daran dachten, mich zu bitten, sie zu entlassen. Nach unserem Aufstieg auf den Coryndon Peak, das versprach ich ihnen, sollten sie aber eine Woche Ferien haben.

Ich wusste, dass es eine lange Tour werden würde, und hatte daher einen sehr zeitigen Aufbruch geplant. Hezekiah, der morgens um vier keine Antwort auf sein Klopfen bekam, insistierte nicht weiter, sodass ich erst um sieben zerknirscht und mit schlechtem Gewissen erwachte. Ich hätte die Sache auf den nächsten Tag verschieben sollen, aber ich brachte es nicht fertig, einen Morgen wie diesen zu verschwenden. In wilder Eile gelang es mir, innerhalb von zwanzig Minuten startklar zu sein.

Der Aufstieg war noch länger, als vorausgesehen. Wir holten die Verspätung nicht mehr ein, waren den ganzen Tag lang ein paar Stunden zu spät dran, und es war ein Wettlauf gegen die Zeit. Hätten wir die Hütte wie geplant um halb fünf mit der Laterne verlassen, dann hätten wir die Straße gleich beim ersten Dämmerschein hinter uns lassen können.

So folgten wir ihr etwa eine Stunde lang, schlugen uns dann nach links und durchquerten das Nithi-Tal, das durch die vielen jungen Schopfbäume silbrig schimmerte. Mit der weichen Unterseite ihrer gebogenen Blätter sahen Schopfbäume von Nahem aus wie Artischocken oder Kohlköpfe. Als wir höher hinauf kamen, waren ihre Blätter nicht länger mit Tautropfen gefüllt, jetzt lag auf jedem ein kleiner Halbmond aus Eis. Der Pfad war hart gefroren, die Boys klagten ständig über Eisstückchen, die wie Nadeln in ihre Fußsohlen drangen. Wir machten eine Pause in der Sonne, damit sie auftauen konnten.

Bis jetzt waren wir glücklicher dran, als gedacht, denn ich war zwischen dem Tussockgras auf einen gut ausgetretenen Pfad gestoßen – vermutlich von Ducker-Antilopen und kleinerem Wild. Kein Einheimischer würde freiwillig hier heraufgehen. Leider verlief er sich dann im Nichts. Wir mühten uns auf einer langen Traverse ab, rutschten und stolperten an einem Steilhang über Geröll und Grasbüschel. Unmerklich fielen wir in sanfteres Gefälle zurück, erkämpften uns den Weg erneut und steil nach oben, angelockt von einem hohen Felsen über uns, in dessen Schatten ein Beet scharlachroter Gladiolen leuchtete.

Endlich oben angekommen, fanden wir uns auf einem breiten, grasbewachsenen Rücken wieder, zur Rechten das Nithi-, zur Linken das Hobley-Tal. Ich ging so lange weiter, bis ich in das Hobley-Tal hinabschauen konnte. Weit unten sah ich einen kleinen Bergsee, grün wie ein winziger Ozean zwischen den Felsen. Hinter mir öffnete sich der Blick, und jeder Schritt bergauf weitete den Horizont. Im Südwesten, zu meiner Linken, etwa zweihundert Meilen entfernt, erhob sich der Kilimandscharo wie eine blassrosa Wolke über einem noch blasseren Wolkenring. Jenseits vom Nithi-Tal blitzte eine Ecke des Lake Ellis wie ein Saphir aus einer Falte des Berges, und der kegelförmige Mugi erschien aus dieser stolzen Höhe kaum größer als ein Maulwurfshügel.

Die Sonne brannte heißer als im Hochsommer in den Alpen. Keine Wolke stand am Himmel.

Als ich vom Mugi aus meine Route bestimmt hatte, ahnte ich nicht, dass der grasbewachsene Grat, dem ich jetzt folgte, von den Gipfeln durch ein tiefes Tal, das quer zu ihm verlief, getrennt war. Das, was als großzügiger, fast eine Meile breiter Rücken begann, verengte sich immer mehr, je weiter ich kletterte, bis ich in beide Täler zugleich hinabschauen konnte, und schrumpfte dann zu einem Pfad, wie eine Eisbrücke, neben dem auf beiden Seiten ein Abgrund gähnte. Ich sah schon den Moment kommen, wo der Grat ganz untergraben wäre und sich wie eine Landzunge über den Schlund zwischen mir und dem Berg spannen würde. Glücklicherweise hielt die Landbrücke stand und brachte mich ins Reich der Gipfel hinüber.

Es war bereits Mittag. Der Coryndon Peak und all die anderen Spitzen schienen seit unserem Aufbruch vor fünf Stunden nicht wirklich näher gekommen zu sein. Nur ungern beschloss ich, eine kostbare halbe Stunde für Rast und Mahlzeit zu opfern, aber wir brauchten unbedingt eine Pause. Es mochte an der Höhe gelegen haben, denn so ungeduldig ich auch vorwärtsdrängte, ich hätte keinen Meter mehr gehen können.

Ein weiterer Umstand, der gegen mich sprach – und von neuem beklagte ich die im Bett verschwendeten Stunden –, bestand in den Wolken, die täglich zwischen zwölf Uhr mittags und drei Uhr nachmittags von Süden aufzogen, über den Gipfeln hingen und sich nun unerbittlich zusammenballten. Zum Glück formierten sie sich nur halbherzig, brachen auf, zerflossen, ballten sich wieder zusammen. Ängstlich beobachtete ich den Himmel und versuchte mir einzureden, dass die Zeichen nie günstiger standen. Es war keiner dieser blauen Tage mehr, die aus dem Nichts riesige weiße Wolken hervorzaubern. Auf die hohen, schlierigen Wolkenbänder, die ein bisschen an Pferdeschweife erinnerten und sich jetzt über den Himmel zogen, ist aber oft mehr Verlass, auch wenn sie nicht so beflügeln wie eine makellos blaue Tiefe.

Nach der Pause standen mir die zerklüfteten grauen Steinmassen nicht mehr so bedrohlich gegenüber. Ich beschloss, zumindest bis zur Spitze des niedrigsten Teils des Höhenzugs zu klettern und Coryndon Peak, wenn es denn sein musste, für heute aufzugeben. Andererseits: Einmal dort drüben angekommen, würde ich die Boys bestimmt auch bis zur nächsten Höhe locken können. Als sie auf die Sonne über unseren Köpfen wiesen, die bereits mit einem Fuß im Westen stand, argumentierte ich damit, dass wir erst seit fünf Stunden unterwegs waren. Drei Stunden für den Rückweg schienen mir großzügig berechnet. Wir konnten also gefahrlos bis zwei Uhr klettern.

Obwohl die Boys einerseits eine enge Verbindung zum Berg hatten, verriet ihre Haltung stets ein gewisses Unbehagen, als würden sie das Schicksal herausfordern, wenn sie ihm allzu nahe kämen.

Als wir uns jetzt wieder auf den Weg machten, verschwand die Sonne hinter den Wolken und nahm alle Farben mit sich. Wie Fledermäuse jagten die feuchtkalten Schatten über die schroffen, öden Felsen. Nebelschwaden zogen ohne Unterlass vorbei, schlugen dieselbe Richtung ein wie wir. Der Wind wechselte in eine höhere Tonlage und heulte verlassen zwischen dem trostlos grauen Stein. Von einem Moment auf den anderen zitterten wir vor Kälte. Es schien, dass die Stimmung des Berges umgeschlagen war, und die Boys lasen aus diesem raschen, unheimlichen Wechsel zweifellos eine Warnung der Götter, die ihn bewohnten. Wir hatten schon einen weiten Weg hinter uns, ob wir den Gipfel erreichten oder nicht, spielte für sie keine Rolle. Weder hatte es einen Reiz, noch war damit irgendeine Ehre verbunden. Nur natürlich also, dass sie zur Umkehr drängten.

Wenn ich nur die Kraft gehabt hätte, sie durch mein eigenes Beispiel anzufeuern! Doch eben dazu war ich nicht in der Lage, denn obwohl ich sie unentwegt zum Weitergehen trieb, waren sie es doch, die das Tempo machten. Magadi nahm die endlosen Steilhänge wie ein Hund. Während ich mich mühsam nach oben quälte, wobei mich jeder Schritt mehrere Atemzüge kostete und mir das Blut in den Ohren rauschte, sah ich, wann immer ich aufschaute, Magadi hoch oben vor den fliehenden Wolken. Seine Decke wehte im Wind, und Siki war ihm auf den Fersen.

Wir kämpften uns höher und höher, kamen hier und da an einer Riesenlobelie vorbei, die aufrechter dastand als man selbst, mit einem nebelblauen Kegel, der sich so weich anfühlte wie Gefieder, keuchten die langen Hänge aus Schiefergestein hinauf, das unter jedem Schritt wie Glas klirrte; dann, noch schlimmer, durch vulkanischen Staub, denn man sank tief ein, und er ließ einen wegen des Körpergewichts bei jedem Schritt vorwärts mehr als einen halben Schritt zurückrutschen.

Jeder neue Grat war nur ein weiterer Vorhof. Auch wenn er uns um eine Stufe näher brachte, dahinter wartete gleich schon die nächste Schwelle und hinter ihr eine neue Wand.

Die zerklüfteten Felsen – mein erstes Ziel und zuvor zu meiner Rechten – lagen nun unter uns, und der Coryndon Peak sah von Nahem auf uns herab. Dann standen wir vor einer Schlucht. Zwischen uns und dem Coryndon öffnete sich ein kleines Tal. Es würde uns mehr als eine halbe Stunde kosten, hinabzuklettern, es zu durchqueren und auf der gegenüberliegenden Seite auf die entsprechende Höhe zu kommen. Es war schon nach zwei. Ich verfolgte meine Schritte bis zu einem Durchbruch zurück, wo ich auf die erste Schneefläche stieß. Wir machten Halt, um uns zu beraten, und standen am Rand eines schönen, halbkreisförmigen Steilhangs, tief unter uns lag der Lake Michaelson.

Ich versuchte, mit den Boys, die mich jetzt wirklich zur Umkehr drängten, zu verhandeln. Coryndon Peak war gestrichen, einverstanden, aber sollten wir nicht zumindest bis zum niedrigsten Punkt des Grats vorstoßen, der sich direkt vor uns auftürmte? Bestimmt könnten wir von dort aus die Schneefelder des Hauptgipfels sehen. Wollten wir wirklich wegen einer läppischen halben Stunde aufgeben, nach allem, was wir hinter uns hatten?

Ich ging voran. Die Boys folgten widerwillig. Einmal lichteten sich die Wolken, gaben den Blick auf das Ziel frei, ein andermal zogen sie einen noch dichteren Vorhang vor die Sonne, hüllten uns in Zwielicht, jagten uns feuchtkalten Dunst ins Gesicht.

Wir schleppten uns von Felsvorsprung zu Felsvorsprung, unsere Hände suchten nach Halt, unser Schritt wurde tastend. Eigentlich war es nicht so schwierig, bei klarem Wetter hätte ich mir nichts daraus gemacht, aber der dichte Nebel gab dem Aufstieg einen Anflug von Gefahr. Felsen tauchten auf, die der verwirrende Nebel im nächsten Moment gleich wieder verbarg. Er ließ uns nichts Handfesteres als den Vorsprung, auf dem wir standen, und das Stück Felsen, an das wir uns klammerten. Ich hatte keine Ahnung, was sich vor uns befand, wie weit entfernt der Grat war. Als ich mich umblickte, war auch der Rückweg verschwunden. Ich hatte keine Kreide dabei, riss daher einige Seiten aus einem Buch, die ich – der Wind wurde stürmisch – zwischen die Felsen klemmte, um den Rückweg zu markieren. Die Minuten waren kostbar, doch es gelang mir nicht, meinen schleppenden Schritt auch nur ein wenig zu beschleunigen, so wie man das manchmal träumt. Zum Glück hatte ich die schreckliche Phase überstanden, wo mir die Knie zitterten und ich um Atem rang. Wenn es um echtes Klettern geht und einen die Aussicht erfüllt, dass man sich dem Gipfel trotz allem nähert, fühlt man sich plötzlich wieder stark.

Kurz darauf griff ich in den gestaltlosen Nebel, fand nichts mehr zum Festhalten, tastete mich vorsichtig weiter und hielt abrupt inne. Der nächste Schritt wäre ins Leere gewesen. Ich stand genau auf dem scharfen Kamm des Grats.

Das Aneroid-Barometer zeigte 4600 Meter.

Angestrengt spähte ich durch die dunklen, wirbelnden Wolken, die sich vor meinen Augen ballten, in einen gewaltigen Abgrund und auf eine Wand aus glutrotem, sonnenbeleuchtetem Stein, der in hohe, unglaublich spitze Felsnadeln mündete. Kurz vor diesen Zinnen war eine rautenförmige Öffnung, wie ausgemeißelt, durch die sich der blaue Himmel zeigte. Darunter fiel der Fels ein paar Hundert Meter tief in den Schatten ab. Dahinter ragte Nelion, einer der beiden Zwillingsgipfel, herrlich in den Himmel und warf einen blauen Schatten über den Gletscher. Zur Linken, mit frischem Schnee bestäubt und gar nicht einmal so hoch über mir, erhob sich der Delamere Peak, dessen Kamm mich an den Eiger denken ließ, und Monolithen balancierten in den sich ständig bewegenden Nebelschwaden: fantastische Felsfinger, alle kopflastig und wie durch ein Wunder aufrecht gehalten. Auch zu meiner Rechten erhoben sich Felsen, und unten, eingerahmt von diesem Bogen aus Abgründen, lag Hall Tarn: ein tiefes, ruhiges Blau. Dahinter stießen weitere Felsspitzen in die Höhe, und jenseits von ihnen, in unermesslich weiter Ferne, lag die ganze Welt.

Ich stand stumm vor der überwältigenden Schönheit. Die prachtvolle Fantasie hinter diesem Universum aus Fels ergoss sich wie zufällig in eine meisterhafte Konstruktion und Harmonie der Linien. Aus dem Chaos heraus wurde Ordnung geschaffen. In mein Tagebuch schrieb ich: »Ich suchte nach Worten, und nichts anderes kam als die flammende Offenbarung: ›Dies *ist* Gott‹.«

Es war jetzt nach drei, und uns stand ein hartes Rennen zur Straße bevor, bis es dunkel wurde. Nach einem letzten langen Blick machten wir kehrt.

Doch selbst unter diesem Druck gelang es mir nicht, einfach so wegzugehen. Es war ein gewaltiger Moment, der nach einer tieferen Antwort verlangte, als ich zu geben in der Lage war. Ich lief nochmal allein zurück, kniete mich zwischen die Felsen und betete …

Als ich über den Grat hinabkletterte, verstand ich, warum sich die Heiligen und Propheten und auch unser Herr selbst zum Gebet in die Berge zurückgezogen haben.

Fortuna hatte ein Einsehen mit uns, der Nebel war gänzlich verschwunden. Aber es war immer noch schwierig genug, auf dem selben Weg zurückzufinden. In diesem felsigen Labyrinth gab es nur einen einzigen Weg. Jede Abkürzung endete unweigerlich am Rand einer Klippe, was uns dazu zwang, zurück zu klettern und von Neuem nach den wegweisenden Papierfetzen zu suchen.

Auf dem Schiefergestein revanchierte ich mich dann gegenüber dem unerschrockenen Magadi, der nie gelernt hatte, beide Füßen nebeneinander zu setzen, sich mit Hilfe seines Speers zurückzulehnen und abwärts zu gleiten. Ausnahmsweise einmal ließ ich ihn hinter mir.

Beide Boys hoben Schneeklumpen auf und nannten sie »chumvi«, Salz. Das erklärte, warum sie auf dem Weg bergauf die ganze Zeit über Salzbäche gesprochen hatten und über Salz, das in die Füße schnitt – sie zeigten ständig auf Spuren dieses geheimnisvollen Salzes, das ihnen immer ein wenig unheimlich bleiben würde. Selbst ich konnte es nicht wirklich glauben. Bis zur Schneegrenze zu kommen und einen Schneeball in der Hand zu halten, hier am Äquator, war ein Abenteuer, auf das ich mich seit meiner Ankunft auf dem Berg gefreut hatte wie ein Kind.

Wir liefen, rutschten und kletterten und hatten die Geröllfelder bald hinter uns gelassen, gelangten wieder in die Graslandschaft, verloren unsere hart erkämpfte Höhe, und ich sah mich immer wieder um, aus Angst, mir könnte etwas entgehen. Noch nie gab es so eine Aussicht, und jetzt, in den zarten blauen und violetten Tönen des Nachmittags, lenkte sie den Blick immer tiefer in die verzauberten Reiche. Da draußen, weit unter mir, lagen die Hügel von Maua, wo mein Vater und ich einst – vergebens – den größten Elefanten Afrikas verfolgt hatten. Links davon Isiolo und Archers Post. Durch den Feldstecher erkannte ich den Hügel, wo wir Chandlers Bergriedbock gejagt hatten, dahinter den Berg Kom, zu dem die Elefanten ziehen, wenn das Lorian Sumpfgebiet austrocknet. Nur der Dunst der Ferne verbarg den Indischen Ozean. Eine zarte Wolkenbank schwebte über den Savannen und goss ein Blau auf sie herab, das sie eher erhellte als in Schatten tauchte, sodass Erde und Himmel, Wald, Berge und Täler in einem See aus bebendem Licht verschmolzen.

Die unsterbliche Freude der Welt erhob uns über uns selbst, und ich bemerkte auf einmal, dass wir alle drei sangen, während wir daher gingen, jeder eine andere Melodie in einer anderen Tonart.

Kapitel 12

Einsamkeit, Bergseen, Gipfel und Gletscher

Die Boys waren schon vor Sonnenaufgang auf den Beinen und konnten es kaum erwarten, in die versprochenen Ferien aufzubrechen. Es half alles nichts, ich musste um sieben Uhr frühstücken, eine Stunde eher als sonst. Sobald sie ihre Arbeit erledigt hatten, ließen sie mich zurück wie einen gestrandeten Seemann – mit einem Vorrat an Brennholz, Eimern und Benzinkanistern gefüllt mit frischem Wasser – und zogen bestens gelaunt wie Schuljungen los. Ferienstimmung lag in der Luft, und sobald sich ihre Stimmen in der Stille verloren hatten, legte ich Besen und Lappen beiseite und warf mich mit einem Seufzer der Zufriedenheit ins Heidekraut.

Mauersegler schossen durch den blauen Himmel über mir, und ermutigt durch die plötzliche Stille hüpften alle kleinen Vögel herbei, um etwas zum Frühstück zu finden. So, dachte ich, muss es sein, wenn die Menschen einen Ort verlassen. Lärm und Betriebsamkeit sind vorbei, die Bäume schütteln ihre Blätter im Wind, es ist, als würde die Natur glücklich aufseufzen: »Ah! Jetzt geht das Leben wieder los!« Ist der Mensch in der Nähe, weicht die Natur unbemerkt in den Hintergrund zurück, wird zur bloßen Kulisse. Zieht er weiter, erwacht sie wieder zum Leben, die Feen kommen nach und nach zum Vorschein, zunächst noch scheu, doch schon bald findet man sich inmitten einer Stille wieder, die weder leer noch einsam ist, sondern voll von der Poesie der wesentlichen Dinge des Lebens.

Wie schön ist wahre Einsamkeit. Wie schön ist es, nicht nur in der Wildnis zu leben, sondern sich dem Geist, der in ihr herrscht, zu überlassen. Auch der Geist in einem selbst ist scheu, und diese Gemeinschaft kann nur in unermesslicher Stille gewonnen werden. Eine Einsamkeit wie diese bedeutete das völlige Entkommen vor dem eigenen Selbst. Da war nichts, was es einem wieder zu Bewusstsein gebracht hätte. Wie Quecksilber kann der Geist geteilt und in verschiedene Formen eingeschlossen werden, doch wenn er kann, wird er mit dem Geist zusammenfließen, der Teil des Universums ist. Bald darauf muss er sich noch einmal trennen und in sein eigenes kleines Gefängnis aus Fleisch zurückkehren, einen bestimmten Namen tragen, sich für die kürzeste Zeit in einer vorbestimmten Menge von Umständen zu bewegen. Aber der Name oder die Funktion sind nicht länger wichtig oder störend: Denn wenn der Geist sich einmal mit sich selbst vereinigt hat, weiß er, dass er überall ist, frei und ewig. Er will nichts, da er selbst alles ist, und kann sich endlos aus der universellen Quelle ergießen.

Es gab so viel zu tun, dass die Tage nie lang genug waren. Ich sammelte Blumen und malte sie, erforschte den Berg, las und zeichnete und wollte außerdem ein paar Verbesserungen in der Hütte vornehmen, neue Regale anbringen und Vorhänge für die Fenster nähen. Wie angenehm häuslich war es doch, am frühen Nachmittag mit einer Bahn Cretonne-Stoff vor der Tür zu sitzen. Die Hütte selbst, die freundlich in der heißen Sonne knarrte, stimmte diesen Aktivitäten hörbar zu. Sie wurde noch nie wie ein Zuhause behandelt. Die Leute kamen und gingen rasch wieder weiter, haben sie flüchtig geputzt, um den Regeln für Berghütten Genüge zu tun, aber nie für irgendwelche Extras Zeit gehabt. Jetzt fing sie an, stolz auf sich zu sein. Sie wurde bewohnt und bekam dadurch ein neues Gefühl des Wohlbefindens.

Ich verschwendete wenig Zeit mit Kochen, da ich gerade Thoreaus *Walden oder Leben in den Wäldern* las, worin er ausführt, dass man mit Bohnen und Reis allein auch sehr glücklich sein kann. Seine Theorie hat auf mich gewirkt. Den Widerspruch zwischen der Sehnsucht, mit den Tieren Freundschaft zu schließen, aber gleichzeitig Fleisch zu essen, fand ich immer beunruhigend.

Abends kam ich nach Hause, entfachte das Feuer und bereitete mein Essen zu. Der Topf kochte munter vor sich hin, die letzten Sonnenstrahlen verfingen sich im Rauch, der blau und gerade über dem Dach aufstieg. Die fernen blauen Hügel zeigten sich hinter dem Einschnitt meines Tals, davor stand graublau der Wacholder, und obwohl die Sonne noch die Baumwipfel vergoldete, lag schon der feuchte Geruch des Nebels in der Luft, der aus dem Schatten aufzog. Ein Vogel flog durch die goldene Luft, und die Stille war so vollkommen, dass man fast den Atem anhielt.

Auf einmal hörte ich, wie jemand sich die Nase putzte. Das konnte nicht sein. Ich musste es geträumt haben. Aber die Realität stolperte um die Ecke – ein kleines, feenhaftes Warnsignal, das lautlose Trippeln kleiner Füße, als alles an seinen Platz lief und reglos dort verharrte, als hätte es sich in Stein verwandelt –, und der Zauber war gebrochen: gebrochen durch den Lärm und das Gepolter von drei Bergsteigern und ihren zweiundzwanzig Trägern.

Die Bergsteiger wollten mich auf keinen Fall aus der Hütte vertreiben – obwohl es sich ja um eine Berghütte handelte, auf die sie ein ebenso großes, vielleicht sogar ein größeres Anrecht hatten als ich. Sie schlugen ihre Zelte auf, und wir aßen zusammen, diesmal weder Bohnen noch Reis, wir hatten alle genügend Vorräte. Einer von ihnen war Norweger, und uns verband, dass wir beim Klettern ständig an Norwegen erinnert wurden. Bei den anderen beiden handelte es sich um erfahrene Alpinisten. Die Zeit verging wie im Flug, als wir uns über ihre Hoffnungen unterhielten, den Gipfel zu erobern, und Erinnerungen an frühere Aufstiege Revue passieren ließen. Sie wussten, was sie taten, und waren mit Klettereisen, Bergseilen, Eispickeln und Tricouni-Beschlägen für die Stiefel komplett ausgerüstet. Der Anblick erfüllte mich mit einer großen Sehnsucht, ich hätte sie am liebsten begleitet. Es gibt wenige Dinge, bei denen einen das Gefühl überkommt, alles, was wichtig ist, zu verpassen. Einer Gruppe von Kletterern beim Aufbruch ins Hochgebirge zuzusehen, während man selbst im Tal zurückbleibt, gehört dazu.

Ich hatte aber schon eine Tour zu den Gletschern geplant, eine Woche später. Hezekiah und Magadi würden mit den erforderlichen Trägern zurückkommen.

Einer der Bergsteiger hatte mir aus der Mission Brunnenkresse mitgebracht, und als alle am nächsten Morgen gegangen waren, trug ich die Pflanzen in die Schlucht.

Der Bach eilte rasch über den goldenen Kies, es gab kein stehendes Gewässer mit Schlamm, den die Brunnenkresse so gern hat. Ich durchforstete die seichten Stellen, bis ich einen Platz fand, an dem ich einen kleinen Damm bauen konnte. Dahinter entstand ein ruhiges Becken. Den Schlamm zum Pflanzen grub ich mit den Händen aus den Vertiefungen am Flussufer.

Jedes Mal, wenn ich in die Schlucht ging, war ich von Neuem verzaubert. Kaum war ich durch die Flut goldener Blumen zur Farngrotte hinabgeklettert, durch die das Wasser floss und von der aus ich durch einen grünen Vorhang zur Sonne hinaufschauen konnte, ließ ich auch schon den Alltag hinter mir und trat ein in die Welt meiner Kindheit. In der Zeit, die ich mit den Elefanten und auf dem Berg verbrachte, wurde ich zu Peter Pan. Allein, dass ich Shorts trug, brachte mich zurück in die Sandkastenphase. Hier aber, wo ich im Wasser plantschte, buddelte und den Lauf des Flusses umlenkte, wobei ich nasser und schmutziger wurde als nötig, fand ich am besten in die goldene Zeit zurück. In diesem innigen Kontakt liegt das Geheimnis der Jugend. Kinder wissen das, obwohl es ihnen vielleicht nicht bewusst ist, und erst, wenn sie heranwachsen, fällt der Schleier, und sie werden aus dem Paradies vertrieben.

Jenseits des Beckens, vor einem kleinen Wasserfall, ruhte halb versunken ein Baumstamm, auf den ich meine Wange legen und, das Gesicht fast schon im Wasser, die herrlichsten Effekte beobachten konnte. Zunächst schäumte das Wasser weiß unter dem Fall, dann glitt eine Kette aus Blasen vorüber, jede einzelne wie ein Kristall, in dem sich im Schatten des Felsens einen kurzen Moment lang die Sonne verfing. Sie alle blinkten auf wie Lichter im Hafen und dann verlöschten sie. Wenn ich meine Augen beschattete, konnte ich dort, wo die Oberfläche sich nicht kräuselte, bis zum Grund des glasklaren Wassers blicken. Alle Kiesel waren mit einem purpurnen Flor überzogen, wie Muschelschalen, und die Wasserläufer, die sich ruckartig auf der Wasseroberfläche vorwärts bewegten und dabei schwache Spuren hinterließen, tauchten manchmal tief hinunter, und jeder von ihnen zog dabei etwas Luft mit sich, sodass er nicht länger wie ein Käfer aussah, sondern wie ein Rechteck aus Quecksilber. Ich fing einen und stellte fest, dass er eigentlich ein ganz gewöhnlicher Käfer war, aber einen Schwanz besaß, der über den Mantel seiner Flügel hinausragte und den er kraftvoll bewegte. Ich musste an einen Ameisenlöwen denken. Nicht seinen Beinen verdankte er seine Geschwindigkeit, sondern diesem winzigen Propeller.

Ich sammelte verschiedene Arten von Farnsporen, die ich nach Hause schicken wollte, und erforschte den unteren Flusslauf, indem ich durch das Wasser watete, denn die Ufer waren steil und überwachsen. An jeder Biegung glühten die Gladiolen im Sonnenschein, Rittersporn lieh den Schatten sein Blau, unter dem Frauenhaarfarn und dem Spargelkraut blühten rote Tigerlilien und hohe weiße Anemonen.

Thoreau sagt, dass durchnässtes Holz dreimal so lange brennt, also schulterte ich ein großes Stück und stieg durch die nicht nachlassenden grünen Schleier zum Felsplateau hoch und nach Hause zurück.

Bemerkenswert an diesem Gebirge war die immense Bandbreite und Vielfalt von Grüntönen. Das reine Olivgrün der Baumheide kontrastierte mit dem gelblichen Ocker der silbrigen Grünerde, hier und da zeigten sich Sprengsel vom satten Kastaniengrün der Kosobäume, vom Silber der Muhato-Büsche und dem tiefen Blaugrün des Wacholders. Es dominierten Silber- und Graugrün – wunderschön und trügerisch. Sie faszinierten und reizten mich so lange, bis ich alles stehen und liegen ließ und zum Aquarellkasten griff. Jedes Mal begann ich mit dem gleichen Enthusiasmus, überzeugt, dass ich das Blatt nur mutig mit dem nassen Pinsel tränken musste, um genau das zu Papier zu bringen, was ich sah. Nachdem ich mich stundenlang hartnäckig bemüht hatte, lachten mich die matten Grautöne wie kleine Kobolde aus: »Nur Constable[28] kann uns einfangen!«, spotteten sie, worauf ich den Pinsel hinwarf und in frustrierter Wut Holz sägte.

Meine einsame Woche war schnell verflogen. Am Abend vor Ferienende trafen die beiden Boys mit einem Dutzend Träger ein, in der Obhut von Mtu Massara, einem hochgewachsenen, gutaussehenden alten Mwimbi.

Ich vermisste Jim mehr denn je, als es an das Packen der Lasten ging. Obwohl ich schon in aller Frühe damit begonnen hatte, verließ ich die Hütte nicht vor neun. Ich hatte geplant, das Nachtlager bei Hall Tarn aufzuschlagen, eigentlich ein Aufstieg von vier Stunden, doch bei der Langsamkeit der Träger dauerte er fast sieben.

---

28 John Constable (1776–1837), dessen Werk aus der Spannung zwischen genauer Naturbeobachtung und freier Farbwirkung besteht, war ein romantischer englischer Landschaftsmaler. [KR]

Wir waren schon oberhalb vom Nithi-Tal, ich konnte bereits zu dem grasbewachsenen Grat hinübersehen, über den ich zum Coryndon gelangt war, als ich den ersten Halt einlegte. Bis dahin war der Tag sonnig gewesen. Zu unseren Füßen erstreckte sich ein grelles Nebelmeer wie ein arktisches Land. Während ich dasaß und es betrachtete, warfen die Wolken ihre Schatten darüber und verwandelten es in bewaldete Täler und schneebedeckte Berge, bis sich der Nebel schließlich zusammenballte und wie ein gigantischer Eichenwald in die Höhe wuchs. Und jetzt begann er, zum Berg vorzurücken. Binnen weniger Minuten waren Wolken und Nebel zu uns hinaufgestiegen, hüllten uns ein und wachten eifersüchtig über alles, was vor uns lag. Ab und zu hob sich die Decke ein wenig, gewährte einen flüchtigen Blick auf die Gipfel, um uns bergauf zu treiben. Weit unten beleuchtete Lake Michaelson, umrahmt von Nebelschwaden und Abgründen, die Dunkelheit für einen Augenblick mit einem einzigen stechenden Lichtstrahl.

Dieser erste Halt war töricht. Damit hatte ich allen einen Floh ins Ohr gesetzt, und die Träger verlangten jede halbe Stunde nach einer neuen Pause. Um sie zum Weitergehen zu bewegen, wurden sie von Mtu Massara und mir mal bestürmt, mal gehänselt.

Aber am erfolgreichsten waren wir, als wir sie untereinander ihre Lasten austauschen ließen, auch wenn mich das an den Vierspänner in der Pantomime erinnerte, wo sie die Pferde zum Verschnaufen ausspannen, nur um sie gleich darauf in anderer Reihenfolge wieder einzuspannen, aber jeder Träger trug jede andere Ladung lieber als die eigene.

Ich dachte, wenn ich nicht länger da wäre, um mit ihnen zu streiten, würden sie bestimmt schneller vorankommen. Also lief ich vor und durchquerte einen kleinen Talkessel.

Dies war das Reich der Riesenschopfbäume. Ich fühlte mich, als wanderte ich zwischen Wesen von einem anderen Planeten. Urplötzlich tauchten die gewaltigen, ungereimten pflanzlichen

Formen aus dem Nebel auf, zogen vorbei und waren wieder verschwunden. Selbst die Felsen, deren Konturen sich gegen das Tal hin abzeichneten, hatten jetzt eher die Gestalt von Bäumen als von Stein: kopflastige Brocken, die auf felsigen Stämmen hockten. Das Heidekraut war einer niedrigwüchsigen Pflanze gewichen, haselnussbraun mit silbrigen Blättern, handtellergroß und kraus, mit kleinen Spitzen samtig wie Mäusepfoten.

Sollte man sich aus schlichter Höflichkeit verpflichtet fühlen, den Riesenrosettenstauden mit ihren verkohlten, tonnenförmigen Körpern und ihrem grünen Kopfschmuck ein Lächeln zu schenken, wenn man ihnen begegnet, so wird man an keiner Riesenlobelie vorbeigehen können, ohne sie zu berühren. Normalerweise ist sie menschengroß – ein struppiger Kegel, silbrig blau, durchsetzt mit grün und violett. Zog man das fast fellartige Gefieder unterhalb ihrer Krone auseinander, dicht und weich wie ein aufgeplusterter Vogel, zeigte sich ein samtiges Gelb. Ihre windgeschützte Seite verströmte Wärme und einen würzigen Duft. Ich musste anhalten, um mein Gesicht in ihrer Milde zu vergraben. Die dunkelblauen Blüten, unter dem Gefieder versteckt und etwa so groß wie die des Wegerich-Natternkopfs, besaßen zwei Kronblätter, fünf Staubgefäße und ebenso viele Kelchblätter, das Federwerk fiel bis zum Boden hinab, und ein Kranz dicker Blätter wuchs rund um ihren Fuß.

Ich betrachtete sie eingehend während des letzten, nicht enden wollenden Halts auf einem kleinen Plateau über einem grasbewachsenen Kamin. Ein weiterer merkwürdiger Teil des Landes: Der Fels zeigte all die Formen, die Eis annimmt, wenn es von Wasser umspült wird. Ob Felsen, die sich monumental am Horizont auftürmten, oder die kleinen Brocken unter unseren Füßen, alle waren sie ähnlich ausgewaschen und geformt. Die Riesenlobelien hier steckten noch in den Kinderschuhen, sie waren vielleicht sechs Zoll hoch. So, wie ihre

Blätter im Wind hin- und herwogten, erinnerten sie mich an Seeanemonen.

Ich ertastete mir den Weg durch dichten Nebel. Dann brach plötzlich die Sonne hervor, und da lag Hall Tarn.

Mitten in dieser Steinwüste auf den blauen, ruhigen kleinen See zu stoßen, war vielleicht noch überwältigender als der Blick auf den ersten Schnee. Auf dem Wasser zeichneten sich blinkende Kreise ab. Am liebsten hätte ich eine Fliegenrute in Stellung gebracht, um eine Forelle zum Abendessen zu fangen.

Das Camp am Hall Tarn war von allen meinen Camps das romantischste. Der Bergsee liegt kaum mehr als fünfzehn Meter vom Rand eines dreihundert Meter tiefen Abgrunds entfernt, und auf diesem schmalen Streifen aus Tussockgras schlugen die Männer mein Zelt auf. Ich fühlte mich wie in einem Adlerhorst. Von meiner Schwelle aus konnte ich meine Hand zur einen Seite hin fast in den Hall Tarn stecken, zur anderen blickte ich über den Abgrund hinweg auf Lake Michaelson. Nur diese Landzunge ragte noch aus dem bereits tief verschatteten Tal, und als die Magie des goldenen Abends die Nebelschwaden in einem Atemzug aufsog, standen die Gipfel wie Turmspitzen vor dem klaren Himmel.

Sobald die Sonne gesunken war, wurde es bitterkalt. Ich freute mich über mein kleines Zelt. Kaum hatte mir Hezekiah eine Konservendose mit heißer Suppe unter der Lüftungsklappe hindurchgeschoben, machte ich alle Luken für die Nacht dicht. Neben mir stand ein Krug mit Wasser. Als ich gegen zwei Uhr davon trinken wollte, war es steinhart gefroren.

Tief in meinem Schlafsack, unter Fellen und zahlreichen Decken begraben, fühlte ich mich so behaglich wie ein Eskimohund unter dem Schnee. Die Tussockbüschel waren mir anfangs wie eine Sprungfedermatratze vorgekommen, im Laufe der Nacht wurden sie aber härter und härter. Alte Camper werden einem entgegenhalten, dass man überall schlafen kann, egal wie hart der Boden ist, solange man eine Mulde für die

Hüfte findet. Wenn man bedenkt, dass es in den Tussockbüscheln keine einzige Mulde gibt, nur Beulen, schlief ich recht gut.

Muss man ein Streichholz anzünden, um nachzusehen, wie spät es ist, kann es leicht passieren, dass man nur davon träumt und in Wirklichkeit sofort wieder einschläft. Meine Leuchtuhr bewahrte mich vor so einer Täuschung, und als sie fünf Uhr zeigte, überkam mich eine große Neugier, und ich streckte trotz der Kälte meine Nase nach draußen und warf einen Blick auf die Umgebung.

Sofort verlor der Reiz des warmen Bettes – der einzige warme Fleck auf dieser Welt – an Kraft, denn ich entdeckte, dass mich nur die dünne Zeltplane von einer solchen Beseeltheit trennte, die alles andere in den Schatten stellte. Eilends verließ ich das Zelt. Ich wollte mir nichts entgehen lassen.

Die Sterne leuchteten noch hell am blassen Himmel, links von mir der Große Bär, rechts das Kreuz des Südens. Die schattigen Formen der Berge ließen sich erst halb erraten. Das Leben des Universums lag nicht im konkreten Fels, sondern in dem leuchtend orangenen Band, das sich rings um die schlafende Erde zog. Ein Nebelmeer streckte sich bis zu ihm aus, blind, stumm und starr. Darüber verschwand langsam der abnehmende Mond, eine bleiche, hellgrüne Sichel im violetten Morgengrauen. Die Herrlichkeit der Morgendämmerung pulsierte durch den Himmel, ertränkte die Sterne in flüssigem Licht und ließ den Nebel in einem klaren, rosigen Atem zergehen.

In dem riesigen Kreuzkrautbusch neben mir zwitscherte ein Vogel. Ich blickte mich um und sah, wie Hall Tarn im herrlichen Widerschein errötete – ein venezianisches Rot wie die Segel der Schiffe –, er zitterte im Seufzer der Wellen, alles in einem einzigen Augenblick, wie eine vergessene Erinnerung, die aus dem Nichts durch das Gedächtnis zieht und wieder verschwindet. Als die Schwalben über die Wasseroberfläche huschten, erfüllte das seidige Rauschen ihrer Flügel die Luft.

Ich warf einen Blick in den Abgrund, um zu sehen, ob Lake Michaelson schon erwacht war. Er lag noch dunkel da, ein schwarzpoliertes Schild in der Nacht, makellos, von keinem Windhauch berührt. Nur dort, wo sein Rand aus dem Schatten des Felsens heraustrat, glänzte er schwach.

Obwohl ich so sehr darauf gewartet hatte, während ich auf die steinharte Erde stampfte, um meine Füße zu wärmen, Feuer machte – wie fröhlich die Flammen dem aufziehenden Tag entgegensprangen! – und das Frühstück zubereitete: Der große Moment kam völlig überraschend. Plötzlich glitzerte der Frost um mich herum rot, und dann erhob sich auf den weiten Flügeln ihrer ausgebreiteten Strahlen die Sonne und hob die Welt ins Licht.

Ich hatte schon gefrühstückt, als Hezekiah zitternd vor Kälte aus seinem Zelt kam, um mich »vor Sonnenaufgang« zu wecken. Noch eine gute Stunde verging, bis sich die Karawane in Bewegung setzte. Bestimmte Lasten wurden favorisiert, andere abgelehnt, und im letzten Moment gab es immer wieder Auseinandersetzungen, wer zusätzlich zu seiner Ladung die Laternen und die Wasserkessel tragen sollte.

Der Morgen war wolkenlos, klar wie Kristall, und der Himmel so unbekümmert blau, dass einem das Herz aufging. Ich streifte über die zugefrorenen Sümpfe, hier und da ein freundlicher Riesenschopfbaum, ein Bach, der sich zwischen Eisschollen einen Weg bahnte, silbrig wie Spinnweben im Gegenlicht.

Der Gipfel war jetzt deutlich zu sehen, wir hielten direkt darauf zu, und als die Sonne die Felsen erwärmte und die Schneefelder vor unseren Augen schimmerten, schien er sehr nah, fast erreichbar.

Mein heutiges Ziel war der Curling Pond, ein zugefrorener See vor einer überhängenden Eiszunge. Er gehört zum Lewis-Gletscher und liegt etwa auf halbem Weg dorthin. Er heißt so, weil man auf ihm Curling spielen könnte, was in der Geschichte aber wohl nur einmal vorkam, als Melhuish dort Schlittschuh lief. Der See war ein wichtiger Punkt. Neben ihm befindet sich die zweite Hütte auf dem Mount Kenia. Es handelt sich um das höchste Camp, es sei denn, man kampierte wie Mackinder direkt oben auf dem Grat, und liegt auf fast fünftausend Metern Höhe, keine dreihundert Meter unterhalb vom Gipfel. Ich hatte schon viel vom Curling Pond gehört und mir Bilder von ihm angeschaut, mit dem Lewis-Gletscher, dem Nelion oder mit Point Lenana, der sich wie eine lange, schneebedeckte Piste im Hintergrund erhebt, und freute mich darauf, ihn mit eigenen Augen zu sehen.

Am obersten Ende des Nithi-Tals traf ich auf die Träger der drei Bergsteiger, die hier ihr Camp aufgeschlagen hatten. Es handelt sich um die offizielle Versorgungsstation, und die Träger, die die Kälte im höchsten Camp nicht aushalten, machen es, wenn irgend möglich, zu ihrem Hauptquartier – ein gefundenes Fressen für meine eigenen Träger, hier Pause zu machen.

Brennend vor Aufregung und Ungeduld, ging ich allein voraus. Hezekiah, weit abgeschlagen, tat so, als wolle er mir mit den Kameras folgen. Seine Belesenheit gab ihm einen anderen Stand und damit einen leichteren Job, während der arme Magadi, der bei einer Unternehmung wie dieser hier nur als einfacher Träger fungierte, unter einer schweren Last schwitzte.

Der Pfad stieg steil zwischen zwei engen Felswänden bis zu einem Sattel an, unter dem ein kleiner, blauer Bergsee lag, von Schnee und schwarzen Felsen umgeben. Als ich auf den Pfad zurückblickte, leuchtete das Wasser bleich wie der Himmel vor dem Schatten des Tals. Unten, nun schon in weiter Ferne, funkelte Hall Tarn wie ein Edelstein und krönte die Schlucht, und dahinter wogte das allgegenwärtige Nebelmeer, das Dach von Kikuyu, wie Mackinder es genannt hat. Ein einsamer Adler schrie hoch oben. Bis auf das Knirschen des Schnees unter meinen Füßen war die morgendliche Stille in den hohen Bergen ungebrochen.

Während ich mich nach oben quälte, hatte ich mir schon erwartungsvoll ausgemalt, was mich auf der anderen Seite des

Sattels erwartete, und als es endlich so weit war, schaute ich in ein weites Tal, das sich zwischen Felswänden, die die heiße Sonne wüstengleich gebleicht hatte, in die Ferne schlängelte, überall dort, wo eine Wolke über ihm stand, in tiefvioletten Schatten getaucht. Meine grobe Karte verzeichnete es als Mackinder Valley. Verdächtige Nebelzungen streckten sich bereits aus, und es sah nicht so aus als würde hier der Tag so schön werden wie auf meiner Seite.

Der Nelion tauchte jetzt wieder hoch über dem Kolbe-Gletscher auf. Darunter lag Point Lenana. Ich wandte mich nach links und ging oberhalb von einer Eishöhle, deren Eiszapfendach schon sacht in der Sonne tropfte, auf ihn zu.

Als ich in den Schatten des Felsens trat, ließen mich Stimmen zusammenfahren. Ich konnte sie nicht verorten, sie schienen wie die Stimme Ariels aus dem Nichts an mir vorbeizutreiben und waren dabei doch so nah, dass ich mir wie eine Lauscherin vorkam, sicher, hinter dem nächsten Fels auf die Sprechenden zu stoßen. Ich ging schneller, schaute mich neugierig um, aber die Stimmen kamen nicht näher. Zufällig blickte ich zum Nelion auf, und dort, auf der allerhöchsten Spitze, standen drei Gestalten, klein wie Ameisen. So kristallklar war die Luft, dass ihre Stimmen, nicht über den normalen Gesprächston erhoben, gut hundertfünfzig Meter zu mir hinabdrangen.

Ich jodelte und jubelte aus voller Kehle, und sie jodelten zurück. Die Eroberung dieses Berges mit eigenen Augen zu sehen – erst die zweite in der Geschichte –, war fast so gut, wie selbst daran teilzuhaben.

Und dann gingen mir Hunderte von Gedanken durch den Kopf: Vielleicht war es, alles in allem, nicht unmöglich, vielleicht würden sie mich sogar am nächsten Tag mit hinaufnehmen. Angesichts dieser Aussicht tat mein Herz einen Sprung.

Während ich an diesen Luftschlössern baute, kletterte ich durch den Schnee und über den rutschigen Schiefer weiter hinauf und hätte nicht im Traum daran gedacht, dass ich komplett vom Weg zum Curling Pond abkommen könnte. Unversehens stand ich den gähnenden, blauen Gletscherspalten des Kolbe-Gletschers gegenüber. Von Hezekiah keine Spur.

Schluchten schnitten mir den Weg ab, wo ich mich auch hinwandte. So unangenehm es war, ich musste zur Eishöhle zurück. Ich hatte mich gründlich verlaufen und keine Ahnung mehr, wo der Pfad war oder der Curling Pond lag. Ich kletterte über Felsbrocken einen steilen Hang hinab und sank ständig bis zur Hüfte im Schnee ein.

Immer noch kein Zeichen von den Trägern. Allmählich fürchtete ich, dass ich sie verpasst hatte. Vielleicht waren sie weitergegangen. Ich horchte. Die Stille erfasste mich mit unerbittlichem Griff. Ich war allein, orientierungslos, ein wenig ängstlich und wirklich wütend. Ich war wenigstens drei Stunden lang umsonst geklettert und musste nun meterweit zurück. Schließlich sichtete ich Hezekiah und schrie zu ihm hinab, ob er Mtu Massara gesehen habe. Der war ja eigentlich unser Guide. Bestimmt hatten ihn die Träger im Camp in ein lebenswichtiges Gespräch verwickelt.

Zu guter Letzt kam er dann, etwas zaghaft, aber strahlend, brachte mich zum richtigen Pfad am Kopf des Hobley-Tals und machte sich wieder auf den Rückweg zu den Trägern.

Ich musste ein endloses, steiles Geröllfeld überqueren, kam ein paar Schritte voran, rutschte, stolperte, rappelte mich wieder auf und mühte mich weiter, während sich unter mir ein Strom von Schiefer und Staub über den Hang ergoss.

»Arme Ameise«, dachte ich plötzlich voll Mitgefühl, »so muss es sein, wenn man in die Grube des Ameisenlöwen fällt: ein unablässiges Hochkämpfen, während der Sand unerbittlich unter einem davonrutscht.« Es war so realistisch, dass ich mir auf der Stelle schwor, nie mehr die Rolle des Ameisenlöwen zu übernehmen. Ich würde im Gegenteil alles daransetzen, jeder Ameise diese immense Verzweiflung zu ersparen.

Mein eigener Kampf mit dem teuflischen Gelände zog sich noch über einige Stunden hin. Wäre mir Hezekiah nicht dichtauf gefolgt, ich hätte mich vor Erschöpfung, die auch mit der großen Höhe zu tun hatte, am liebsten hingelegt und geweint. Eine Rast und etwas zu essen, und alles wäre anders gewesen. Mein Frühstück lag inzwischen acht Stunden zurück. Aber allein der Gedanke an Essen erregte Übelkeit, wahrscheinlich auch eine Auswirkung der Höhe.

Um zwei Uhr erreichten Hezekiah und ich den Curling Pond, die Nebelschwaden rollten kalt und grau herab, und wir verkrochen uns, so gut es ging, im Windschutz dessen, was einmal eine Hütte gewesen war. Sie war in eine Eisfläche eingebrochen, aus der eine Seilrolle halb herausschaute, steif gefroren wie eine Stahltrosse. Ein pathetisches Wrack – wie ein Schiff in der Arktis, mit gebrochenem Rücken, die Reste von Türen und Wänden über das Eis verstreut. Auf dem Fußboden, dem einzig heilen Stück, lag, völlig fehl am Platz, ein Paar hochhackiger, brauner Schuhe, verblichen und durchweicht wie eine Orangenschale. Als ich zitternd im trostlos heulenden Wind saß, mit nichts als einem nutzlosen Pullover über meiner dünnen Tunika – die Sonne hatte noch vor einer Stunde vom Himmel gebrannt, und mein Schweiß war in den Staub getropft –, betrachtete ich angewidert diese Schuhe mit ihren sinnlos hohen Absätzen. Wer konnte sie hierhergebracht haben, und warum? Ich versuchte mir vorzustellen, wie jemand in solch absurden Schuhen durch den Vulkanstaub über rau zerklüftete Felsen ging. Vielleicht hatte es sich um eine Wette gehandelt. Ich hob sie auf und schleuderte sie weit in die Felsen hinein, aus meinem Blickfeld.

In dem dichten Nebel war nur noch die geisterhafte Linie der Gletscherzunge zu erkennen, die sich über ihn bog. Ich versuchte, die Richtung des Gipfels zu erraten, und rief zu den drei Bergsteigern hinauf. Die Antwort kam so prompt zurück, ich dachte, sie würden jeden Augenblick erscheinen. Ich wollte sie mit heißem Tee begrüßen und suchte in ihrem Zelt, das sie nicht weit vom Rest der Hütte aufgeschlagen hatten, nach einem Kessel, während Hezekiah ein Feuer entfachte. Das lenkte uns ebenso von der jämmerlichen Kälte ab wie der Versuch, Wrackteile aus dem Eis zu ziehen und einen Schutzschild gegen den eisigen Wind zu bauen. Es war gut möglich, dass die Träger den Mut verloren und umkehrten. In der letzten Nacht war durchgesickert, dass bis auf Mtu Massara keiner von ihnen je bis zur Schneegrenze gekommen war. Mtu Massara traf keine Schuld. Es gab nur eine begrenzte Zahl guter Träger, und die Bergsteiger hatten die erste Wahl gehabt. Es bedeutete nur, die Nacht in diesem elenden Unterschlupf zu verbringen, und je später es wurde, desto ernsthafter bemühte ich mich, ihn einigermaßen gut einzurichten.

Zwischen vier und fünf Uhr trafen aber glücklicherweise die ersten Träger ein.

Nur die Stimmen vom Gipfel waren nicht nähergekommen, und ich begann, mir Sorgen zu machen. Der Abstieg der drei Kletterer dauerte bereits sechs Stunden, vom Zeitpunkt an gerechnet, als ich sie auf dem Gipfel sah. Es blieb nur noch eine gute Stunde Tageslicht. Außerdem war Neumond. Zwischen ihnen und dem Camp lag der Gletscher. Bei dieser Kälte von der Nacht überrascht zu werden, könnte ernsthaft gefährlich werden. Bestimmt waren sie mit leichter Ausrüstung unterwegs. Wie immer in solchen Fällen fing man sofort an, sich tausend Gefahren auszumalen. Es könnte aber helfen, ihnen mit warmer Kleidung, Essen, Thermoskanne, Brandy-Flasche und ein paar Laternen über den Gletscher entgegenzugehen. Es gelang mir, Mtu Massara und Magadi, ihre Müdigkeit vergessen zu machen und mich zu begleiten. Ich bot ihnen auch meine Extra-Schuhe an, sie waren jedoch zu klein. Aber sie hassten Schuhe sowieso und schienen zu glauben, dass sie sicherer zu Fuß wären, wenn sie ihre Zehen in den Schnee graben konnten.

Ich suchte den Gletscher oben und unten hastig nach Fußspuren ab, und da ich keine fand, kletterten wir auf halber Höhe zum Point Lenana, von wo aus der Gletscher am sichersten aussah, und seilten uns dann ab.

Unvermittelt rissen die Wolken auf. Der Gipfel thronte in seiner ganzen Höhe unerwartet nah über uns, ein messerscharfes Relief. Hoch oben machte ich zwei Gestalten aus, im Schatten dann eine dritte. Entsetzt über diese Entdeckung versuchte ich abzuschätzen, wie weit der Gletscher noch unter ihnen lag. Die Gipfelwand war im Schatten, durch das Fernglas konnte ich die Bergsteiger jedoch sehen. Das Kletterseil, das sie miteinander verband, leuchtete weiß. Ihren Abstieg zu beobachten, zu sehen, wie sie sich über einem dreihundert Meter tiefen Abgrund von einem Felsvorsprung zum nächsten schwangen, hielt mich in ängstlicher Spannung. Eine Steinlawine, die plötzlich mit hohlem Klirren am Hang niederging, ließ mein Herz bis zum Hals schlagen.

Mit jeder Minute, die verstrich, bezweifelte ich mehr, es bis zu dem Punkt zu schaffen, an dem sie wahrscheinlich herabkommen würden. Wollten wir es über die Höhe versuchen, sah es nach einem dreistündigen Aufstieg aus, geradeaus waren wir durch eine steile Eispiste und einen Abgrund, einen richtigen Bergschrund, abgeschnitten. Unten herum schien es am ehesten möglich, vielleicht aber auch nur, weil ich die Strecke nicht sehen konnte. Ich wollte die Bergsteiger nicht durch Zurufe aufhalten, aber es war meine einzige Chance. Langsam und überdeutlich rief ich hinauf: »Wie seid ihr gekommen, von o-ben oder un-ten?« Die Antwort kam erstaunlich deutlich zurück: »Un-ten!« »Alles in Ordnung?« »Ja!«

Welch eine Erleichterung. Wir eilten zum Camp zurück, wo ich uns dreien rasch einen heißen Tee machte. Mtu Massara und ich waren beide fast blind vor Höhenkrankheit, jeder von uns schluckte dreißig Gran Aspirin, dann ging es wieder los. Diesmal entdeckten wir die Fußspuren und überquerten den Gletscher.

Der Nebel hatte sich verzogen, in den schräg einfallenden Sonnenstrahlen leuchtete der Gletscher golden und grün, alles war wieder freundlich und sicher. Nur der kalte, unergründliche Nebel gab einem das deprimierende Gefühl von Unheil und Risiko. Wenn er niedersank, kam es einem vor, als würde er sich nie wieder heben. Wenn er sich dann hob, verschwand er wie ein böser Traum, und die Gipfel standen so gelassen und stark da wie immer.

Wir waren fast schon auf der anderen Seite des Gletschers, da rief Magadi: »Da sind sie!«. Die Bergsteiger erreichten den Gletscher, als wir zum Fuß der Felsen kamen. Dann ging die Sonne unter.

Meine Ängste erschienen mir jetzt wirklich töricht, und natürlich hatten die drei Kletterer sie nie geteilt. Sie waren zweimal bis zum Gipfel gestiegen und wussten genau, wie viel Zeit sie der Abstieg kostete. Auch der Nebel hatte sie bei Weitem nicht so beunruhigt wie uns. Die Laternen wurden nicht entzündet. Auch die warmen Mäntel kamen nicht zum Einsatz. Kuchen und heiße Brühe stießen dagegen auf Gegenliebe. Dann machten wir uns gemeinsam wieder auf den Weg über den Gletscher und rutschten unbeschwert zwischen den Gletscherspalten abwärts, wo ich mich kurz zuvor nur respektvoll auf Zehenspitzen entlanggehangelt hatte, wobei die Boys wie ein Paar verängstigter Ponys am hinteren Ende des Seiles hingen.

Als wir den Curling Point erreichten, sah ich voll Dankbarkeit, dass die Träger mein Zelt auf dem Boden der Hütte aufgeschlagen hatten, neben meinem provisorischen Unterschlupf. Ich suchte die Büchsen mit den vielversprechendsten Etiketten zusammen, nahm den Topf mit den Kartoffeln, die der gewissenhafte Hezekiah vorgekocht hatte, und gesellte mich zu den Bergsteigern. Ihr Zelt war noch kleiner als meines. Wir verstopften jede Ritze, jeden Spalt, boten der Kälte erfolgreich die Stirn, aßen uns satt, bis ich schließlich die ganze Geschichte ihres Aufstiegs erfuhr.

Hier am Ort des Geschehens erzählt, erhielt sie epischen Glanz.

Jeder Amateur, der diese beeindruckende Felswand betrachtete, konnte sich bemerkenswerterweise vorstellen, nach oben zu gelangen. Am frühen Morgen hatte ich mit dem Gedanken gespielt, den Berg zu besteigen, später die Hoffnung genährt, dass sie mich mitnehmen würden. Jetzt begriff ich, dass sie nicht nur zweimal auf dem Gipfel waren, dass im Übrigen nichts sie dazu brachte, es kaltblütig ein drittes Mal zu wagen, vor allem aber, dass dieses Unternehmen jede gewöhnliche Klettererfahrung bei Weitem überstieg. Die drei waren erfahrene Bergsteiger, sie hatten echte Prüfungen im Lake District und in den weit schwierigeren Alpen hinter sich. Ihrer Meinung zufolge – und unter Berücksichtigung der Höhe, in der man schneller erschöpft ist und die Präzision nachlässt –, ist Mount Kenia so schwer zu besteigen wie das Matterhorn. Sie verglichen ihn auch mit dem La Meije in den Dauphiné-Alpen.[29]

Die drei Bergsteiger hatten mich eingeladen, einen Tag mit ihnen durch die Felsen zu klettern – eine Gelegenheit, die mir der Himmel schickte. Allein über die Gletscher zu streifen oder höher hinaufzusteigen, wäre zu gefährlich gewesen, und die Einheimischen waren in diesem Fall eher eine Last als eine Hilfe.

Den ganzen Tag lang gab es keine einzige Wolke, die sich zwischen uns und die Sonne schob oder die gläserne Reinheit der Gipfel trübte. Man könnte meinen, dass ein starker Wind,

29 Bei den drei Bergsteigern handelte es sich um Sir P. Wyn-Harris, Mr. E. Shipton und Mr. G. A. Sommerfelt.

***

Der Nelion wurde im Januar 1929 von einer kleinen Gruppe unter Eric Shipton bestiegen. Shiptons erfolgreicher Aufstieg auf den Batian im Zuge der Expedition, bei der er Vivienne auf dem Berg begegnete, war der erste nach Mackinders Besteigung 1899. [Alexander Maitland]

der den Nebel in Schach hält, klares Wetter bedeutet, dabei lieben die Wolken nichts mehr als einen stillen, sonnigen Morgen.

Wir überquerten den Lewis-Gletscher ohne Seil. Die drei Kletterer hielten ihn für einen der sichersten Orte der Welt. Er war anders als alle Gletscher, die ich bisher gesehen hatte, denn sein Eis schmilzt tagsüber unter den vertikalen Sonnenstrahlen und füllt viele der Gletscherspalten bis zum Rand mit Wasser, das in der Nacht wieder gefriert. Wir folgten den Geröllhalden rund um Point John, am südlichen Ende des großen Grats, der sich von dort aus zu einem schmalen Sattel verengt und dann als schöner, kleiner Gipfel in die Höhe steigt, so symmetrisch wie eine der Nadeln der Kleopatra[30].

Nach einem aufregenden Anstieg durch eine Bergschlucht mit Schiefer und losem Felsgestein, den ich alleine nie gewagt hätte, erreichten wir den höchsten Punkt des Sattels, etwa 4.700 Meter hoch, und fanden uns unter einem natürlichen Torbogen wieder. Er rahmte den Blick auf die ganze Südseite mit dem Darwin- und Tyndal-Gletscher, und wir blickten geradewegs zu dem kleinen, vertrackten Diamond-Gletscher hinauf, der buchstäblich zwischen Batian und Nelion zu hängen schien. Messerscharfe Grate liefen zu beiden Seiten in die Höhe und bildeten ein Amphitheater – auf unserer Seite nahmen sie ihren Ausgang beim Point John, der so steil aufragte, dass er sich über uns zu lehnen schien, auf der gegenüberliegenden endeten sie abrupt mit dem Point Piggot. Dann fielen sie zum Two Tarn Col hin ab, einem Pass, wo zwei kleine Seen wie Smaragde in einem Bassin aus rotem Fels liegen und die Erde vor der regenbogenfarbenen Weite begrenzen.

Wir saßen da und blickten auf diese Welt in erstarrter Bewegung: abfallende Gletscher, leuchtend im Sonnenlicht, hoch aufragende Gipfel und Abhänge, warm und lebendig vor dem

30 Als »Nadeln der Kleopatra« werden im Volksmund drei altägyptische Obelisken bezeichnet, die im 19. Jahrhundert in London, Paris und New York aufgestellt wurden. [KR]

tiefblauen Himmel. In dieser vollkommenen Stille hielt sich selbst der Wind zurück. Als das Auge über die schwungvollen, himmelhohen Linien glitt, erwachten sie in der Herrlichkeit des Rhythmus zum Leben: Diese vollkommene Stille war ein Triumphgesang.

Wir wunderten uns, dass es keine Lawinen gab, auch keine Steinschläge, dort, wo der Diamond-Gletscher über den Felsen schmelzen muss und der Frost sie sprengt. Und gerade, als wir davon sprachen, löste sich eine Lawine hoch oben vom Tyndal-Gletscher und raste mit einer hochstiebenden Wolke aus Schnee den Hang hinab.

Wir stiegen bergab, hielten an, um aus dem eiskalten Bach zu trinken, der vom Darwin-Gletscher herunterfloss, und gingen weiter bis an die Zunge des Tyndal-Gletschers. Wie ein Meeresarm ragte sie über ein Becken mit durchscheinend grünem Wasser. Von dort schauten wir in eine blaue Eishöhle hinauf, wo die hellen, tanzenden Spiegelungen über die glasklaren Wände glitten und wieder zurück ins Wasser tauchten.

Ein weiterer Aufstieg, und wir waren oberhalb der Seen. Eine Stunde oder mehr lagen wir im heißen Sonnenschein, beschatteten die Augen mit den Händen und betrachteten den überwältigenden Gipfel. Bis auf den Schatten eines Adlers, der über dem Fels kreiste, regte sich nichts.

Angesichts des Gipfels dort vor mir, der sich in Linien erhob, die ihm eine Schönheit aus Gelassenheit und Gleichgewicht gaben, die ich nur schwer dem bloßen Zufall zuschreiben konnte, erinnerte ich mich daran, dass Professor Gregory[31] in ihm »den zerstörten Rumpf eines alten Vulkans« diagnostiziert hatte, »der in seinem aktiven Zustand ein paar hundert Meter höher gewesen sein muss als heutzutage, ja selbst höher als sein großer Zwilling, der Vulkan von Kilima Njaro. … Der Haupt-

31 John Walter Gregory (1864–1932) war ein britischer Geologe und Entdecker, der 1893 nach Ostafrika gereist war. [KR]

gipfel besteht aus Fels, der sich im Schlund des Vulkans verfestigte, als die vulkanischen Kräfte nachließen; er verfestigte sich als Pfropfen aus hartem Gestein, der den Ausgang versiegelte wie ein Korken eine Flasche. Dieser Pfropfen ist jetzt als Gipfel des Vulkans übriggeblieben, was der Erosion des loseren vulkanischen Tuffgesteins geschuldet ist, das die Wände des Kraters und des Schlots bildete.«

Mir waren diese kalten wissenschaftlichen Wahrheiten fremd, und ich lehnte den Vergleich des herrlichen Gipfels mit einem bloßen Pfropfen ab. Ich hatte das Gefühl, dass die Vergangenheit die Gegenwart schmälerte. Und dann sah ich plötzlich, dass in diesen geologischen Tatsachen die größte Poesie lag, und während ich den Berg betrachtete, versuchte ich mir die gewaltigen Konvulsionen vorzustellen, die ihn bis in seine tiefsten Tiefen erschüttert hatten. Wenn man ein wenig von der Geschichte des Berges wusste, wurde man von ihm gewissermaßen ins Vertrauen gezogen. Er mochte ein toter Vulkan gewesen sein, war aber immer noch lebendiger Fels, und seine Unveränderlichkeit verkündete in jeder aufstrebenden Linie die Kraft der Bewegung.

Mir gefiel das Bild von seinem »Schlund«: Selbst Milton[32], der über einen großen Reichtum an Bildhaftigkeit und poetischer Kraft verfügte, wäre es nicht gelungen, in einem einzigen Wort, das zugleich an die Saite menschlicher Emotion rührte, den Sachverhalt treffender zu beschreiben. Die Wissenschaftler sind die wahren Poeten. Sie begegnen ihren Themen mit mehr Einfühlungsvermögen, als wir anderen es auch nur ansatzweise ahnen mögen.

Man muss den Berg wirklich von der Südseite aus sehen. Im Osten, am Curling Pond, ist man schon zu hoch und der Gipfel, der jetzt vielleicht dreihundert Meter über einen hinaus-

---

32 John Milton (1608–1674), englischer Dichter und politischer Denker, hat die angelsächsische Literatur und Kultur entscheidend geprägt. [KR]

ragt, nichts als ein Fels, eine Aneinanderreihung von spitzen Zähnen. Auf der Südseite erhebt er sich aus einer größeren Tiefe, und die beiden Gletscher tragen ihn auf leuchtenden Schwingen in den Himmel.

Obwohl wir den steilen Anstieg zum Pass vermieden und den Ausläufer des südlichen Grats unterhalb von Kleopatras Nadel umrundeten – auf der Karte ist er als Midget Peak verzeichnet –, schien der Rückweg unendlich. Es war eine erbärmliche Kletterei über Schiefer und von Felsblock zu Felsblock, die Stufen waren viel zu hoch, wie bei den Pyramiden, man musste sich bei jedem Schritt vorbeugen und die Knie hochheben, was in dieser Höhe den dreifachen Atem kostete.

Ich war permanent die Letzte, eine demütigende Leistung. Die reizenden Bergsteiger versicherten mir mitfühlend, dass ihnen die Höhe anfangs auch zu schaffen gemacht hatte – mir war durchaus bewusst, dass sich bei mir auch nach einer Woche nichts ändern würde –, und es schien ihnen nichts auszumachen, auf mich zu warten. Der ganze Tag war eine betrübliche Offenbarung. Nicht nur, dass ich ihnen ein Klotz am Bein war, ich brachte es auch fertig, an Stellen, wo sie sich mit katzenhafter Präzision bewegten, einen Felsbrocken loszutreten, der unter mir den Berg hinunterschoss. Schließlich mussten auf einem schwierigen Stück zu meiner Schande – auch wenn es für so ein großes Wort zu lustig war – eine Reihe von Eispickeln eingeschlagen werden, um meinen Füßen Halt zu geben.

Aber ich hatte viel zu viel Spaß, um lange darüber nachzudenken. Es macht einem nichts aus, *gründlich* geschlagen zu werden. Ärgerlich sind nur die halben Sachen. Wäre ich allein vor dem Gipfel gestanden, mir wäre nicht klar gewesen, dass ich bereits geschlagen war. Er hätte mich so lange herausgefordert, bis ich mir auf ihm vielleicht den Hals gebrochen hätte. Im Bergsteigen steckt aber mehr, als sich einfach nur zu trauen. Genauso wenig wie ein Anfänger mit Erfolg ein Skirennen oder ein Autorennen wird meistern können, wird ein unerfahrener Bergsteiger einen anspruchsvollen Gipfel bezwingen. Ein Mensch, der seinen Willen über sein Können stellt, ist wie ein Vogel ohne Flügel. Am Rande des Lewis-Gletschers, unterhalb vom Point John, hatten wir eine Thermoskanne mit Tee deponiert. Der Gedanke daran spornte meine erlahmenden Kräfte an, und als wir endlich dort angelangt waren, rasteten wir eine halbe Stunde.

Ich nahm den Gletscher nun nicht mehr so ernst, stellte aber fest, dass er einige eindrucksvolle Gletscherspalten versteckt hielt. Obwohl ich der Spur der Bergsteiger recht gewissenhaft folgte, brach ich plötzlich ein und bewahrte mich nur durch den Einsatz meiner Ellenbogen davor, ganz zu verschwinden. Ich hoffte, ihnen entginge diese letzte Tölpelei des Tages, wie ich trat und strampelte, um freizukommen, aber so etwas geschieht selten unbemerkt. Sie machten kehrt, um mich herauszuziehen. Ich schämte mich. Wahrscheinlich war es bislang noch keinem gelungen, in eine Spalte des Lewis-Gletschers zu fallen. Aber die Aufregung vertrieb jede Müdigkeit. Ich verfiel in ein gutes Tempo und war jetzt unerhört beschwingt.

Nach Sonnenuntergang erreichten wir das Camp. Dort stand ein neues Zelt: Mr. Carr war vor Kurzem eingetroffen. Freundlicherweise lieh er mir einen Ölofen, ein willkommener Luxus in der beißenden Kälte. An diesem Abend war keiner gesellig. Bei der ersten Gelegenheit verkroch ich mich in meinem Zelt und fühlte mich plötzlich richtig krank. Siki, die uns diesmal nicht begleitet hatte, begrüßte mich aus ihrem warmen Nest in meinen Decken, und wir teilten uns einen Egg Flip. Sie aß genauso wenig wie ich. Wahrscheinlich setzte die Höhe uns beiden zu.

In der Nacht stürmte es so gewaltig, dass ich das Zelt jeden Moment wegfliegen sah. Es war wie ein Schiff im Hurrikan, doch während das Schiff seinen Bug in den Wind steuern und ihm nachgeben kann, bekam die Breitseite des Zeltes den vollen Angriff ab und war dazu auch noch im Holzboden verankert. Es hielt dem Sturm tapfer stand, auch wenn es von den heftigen Böen, die vom Gletscher herabjagten oder es hinterrücks attackierten, bebte und rüttelte. Ich lag in der Dunkelheit und tröstete mich mit dem Gedanken, dass mein Bodentuch fest mit dem Fels verbunden war. Was auch geschah, das Zelt konnte nicht ohne mich wegfliegen.

Es lag etwas Beängstigendes in den wilden Anstürmen, die ich von fern heranziehen hörte. In gespanntem Warten lag ich da, endlos, wie mir schien, bis sie wütend über mich hereinbrachen. »Kenia ist zornig, weil sein Frieden gestört wurde«, dachte ich, als der Hagel wütend auf die Zeltplane prasselte. In diesem Moment konnte ich den Aberglauben der Einheimischen und ihre Ehrfurcht vor dem Berg sehr gut verstehen.

Als ich morgens erwachte, lag der Schnee mehrere Zentimeter hoch auf mir und allen meinen Sachen. Ich zündete den Ofen an und trocknete alles, so gut es ging. Es stürmte und schneite noch immer, kein Träger würde mich hören, selbst, wenn ich aus voller Kehle riefe. Und wenn doch, würden sie sich bestimmt nicht in den scharfen Wind wagen. Das war ihnen kaum vorzuwerfen. Auch mich hätte gerade nichts auf der Welt aus meinem kleinen, vergleichsweise warmen Unterschlupf herauslockt.

Um elf Uhr tauchte einer der Bergsteiger auf, und fragte, ob ich zum Aufbruch bereit sei. Ich hatte nicht erwartet, dass irgendjemand die Träger bewegen könnte, sich auf den Weg zu machen, aber auch sie wollten diesen albtraumhaften Ort um jeden Preis verlassen. Also packte ich rasch zusammen.

Die Zeltschnüre waren vereist und so dick wie Taue. Es war eine Qual, die eisernen Heringe mit bloßen Händen aus dem Boden zu ziehen. Im Nu fegte der Wind durch meine Kleider, und der letzte Rest innerer Wärme war dahin. Für die armen halbnackten Träger musste es fünfzig Mal schlimmer sein. Sie waren vor Kälte ganz betäubt, hörten und verstanden keine Anweisung mehr und ließen jeden Augenblick alles stehen und liegen, um sich enger in ihre Decken zu wickeln.

Trotz des schlechten Wetters beschloss Mr. Carr heroisch, noch eine Woche, vielleicht sogar zehn Tage an diesem eisigen Ort zu bleiben, um die Hütte wieder aufzubauen. Er hatte dazu eigens einen jungen Mann und zwei indische Zimmerleute mitgebracht. Er liebte den Berg. Beide Hütten hatte er auf eigene Kosten und zum Nutzen der Bergsteiger errichten lassen, wofür sein Name mit Dankbarkeit erinnert wird.

Im Laufe unseres Abstiegs ging der Eisregen in Regen über. Einige trostlose Stunden lang stapften wir durch Schneematsch und Lehm, bald nass bis auf die Knochen. Der Nebel war so dicht, dass wir unterhalb von Hall Tarn vom Weg abkamen. Durch Glück und einen unerklärlichen Instinkt, der im Moment der Gefahr erwacht, erinnerte ich mich an eine bestimmte Zone im Sumpf, schlug mich nach links und stieß dort wieder auf den Weg. Die Bergsteiger hatten ihr Camp nicht am Hall Tarn aufgeschlagen, sondern bei einem großen Felsen im Tal der Riesenschopfbäume. Als wir dort ankamen, machten wir halt und teilten uns den letzten Apfel. Ein paar Minute später traten wir in leuchtenden Sonnenschein.

Wie ein Traum waren unsere Sorgen verflogen, und man dachte schon, dass sie eigentlich recht erträglich gewesen waren, auch wenn man sich innerlich wie ein Hund schüttelte und glücklich war, es hinter sich zu haben.

Wir trödelten fröhlich zurück, und als wir den langen Grat oberhalb des Nithi-Tals erreicht hatten, stand keine Wolke mehr am Himmel, und unter dem frischen Schnee blickte Mount Kenia klar und ätherisch auf uns herab. Die langbeinigen Schatten schlichen sich bereits durch das Tal auf seine Hänge zu, die Abgründe umrahmten ihn zu beiden Seiten, Lake Michaelson lag als grüner Spiegel zu seinen Füßen. Jeder von uns fotografierte in der Hoffnung, etwas vom Wunder der frischen Farben einzufangen oder zumindest von der perfekten Komposition.

Bei Sonnenuntergang erreichten wir die Hütte. Sehr gegen ihren Willen bestand ich darauf, dass die Bergsteiger drinnen schliefen. Ich war sehr glücklich in meinem kleinen Zelt und wollte am nächsten Tag lieber mit Muße in die Hütte einziehen. Alles, mich inbegriffen, musste gründlich geschrubbt werden, bevor es zum normalen Leben zurückkehren konnte.

Einmal mehr saßen wir in der Hütte um den Tisch und krönten den Abend mit einem denkwürdigen Punsch. Ich brachte einen Toast auf den Aufstieg aus, und wir erhoben unser Glas auf den prachtvollsten aller Berge.

Kapitel 13

Das Feuer

Wahrscheinlich ruft jeder, der eine Zeitlang diese einfache Art von Leben geführt hat, mit Thoreau: »Werdet einfacher! Werdet einfacher!«, und denkt, er habe eine große Entdeckung gemacht.

Im ersten Rausch dieser Entdeckung schrieb ich meine Überzeugung nieder, das Leben könne viel glücklicher sein durch eine allgemeinere Rückkehr zur Einfachheit. Ein Mensch muss sein Leben damit verbringen, sich für seine Familie abzumühen, das ist wahr, aber so viele Dinge, denen er sein Leben und seinen Geist widmet, führen nicht zu wirklichem Glück, oder auch nur zu Vergnügen. So viel wird der Konvention oder dem Effekt geopfert, und der Besitz, für den er arbeitet, versklavt ihn schließlich. Die Zeit ist so kurz, und genau diese Dinge rauben ihm die Zeit und die Aufmerksamkeit, die dem gelten sollte, was vital und beständig ist ... Je breiter die Stufe vor deiner Haustür ist, heißt es in meinem Tagebuch weiter, desto mehr bist du von Mauern und Grenzen umgeben, desto mehr entfernst du dich von der Natur. Wenn man den Kontakt zur Natur verliert, führt das oft zum Verlust des Bedürfnisses, ruhig zu sein und über die Dinge nachzudenken. Hier öffnet sich die Tür meiner winzigen Hütte direkt zum Hang, die Blätter wehen wie freundliche Boten mit dem Morgenwind hinein, und die Vögel hüpfen furchtlos um meine Füße. Ich glaube wirklich, dass man an diesen Dingen mehr Freude hat als an der

Last und Verantwortung, die Besitz mit sich bringt, der einen letztlich von diesen Dingen abschneidet.

Wenn wir nicht so sicher wären, dass die Sonne morgen wieder aufgeht, mit welcher Ehrfurcht und Freude würden wir sie willkommen heißen? Und dieses Glück ist für alle da, so wie die Sonne für alle scheint, aber nur weil es einfach da ist, gehen wir daran vorbei, womit wir uns selbst verleugnen.

Wir empfinden nur dort Dankbarkeit, wo wir uns dazu verpflichtet fühlen, wir schätzen, was schwer zu bekommen ist oder mit barer Münze bezahlt werden muss, um es zu besitzen. Was allen gehört, gehört keinem, und wir betrachten das, was uns gefällt, mit mehr Bedauern als Freude, da wir es nicht besitzen. Aber was ist durch Besitz zu gewinnen? Du hast den Grundstein zur Unruhe gelegt und glaubst, du seist zufrieden. Doch der Geist der Freude ist ebenso wenig greifbar wie das Schillern, das sich von den Flügeln des Schmetterlings löst, den du gefangen hast.

Du irrst dich, wenn du denkst, dass du das Schmuckstück, das du jetzt endlich besitzt, ständig betrachtest. Kaum dass du es besitzt, schließt du es weg, verwahrst es in einer Schatzkammer, und wendest dich neuen Eroberungen, neuen Errungenschaften zu.

»›Liebst du Blumen?‹, fragte er.« Ich zitiere aus *Will o' the Mill*. »›Ich liebe sie sehr‹, antwortete sie. ›Liebst du sie?‹ ›Eigentlich nein‹, sagte er, ›nicht so sehr. Es sind doch alles in allem recht kleine Dinge. Ich kann schon verstehen, dass Menschen sie sehr lieben, nicht aber, dass sie mit ihnen das tun, was du jetzt tust.‹ ›Was tun?‹, fragte sie, innehaltend und zu ihm aufblickend. ›Sie pflücken‹, sagte er. ›Es ist ihnen viel wohler da, wo sie sind, und sie sehen so im Grunde genommen auch viel hübscher aus.‹ ›Ich möchte sie ganz für mich haben‹, erwiderte sie, ›sie an meinem Herzen tragen und sie in meinem Zimmer halten. Sie locken mich, wenn ich an ihnen vorbeigehe; sie scheinen mir zuzurufen: Komm und mach etwas mit uns – aber so wie ich sie geschnitten habe, ist der Zauber dahin, und ich kann sie leichten Herzens ansehen.‹ ›Du willst sie besitzen, um nicht mehr an sie denken zu müssen‹, versetzte Will. ’Es ist ein klein wenig so, als tötetest du die Gans mit den goldenen Eiern. …«[33]

An einem der Nachmittage kam Mr. Carr von den Gletschern zurück. Die Arbeit war getan. Es freute ihn, seine Hütte so gepflegt zu sehen, er bewunderte meine Neuerungen, selbst das kleinste Detail, bis ich vor Stolz bebte, und erklärte, ich könne so lange bleiben, wie ich wolle. Und obwohl er den Berg liebte und die Hütte sein Augapfel war, fragte er mich plötzlich, wie ich die Einsamkeit ertrage. Ich konnte nur vage auf das Land weisen und fragen: »Wie kann man sich bei all dem einsam fühlen?« – eine Bemerkung, die bisher noch niemanden überzeugt hatte.

Unmöglich, das freundschaftliche Wesen eines Ortes zu erklären. Der Baum vor meiner Tür – ein Kossobaum mit wolligen hellgrünen, kastaniengleichen Blättern – verbreitete freundliche Geräusche und erinnerte mich oft sanft an seine Gegenwart, damit ich aufschaute und ihn grüßte. Das war keine Einbildung. Vor allem, wenn ich las oder schrieb und nicht an ihn dachte, setzte er alles daran, um mich auf sich aufmerksam zu machen.

Natürlich war es abenteuerlich, Mr. Carr davon zu erzählen. Abends, nachdem er gegangen war, schrieb ich in mein Tagebuch: Die Einsamkeit schloss sich wieder über mir, und ich lief los, ließ mich ins Heidekraut fallen und versank, während der Nebel aufstieg, in eine so tiefe Meditation, dass die Vögel umherhüpften und sich fragten, ob sie Blätter sammeln sollten, um mich zuzudecken. Einsam? Ich wiederholte ein ums andere

33 *Will o' the Mill* (1878) ist eine allegorische Kurzgeschichte des schottischen Dichters Robert Louis Stevenson (1850–1894). Hier zitiert nach der deutschen Fassung *Will von der Mühle*, übersetzt von Marguerite Thesing, 1887. [KR]

Mal: Wie könnte man sich in seinem eigenen Element einsam fühlen? Dieser warmen und verständnisvollen Erde entstammte auch ich, aus ihr bin ich gemacht, zu ihr werde ich zurückkehren, und die Bäume und Blumen und Tiere und Vögel sind meine Blutsgeschwister, wir leben zusammen unter demselben Himmel, wärmen und erfreuen uns an derselben Sonne, werden geliebt und erlöst von demselben Gott …

Die Menschen betrachten die Einsamkeit als etwas Schlechtes, sie suchen im Leben und in den anderen Zuflucht vor sich selbst. Es gibt aber kein endgültiges Entkommen, und schließlich müssen sie sich doch selbst begegnen. »Erkenne dich selbst.« Es besteht keine Gefahr einer übertriebenen Selbstbetrachtung, sie liegt nur im Grenzgebiet der Selbsterkenntnis, denn sobald du etwas ganz und gar kennst, suchst du nach etwas anderem.

In der Natur lernst du dich zu erkennen als das, was dir am nächsten ist, womit du leben und arbeiten musst. Danach kannst du deine Existenz in den Millionen schöner und spannender Dinge um dich herum vergessen. Das ist die höchste Prüfung, da in der Natur nichts Falsches existieren kann. Wie eine Schale musst du alles Oberflächliche abwerfen, es hat dort keinen Platz. Du bist dem Leben und dem Tod nah, den wirklichen Dingen, die schön, gesund und einfach sind, und ehe du nicht selbst einfach geworden bist und selbst herausgefunden hast, was Wahrheit für *dich* bedeutet, stehst du nur an der Schwelle: außerhalb der Zivilisation, allein in der Wildnis. Kein Wunder, dass die Menschen Mitleid mit deiner Einsamkeit haben, denn an dieser Schwelle zu sein – für das eine verloren, vom anderen noch nicht aufgenommen –, ist tatsächlich die größtmögliche Einsamkeit der Welt, unermesslich und furchterregend …

Bekommst du nach aller Qual des Geistes eine Ahnung von der Wahrheit, *glaub* daran, folge ihr, entgegen jeder anderen Meinung. Gedanke und Handlung beginnen beim Einzelnen und gelangen durch ihn in die Gesellschaft, den Staat, die Völker, die Welt, sodass es nur vernünftig ist, dass jeder zunächst sorgfältig in sein eigenes Herz schaut und dort die besten Samen sät, die er finden kann. Nur wenn es ihm gelingt, dieses Gefühl der Einheit – Wahrheit, Harmonie, nenn es, wie du willst – zu seinem eigenen zu machen, kann er es weitergeben.

Der Weg dahin ist im Grunde genommen unwichtig. Für die einen mögen es die Einsamkeit und die Natur sein, andere sind bereits so reif, dass sie beides in sich tragen und sie den Weg zurück zur Quelle ohne diese gesegneten Gelegenheiten zur Einsamkeit finden können.

Einige Abende später riefen mich die Boys, um mir ein Buschfeuer zu zeigen, das sich den Hang hinauffraß und ihn in der Dunkelheit mit einem Flammengürtel umgab.

Es schritt in hellleuchtenden, unregelmäßigen Bögen voran, gründlich und erschreckend, der Wind kämmte seine dicken Rauchwolken wie eine zornige Mähne zurück. Nichts würde es aufhalten können, bis es auf Schnee und Eis biss. Ein zweites Feuer loderte hinter der Bergkuppe gegenüber der Hütte. Hoch darüber vermischte sich der rote, purpurne und violette Rauch zu einer dunklen Masse, die vorwärts strömte und in der Schwärze der Nacht aussah wie eine fantastische Wolke, die rund um die Burg eines Zauberers wogte.

Ich rechnete damit, dass die Flammen jeden Moment über die Kuppe schlugen. Das Feuer musste aber meilenweit entfernt sein, denn der Rauch blieb in dieser Nacht und den ganzen nächsten Tag lang in der Luft hängen, ohne seine Position merklich zu verändern. Abends spielten die sinkende Sonne und die Flammen gleichzeitig mit ihm, wickelten die riesigen Rauchschwaden auf und entrollten sie wieder in prachtvollem Opal, Kupfer und Purpur, ein wildes, waghalsiges Farbexperiment, unheimlicher und faszinierender als man es sich hätte vorstellen können.

Ich hatte für den nächsten Tag einen Ausflug zu Carr's Lakes geplant, sie lagen in derselben Richtung, aus der das Feuer kam. Ich wollte es mir aus der Nähe ansehen und so gleich zwei Fliegen mit einer Klappe schlagen. Ich stellte den Wecker, verlässlicher als Hezekiahs dehnbare Vorstellung von Zeit, auf vier Uhr früh. Ich liebte es, früh loszugehen, selbst wenn das Wasser in den Eimern oft noch gefroren war und das Aufstehen elende Mühe bereitete.

Ruckartig erwachte ich beim metallischen, betäubenden Rasseln des Weckers und stopfte das verflixte Ding unter mein Kissen. Nichts ist taktloser und aggressiver als ein Wecker, der nicht aufhören will zu rappeln, wenn man bereits wach ist.

Ich schlug die Augen auf. Anstatt der stockfinsteren Nacht drang ein grelles Licht durch jeden Spalt und jede Ritze der gut belüfteten Hütte. Als ich die Tür aufriss, stand ich einer lodernden Feuerwand gegenüber, die auf einer langen Linie über die Bergkuppe auf mich zukam, keine Viertelmeile entfernt.

Ich sprang in die Kleider und lief los, um die Boys wachzurütteln – ohne den Wecker hätte uns das Feuer im Schlaf überrascht.

Es gab zwei Möglichkeiten, um die Hütte zu schützen: entweder einen großen Graben in das darunterliegende Grasland zu schlagen, oder das Gras auf der anderen Seite der Schlucht anzuzünden und es dem Feuer entgegenzuschicken, um ein paar Hektar zu retten.

Ich beschloss, das Gras anzuzünden. Wir lenkten unseren Brand aufwärts, weg von der Hütte und auf das große Feuer zu, schlugen die Flammen auf unserer Seite aus und kontrollierten beim Weitergehen die Feuerlinie. Anfangs war das gar nicht so schwer. Der nasse Tau und die Windrichtung standen uns bei.

Mit Flegeln, die wir aus Baumheide schnitten, arbeiteten wir wie Schmiede und bewachten unsere Grenze. Der Rauch überrollte uns immer wieder mit beißenden Wogen, und wenn ein Busch Feuer fing, sprangen die Flammen hoch über unseren Köpfen in die Morgendämmerung.

Der Kampf gegen das Feuer hatte etwas Fröhliches, etwas Ursprüngliches. Die Sonne ging ruhig und unnahbar über dem fernen Horizont hinter uns auf, und wir bekämpften die wilden Flammen vor uns. Man wurde aus der Beschaulichkeit in die Wirklichkeit hineingezogen. Die stille Schönheit des Sonnenaufgangs war bleich, stumm und abstrakt. Das Blut pochte schneller während wir zupackten. Die erbitterten, lebendigen, stechenden Flammen, die es zu bezwingen galt: Hier war die Schönheit der Realität, der Nervenkitzel der Angst. Wir lachten und sangen, während wir die Flegel schwangen, aus Freude über den Einsatz unserer ganzen Kraft. Die gleiche Freude, die die hochschlagenden Flammen beseelte, trieb uns, sie zu löschen.

Wir arbeiteten mehrere Stunden lang, bis sich die beiden Feuerlinien getroffen und vermischt hatten.

Alles, was hinter uns lag, befand sich in Sicherheit, ein Gürtel aus schwarzem Ödland trennte uns nun vom herannahenden Feuer. Trotzdem war die Grenze nur ein paar hundert Meter lang, und jetzt, wo wir versuchten, das richtige Feuer anzugreifen, stellten wir fest, dass wir es nicht eindämmten, sondern Meter für Meter vor ihm zurückwichen.

Die Sonne stieg höher, der Tau war getrocknet. Man kann ein junges, noch schüchternes Feuer nach seinen Vorstellungen lenken, wenn man ihm eine Ausflucht lässt und ihm das Futter auf der einen Seite nur verweigert, damit es sich nach Belieben auf der anderen bedienen kann – aber was passiert, wenn man es mit einer Feuerwalze zu tun hat, die entschieden von Hügel zu Hügel rollt, in drei Tagen ununterbrochen an Kraft gewonnen und Geschmack an der Zerstörung gefunden hat und nun verrücktspielt, unersättlich, von einem einzigen Gedanken beherrscht, in klarer Absicht und mit unaufhaltsamer Stärke. In diesem Fall gibt es auch keine Alternative, um das Feuer zu bestechen. Es muss aufgehalten oder restlos gelöscht werden, denn es lässt nichts hinter sich zurück.

Die Hauptsache war jedoch, dass wir es mit unserem eigenen Feuer abdrängen konnten. Wir konnten es nicht löschen, aber zumindest hatte es sich gedreht und raste jetzt über den Hügel, parallel zum Mara River.

Die Linie für den direkten Angriff auf die Hütte hatte es bereits passiert, früher oder später musste der Fluss ihm den Todesstoß versetzen. Die Feuerwalze, fast eine Meile breit, fegte diagonal durch das Tal unter uns, der Landschaft war nicht zu helfen.

Hezekiah bemerkte, auf dem verbrannten Gelände könnten wir einen erstklassigen Gemüsegarten anlegen. Auf einer Landzunge im Sumpfgebiet, die unversehrt geblieben war, entdeckten wir ein paar hohe, vertrocknete Pflanzen, darunter Wacholder, den Hezekiah in lange Stücke schnitt. Aus ihnen schnitzte er herrliche Hirtenflöten, während wir zurückgingen, um nachzusehen, welchen Fortschritt das obere Ende unserer Feuerlinie machte.

Das brachte uns zur Straße, die in Richtung Hall Tarn führte, es war zwar nur ein überwachsener Pfad, bildete aber trotz allem eine einigermaßen sichere Grenze oberhalb und westlich der Hütte, sollte das Feuer von Neuem ausbrechen.

Ich schickte Magadi zurück, um die Filmkamera zu holen, und wir probten mit viel Spaß einen Feuereinsatz. Dann warfen sich die Boys gähnend ins Gras, um noch ein Schläfchen zu machen. Sie hatten sich fast drei Stunden lang ordentlich ins Zeug gelegt, fast ein Rekord. Die Laute, an die ich mich tatsächlich schon am meisten gewöhnt hatte, waren Gähnen und Schnarchen. Spucken auch, ließe sich hinzufügen, das setzte aber einen gewissen Grad an Wachsein voraus. Um sie anzutreiben, schlug ich ihnen ein Wettrennen zur Hütte vor, ein Gedanke, der sie sofort begeisterte, weil er nichts mit Arbeit zu tun hatte, und sie rannten los wie die Hasen.

Wieder zurück, stellte ich fest, dass ich schwarz war wie ein Schornsteinfeger, das Haar versengt, das Gesicht verbrannt, die

Hände voller Blasen. Ich nahm ein belebendes Bad, zog mich um, bevor ich mich ans Frühstück machte und hatte gerade mit dem Porridge begonnen, als die Boys hereinstürzten, um mir zu sagen, dass das Feuer wieder im Anmarsch sei. Sie zogen sofort mit ihren Äxten los, um unterhalb der Hütte eine Schneise durch die Baumheide zu schlagen.

Ich machte mir nicht allzu viel Gedanken, außer, dass ich keine Lust hatte, mich wieder in die rauchgeschwärzten Kleider zu werfen, wo ich doch gerade erst sauber geworden war. Erst einmal würde ich zu Ende frühstücken.

In dem Moment bemerkte ich jedoch, dass unsere Feuergrenze gegenüber erneut in Flammen stand, die sich unglaublich schnell über fast die Hälfte ihrer Länge ausbreiteten. Frühstück und Umziehen waren vergessen. Ich hieb einen frischen Flegel ab und lief los.

Das Feuer hatte schon ein gutes Stück des Streifens verzehrt, den ich zu retten gehofft hatte, und fraß sich auf den Rand der Schlucht zu. Das ursprüngliche Feuer, das wir im rechten Winkel ins Tal lenken konnten, hatte an einer Biegung den Mara River in einem einzigen Satz übersprungen und raste auf unserer Seite des Ufers wieder bergauf. Seine Nachhut wälzte sich über das Land, um die Arbeit zu vollenden, sodass wir im Handumdrehen von drei Armeen gleichzeitig bedroht wurden, die das Netz immer dichter um die Hütte zogen.

Vor ihr erstreckten sich die Straße und die Schlucht, an deren Grund der Fluss strömte. Ich hatte nicht geglaubt, dass das Feuer den Fluss überspringen würde und auch gehofft, die Straße als Verteidigungslinie nutzen zu können. Der Brand, den wir frühmorgens gelegt hatten, sollte das große Feuer daran hindern, bis zur Schlucht vorzudringen.

Während die Boys an unserer Verteidigungslinie arbeiteten und eine Schneise durch die vier Meter hohe Baumheide hackten, hielt ich unterhalb der Hütte Wache, dort wo die Straße eine weite Kurve in Richtung Ebene nahm. Wenn eines der Feuer sie einmal überquerte, würde sich der Kreis in kurzer Zeit schließen. Die eigentliche Bedrohung ging jedoch von der gewaltigen Feuerwalze aus, und als sie heranrollte, bauten wir uns alle mit erhobenen Flegeln am gefährlichsten Punkt hinter der Schneise auf, die wir geschlagen hatten.

Einen erbärmlicheren, unzulänglicheren Widerstand konnte man sich kaum vorstellen. Die Schneise war so nutzlos wie eine Kindersandburg angesichts der Flut. Das Feuer stürmte den Hang hinauf, toste durch die hohe, dürre Baumheide, schleuderte im Wirbelsturm seiner Wut riesige Äste in die Höhe, als wolle es die ganze Erde packen und sie einmal durchschütteln. Die langen, feurigen Flammenzungen loderten hoch in die Luft und mischten sich mit dem zitternden Himmelslicht. Wir standen dort wie Pygmäen vor einer Flutwelle, und ehe wir noch Zeit hatten, unsere Flegel auch nur zu einem einzigen sinnlosen Schlag zu erheben, sammelte sich das Feuer, sprang spielend leicht über die Schneise und begrub uns unter erstickenden Rauchwolken. Der Wind trieb die ganze sengende Woge über uns hinweg, und wir hatten keinen anderen Gedanken, als so schnell wie möglich zu entkommen und Atem zu holen.

Als wir uns durch den dichten Rauch herausgekämpft hatten, standen wir direkt vor der Hütte. Der Graben war verschwunden, unsere Feuerlinie auch, und die Flammen griffen nach der fast sechs Meter hohe Baumheide rings um die Hütte.

Wir holten tief Luft und stürzten uns von Neuem und verzweifelt in den beißenden Rauch. Glücklicherweise drehte der Wind, blies die Schwaden auf die Seite und hielt gegen die Flammen, sodass wir bis an den Wurzelgrund der Baumheide vorstießen.

Vor der Hütte wuchsen dichtes Gras, Heidekraut und Tussockbüschel. Es gelang uns aber, die Flammen einigermaßen rasch auszuschlagen. Dadurch teilten wir das Feuer und drängten es seitlich nach rechts und links zurück.

Die Straße verlief etwa vier Meter vor der Hütte. Meine einzige Sorge war, das Feuer am Hinüberkommen zu hindern – wegen der Riesenbaumheide extrem schwierig. Es gelang uns, es zur Schlucht hinunter zu lenken, ich rannte zurück, um zu sehen, was auf der anderen Seite vor sich ging und stellte fest, dass es bereits über die untere Kurve geschlagen war und uns jetzt von Osten her angriff, wo der Hang mit Riesenbaumheide und hohen Kossobäumen übersät war und oberhalb der Hütte steil nach unten abfiel.

Wir verließen die Schlucht – hätten wir noch fünf Minuten gehabt, vielleicht wäre es uns vielleicht gelungen, das Feuer dort zu löschen – und jagten zurück, um hinter der Hütte eine Schneise zu schlagen. Verzweifelt kämpften wir gegen die Zeit. Jede Position, die wir aufgeben mussten, zwang uns rückwärts näher und näher an die Hütte.

Furchtbar entmutigend war, dass der Boden, den wir dem Feind abgerungen hatten, kaum, dass wir uns umdrehten, wieder in Flammen stand. Die Heidekrautwurzeln brannten unter der Erde weiter. Wie gefährlich das war, erkannte ich, als der Grund vor der Hütte ein zweites Mal in Flammen aufging und sich das Feuer langsam auf die Tür zu fraß, während wir zwischen den Bäumen auf der Ostseite kämpften. Ich beschloss, das Gelände, das wir dem Feuer abgerungen hatten, zu kontrollieren und kein Auge mehr von ihm zu lassen, lief in einem fort auf unserer fast hundert Meter langen Feuergrenze auf und ab und schlug die Flammen aus, sobald sie wieder auflodern wollten – verglichen mit der anderen Arbeit ein leichtes Werk, so als hielte man Schafe vom Streunen ab.

Die Erde war einmal auf unserer Seite, dann wieder gegen uns. Was schon verbrannt war, konnte vergleichsweise als Freund gelten, obwohl das hinterlistige Feuer hier und da unentdeckt weiterschwelte. Am schlimmsten war es mit dem Distelgestrüpp. Es wollte nicht aus freien Stücken brennen und, man war versucht, ihm zu trauen. Aber das Gestrüpp hielt das

Feuer nur länger fest und ging genau dann in Flammen auf, wenn man es für sicher hielt.

Es nahm kein Ende. Wir mussten uns wieder und wieder geschlagen geben, zogen uns immer weiter zurück, bis ich dachte, uns bliebe nichts anderes mehr übrig, als die Riesenbaumheide neben der Hütte zu fällen. Wenn sie einmal Feuer finge, stünde das geteerte Dach sofort in Flammen. Doch es blieb keine Zeit mehr, um dieses Vorhaben auszuführen.

Zog sich das Feuer auf der einen Seite zurück, kam es auf der anderen näher. Aus dem Gehölz über uns loderten jetzt himmelhohe Flammen. Die Welt bestand nur noch aus Brüllen, Tosen, Rasen, Rauschen und Krachen, mit dem das Feuer nacheinander jeden Baum, jedes trockene Unterholz packte und verschlang. Ein massiver, turmhoher Leib aus Flammen wälzte sich den Hang hinab, und wir konnten nichts anderes tun, als hilflos zuzusehen und zu beten, dass unsere in aller Hast geschlagene Lichtung ihm Einhalt gebieten könnte.

Die Angst war schrecklich. Trotzdem, ich konnte auch den anderen Standpunkt sehen. Das war nicht nur irgendein Feuer, es war der Geist des Feuers. Nicht nur ein blindes, entfesseltes Element, sondern ein Geist, der sich selbst in rücksichtsloser Freude zum Ausdruck brachte. Für uns war es zu einer diabolischen und listigen Kraft geworden, die, taktisch und vorausschauend, einen systematischen Feldzug führte. Es gab sich an einem Ort geschlagen, ließ einen Hoffnungsschimmer in uns aufkeimen, nur um ihn dann mit glorreicher Befriedigung gleich wieder zunichtezumachen.

»Sehr gut«, schien es zu sagen, »es ist mir egal, *wo* ich euch erwische, aber ich erwische euch.« Und als es die Ostflanke durch das Gehölz verließ, stürzte es sich geradewegs auf unseren schwächsten Punkt im Norden, wo das Heidekraut einen hohen, verfilzten Dschungel bildete, erstickt von Unmengen trockener, brauner Nadeln. Einmal dort angekommen, hatte es keine Lust mehr, uns zu unterhalten, rief den Sturm zu Hilfe und ging zum letzten Angriff über, um der Sache ein Ende zu bereiten.

Wir standen zu dritt gegen einen fast zweihundert Meter weiten, sechs bis acht Meter hohen Halbkreis aus Flammen, dessen weiße Hitze uns entgegenschlug und der die Büsche in glühender Wut in Fetzen riss. Hatte das Feuer vorher noch mit uns gespielt und uns ausgelacht, so war es ihm jetzt bitterernst: Es ging um den letzten Punkt des Kreises, die entscheidende Stunde der Schlacht eines langen Tages.

Das Feuer gewann an Stärke, während wir die unsere immer mehr verloren. Die Boys arbeiteten in stumpfer Hoffnungslosigkeit weiter, ihre Gesichter gezeichnet, die Lippen trocken und aufgesprungen, Haar und Kleidung versengt und verbrannt. Ich selbst war kaum mehr in der Lage, die Arme zu heben, um den Flegel zu schwingen, mein Kopf drehte sich, ich konnte vor Schmerz kaum noch laufen, sodass ich laut aufstöhnte, um nicht umzukippen oder in Tränen auszubrechen. Es war absolut hoffnungslos, unsere Chancen standen extrem schlecht, und jetzt, wo wir die Flammen in der Riesenbaumheide wer weiß wie hoch über unseren Köpfen bekämpften, standen wir in jeder Hinsicht auf verlorenem Posten. Dort, wo wir gerade alles gaben, riefen wir uns gegenseitig um Hilfe, und immer kam die Antwort: »Hier ist es noch schlimmer!«

Zum ersten Mal schaute ich auf die Uhr. Es war drei. Kein Wunder, dass wir erschöpft waren. Die Zeit hatte aufgehört zu existieren. In Wirklichkeit befanden wir uns seit mehr als zehn Stunden ohne Pause im Einsatz. Jetzt ging es ums Ganze, und wir mussten den Kampf gewinnen. Hezekiah wankte zu mir herüber und murmelte, er schaffe es nicht mehr. Plötzlich schoss mir durch den Kopf, dass wir das Feuer ruhig fünf Minuten sich selbst überlassen könnten, um neue Kraft zu sammeln. Ich lief zur Hütte, holte Wasser, Kuchen, Kekse, alles Essbare, was ich auf einen Griff finden konnte. Wir fühlten uns schwach und krank, zwangen uns aber zum Essen, was uns wie durch ein Wunder belebte und neue Hoffnung gab.

Das Ende kam unerwartet. Im einen Moment waren wir verloren, und dann, ganz einfach, stellten wir fest, dass die Kontrolle bei uns lag. Den ganzen Tag über hatte mal der eine gesiegt, mal der andere, aber als wir begriffen, dass wir es wirklich geschafft hatten, war es zu schön, um wahr zu sein. Unvermittelt endete das Brennen und Tosen: Der Geist des Feuers hatte uns verlassen und zog weiter.

Im ersten Moment konnte ich nicht glauben, dass wir ihn bezwungen hatten – er war zu stark, zu wild, eine Kraft, die einen mit Respekt und Bewunderung erfüllte. Wenn er es wirklich gewollt hätte, so hätte er uns verschlungen. Zuletzt vereinte er seine Flammen in echtem Zorn, erkannte dann seine eigene Stärke und verzichtete darauf, sie unter Beweis zu stellen. Das war eine edle Sache, großartig wie das Kreuz des Südens oder die Wüste oder die Flut. Er hatte uns eine überwältigende Vorstellung seiner selbst gegeben. Während dieser zehn Stunden, so schien mir, lernte ich die Persönlichkeit und die Bedeutung des Feuers kennen, von Angesicht zu Angesicht.

Es war eine erhebende Erfahrung, ungeheuer erschreckend, und ich war von ganzem Herzen dankbar, dass wir ihm entkommen konnten. Hätten die Boys den Urlaub genommen, den ich ihnen angeboten hatte, hätte ich keinen so frühen Aufbruch zu Carr's Lakes geplant, dann wäre die geliebte kleine Hütte wohl nicht zu retten gewesen. Als ich mich in der schwarzen Einöde umsah, die sich zu allen Seiten hin erstreckte, konnte ich es kaum glauben, dass die winzige grüne Insel, auf der ich stand, verschont geblieben war.

Die Boys hatten eine Beharrlichkeit gezeigt, die an Heldenmut grenzte. Im Geiste nahm ich sämtliche Minuspunkte gegen sie zurück. Welche Schwächen sie auch haben mochten, wenn es darauf ankam, zeigten sie sich der Situation mehr als gewachsen.

Ich kochte einen starken Tee mit viel Milch, Zucker und – ohne, dass sie es mitbekamen – mit viel Brandy. Dann holte ich den Arzneikasten hervor, reinigte unsere Wunden mit Öl und verband sie. Wir waren mit Brandmalen und Blasen übersät. Hezekiah hatte sich die Ferse verbrannt, und obwohl ich es kaum bemerkt hatte, waren meine beiden Handflächen nur noch rohes Fleisch.

Danach kontrollierten wir sorgfältig jeden Zoll unserer Feuergrenze, gossen Wasser auf verdächtige Stellen und vergewisserten uns, dass alles sicher war.

Nach Einbruch der Dunkelheit kletterten die Boys in einen Baum und fällten noch einen brennenden Ast. Ich stellte den Wecker so, dass er uns einmal um Mitternacht und ein weiteres Mal in den frühen Morgenstunden weckte, um sicherzugehen, dass auch wirklich alles in Ordnung war. Eine notwendige Vorsichtsmaßnahme. Der Wind hatte die Flammen an zwei Stellen neu entfacht. Wie leicht hätten wir auch jetzt noch alles verlieren können.

Kapitel 14

Arche Noah

Die kleine, etwa einen halben Morgen große Oase, die wir dem Rachen des Feuers entrissen hatten, war wie die Arche Noah. Hier hatten alle Tiere auf unserer Seite des Bergs Zuflucht gefunden.

So wurde der Traum schließlich doch wahr: nicht nur von allen Tieren umgeben zu sein, sondern auch zu wissen, dass sie mir vertrauten und hier nach Nahrung suchten. Jetzt könnte ich wohl wirklich in das Lied des Dichters einstimmen:

Frei alle Tiere, die Vögel und die schillernden Insekten,
Sie kennen mich gut; eine Gemeinschaft sind wir.[34]

Durch Angst und Hunger waren sie alle auf eine rührende Weise zahm. Als ich bei Sternenschein umherging, raschelte es schüchtern über mir in den Zweigen, und über den Pfad trippelten unzählige kleine Füße. Ich zündete ein Streichholz an, um herauszufinden, was einen solchen Tumult zwischen den trockenen Blättern verursachte: Eine kleine Maus richtete sich auf und sah mich an.

Zum Glück besaß ich noch einiges an Reis und Maismehl und konnte allen reichliche Mahlzeiten servieren. Ich ließ Kon-

34 Zitiert vermutlich nach einem Vers des englischen Dichters Robert Browning (1812–1889). [KR]

servendosen mit Wasser in den Boden ein. Wasser war genauso wichtig für sie wie feste Nahrung.

An einem einzigen Tag hatte die Katastrophe Hunderte von Lebewesen überrascht: ihre Höhlen, ihre Nester, vielleicht auch ihre Jungen, alles dahin. Und doch sangen die Vögel so freudig, als wäre nichts geschehen. Die drei Krähen erschienen so erwartungsvoll wie sonst zum Frühstück, die Tauben gurrten so verträumt wie immer von den wenigen verbliebenen Bäumen, der Schrei des Adlers durchschnitt die Stille über der Kuppe wie eh und je. Sie hatten das, was geschehen war, sofort und klaglos akzeptiert, und genau das erfüllte mein Herz mit solchem Mitgefühl. Immer wieder lehrt uns die Erde, das Unvermeidliche zu ertragen. Es liegt an uns, wenn wir mehr leiden als nötig, weil wir dagegen aufbegehren oder uns dem Gedanken daran zu sehr überlassen.

Ich hatte mir eigentlich vorgenommen, während der letzten drei Wochen meines Aufenthalts Blumen zu sammeln. Jetzt konnte ich auf dreißig Quadratmeilen Land keinen einzigen Halm mehr finden, kein einziges Blatt. Über jeden Halt, den ich eingelegt hatte, um das Grün zu genießen, über den letzten Morgen im märchenhaften Tal war ich jetzt doppelt froh.

Dem Feuer war auch der wunderschöne Hortensienbaum an der Straßenkurve unterhalb der Hütte zum Opfer gefallen. Wir hatten gehofft, ihn retten zu können und dazu eimerweise Wasser in den hohlen Stamm gegossen, das in einer Dampfwolke von den Wurzeln herauf zischte. Hezekiah schnitt einen Bambusstecken und trieb ihn neben dem Stamm gut eineinhalb Meter tief in die Erde. Selbst in dieser Tiefe war noch immer Glut. Wir konnten nichts mehr für den Baum tun.

Unterhalb von uns brannte das Feuer unerbittlich weiter. Der Bambuswald stand in Flammen. Ich konnte es an den kontinuierlichen Explosionen hören, die wie Pistolenschüsse knallten. Oberhalb der Hütte fraßen sich drei Feuer über die Bergkämme und durch Täler. Die Straße, die sich in der Ferne hochschlängelte, hielt noch als Grenze stand, sodass sich in der mondlosen Finsternis eine feine Zickzacklinie aus Feuer zeigte, verästelt wie ein Blitz.

Der Effekt dieser Brände war außerordentlich und erinnerte mich an die seltsame Dunstglocke, die über den Vulkanen beim Kiwusee hing. Die Sonne verdunkelte sich zu dem sanften Strahlen eines Februartags im Norden. Ein zartes kupferfarbenes Licht lag über dem Hang, breitete einen goldenen Hauch über die verdorrten Blätter einiger Büsche, die den Flammen teilweise entgangen waren, und veränderte mit schönen, permanent wechselnden violetten, blauen und fliederfarbenen Schattierungen die nackte, trostlose Aschenwüste, die mich von allen Seiten umgab. Über der Landschaft hing eine Traurigkeit, eine unbeschreiblich ruhige Schönheit, wie bei einer Seele, die das Leiden rein und heiter hinter sich gelassen hat. Der Geist dieser Traurigkeit kam unaufgefordert, umarmte mich mit seinen Schwingen, ein unerwarteter und süßer Trost. Ich wusste nicht, ob es eher wie Frühling war, oder wie Herbst. Vielleicht sind sich beide Jahreszeiten letzten Endes nicht unähnlich, vielleicht kehrt dieselbe Zärtlichkeit, die das sehr Junge schützt, nach der Freude und der Bitterkeit des Lebens zum Alten zurück.

Die Brände erzeugten Windstöße, die zu Sturmböen wurden und Wolken von Felsschutt aufwirbelten. Hin und wieder zogen regelrechte Windteufel heran. Immerhin kündigten sie ihr Kommen durch unheilvolles fernes Dröhnen an, sodass ich Tür und Fenster rechtzeitig schließen konnte. Nur einmal war ich zu spät. Die Hütte, gerade geschrubbt und entstaubt, füllte sich im Handumdrehen mit Aschewolken.

Die Boys hatten in einem Baum einen verlassenen Bienenstock mit Honig entdeckt. Täglich kletterten sie an einem Seil hinauf, um den Honig für uns zu aufzufangen. Schließlich brachten sie mir eine dunkle, duftende Wabe, deren Inhalt köstlich schmeckte. Die Wabe selbst war zum Verzehr zu zäh. Sie hätte den besten Kaugummi überlebt.

Neben der Hirtenflöte, die die beiden so ausdauernd und monoton spielten, dass der anfängliche Charme dabei rasch verloren ging, starteten sie einen olympischen Wettbewerb im Speerwerfen auf ein sorgfältig abgestecktes Ziel. Ich hatte große Lust, mitzumachen.

Nur noch kostbare vierzehn Tage waren von meinen zwei Monaten geblieben, und solange die Boys da waren, konnte ich nichts aus meiner Arche Noah machen. Die zutraulichen kleinen, runden Tauben wurden für sie so langsam zu einer unerträglichen Versuchung, und manchmal kam mir schon ein dunkler Verdacht. Ich erfand ein paar dringende Briefe, die unbedingt zur Post mussten.

Sie füllten meinen Wassertank und zogen früh am nächsten Morgen los.

Mir fiel ein Stein vom Herzen, denn ich hatte mir ständig Gedanken gemacht, wie ich sie beschäftigen und glücklich machen konnte. Kaum waren sie fort, ließ sich die Stille greifen, mehr noch, man konnte sie beinahe *sehen*, als wäre sie Teil der blauen, funkelnden Luft und der fernen Gipfel, die im flüssigen Licht bebten, bis sie fast in der Reinheit des Himmels zergingen.

Mit einem lauten Seufzer der Zufriedenheit nahm ich Grants *Walk across Africa*[35] mit hinaus ins Heidekraut. Grant war ein liebenswerter Begleiter, er passte gut zu diesem Ort.

Bald huschte eine Eidechse über meine Knie und blieb ein wenig bei mir, um sich zu sonnen. Ich schaute vom Buch auf und beobachtete, wie die Sonnenstrahlen, die auf ihren Körper trafen, mit jeder raschen Bewegung in glitzernder Bronze reflektierten. Mein Blick wanderte von ihr zu den grünen Blättern des Kossobaums über mir, eingebettet in den unglaublich blauen Himmel, oder zum Wolkendach darunter, durchzogen

---

35 Der schottische Entdecker James Augustus Grant (1827–1892) publizierte 1864 *A Walk across Africa; or, Domestic scenes from my Nile journal.* [KR]

von einem leuchtenden Gewebe, das einen zu tragen schien, und gesprenkelt mit den Farben des Regenbogens, bis die ganze intensive Schönheit von meinem Geist Besitz ergriff.

Meine Lektüre war sprunghaft. Ich war nicht verpflichtet, soundso viele Bücher zu lesen oder soundso viele Meilen in einer bestimmten Zeit zurückzulegen. Darin lag der eigentliche Nutzen des Experiments. Zeit. Zeit, den Geist zu erweitern und sich entfalten zu lassen, Zeit, ruhig und liebevoll zu leben und für eine Weile die Natur um sich herum zu spüren, nur ihren Einfluss ganz allein, und ihr zuzuhören.

In mein Tagebuch schrieb ich: Das ist Glück. Glück – nicht Freude, womit wir es oft verwechseln; wenn wir hin und her laufen und ihm in einem Wirbel von Aufregungen nachjagen, als müssten wir uns vor uns selbst retten. Glück muss aus seinem eigenen Keim entspringen, es kann nicht von außen in die Seele oder das Herz gepflanzt werden. Und die erste Bedingung für Glück ist die heitere Gelassenheit des Geistes. Alle Philosophie, alle Religion und Moral zielt nur auf dieses eine. … In diesem ruhigen Zustand, in diesem Seelenfrieden ist es leicht, zuzuhören. Und das ist, was die Natur uns lehrt: Mit offenem Herzen zu wandern, alle Dinge mit Zuneigung zu betrachten und die Geduld zu lernen, die nur aus unendlicher Liebe entstehen kann. … Was ist das Wertvollste unter den Dingen, nach denen wir streben sollten? Ich glaube, es ist das Mitgefühl. Es ist die letzte Lektion, die alle anderen einschließt, auch die eines verständigen Herzens.

In diesem Zustand der Ruhe gibt es keine Grenzen von Zeit und Raum, und, mehr noch, es entfallen auch die Begrenzungen des Einzelnen. So wird der Geist schließlich befreit.

Der Geist äußert sich in millionenfacher Weise. Wenn er sich in sich selbst zurückzieht, was kümmert es, ob dieses Atom ich war oder ein anderer, oder vielleicht ein Baum, oder eine Wildblume? Weder der Einzelne, noch die Ansprüche des Einzelnen … sondern den Geist in vollem Maße zurückgeben, pur.

Am nächsten Tag hätte ich gerne einen neuen Anlauf zu den Carr's Lakes unternommen. Das verbrannte schwarze Land machte jedoch keinen einladenden Eindruck. Stattdessen beschloss ich, zu den Gates of Kenya hochzusteigen, den beiden kuppelförmigen, durch eine Felsschlucht voneinander getrennten Hügeln, etwa eine Stunde oberhalb der Hütte.

Die Gates erwiesen sich als schwer erreichbar. Ich bog zu früh von der Straße ab, durchquerte einen Wald voller verbranntem Geäst, bei jedem Schritt stoben Aschewolken auf, und ich musste wieder zur Straße zurückkehren. Ich erreichte sie an der Stelle, wo sie als Brücke über den Fluss ging. Halb erstickt vom Aschestaub konnte ich einem kurzen Bad nicht widerstehen. Es wurde das kälteste Bad meines Lebens, mit Blick auf die Gletscher. So früh am Morgen war der Boden im Schatten noch gefroren. Dennoch, wie belebend, dort im offenen Heideland, der Fluss so klar und braun wie jeder Hochlandstrom, mit dem gewaltigen Amphitheater, das sich bis zu den Gipfeln hochzog.

Vielleicht strömte dieser Fluss aus einem der in den zahlreichen Erdfalten des Tals versteckten See, den man bislang übersehen hatte. Am liebsten hätte ich jetzt den Tag der Suche nach ihm gewidmet. Lake Vivienne klang in meinen Ohren durchaus malerisch. Eine albtraumhafte Armee von Tussockbüscheln machte aber recht bald den Gedanken an ein solch törichtes Unternehmen zunichte und brachte mich zu meinem eigentlichen Plan zurück.[36]

Ich gelangte von hinten zu den Gates of Kenya, und von dort aus sah ich einen Wasserfall über einem gewiss dreißig Meter tiefen Abgrund. Wie oft war ich nur einen Steinwurf weit an ihm vorübergegangen, ohne ihn zu bemerken. Das mussten die Nithi-Fälle sein. Ich stieg bis zum Gipfel des Felsens, über

36 Ein paar Jahre später erhielt ich die Erlaubnis, den Wasserfällen unterhalb von Lake Michaelson meinen Namen zu geben.

den sie hinuntersprangen, und blickte von dort oben in eine unwiderstehlich schöne Lichtung, frisch wie ein Smaragd unter dem Sprühnebel. Zunächst musste ich durch Aschefelder hinabsteigen, die mir den Atem nahmen, ehe ich durch grüne Büsche und Schlingpflanzen in das taufeuchte Paradies gelangte.

Das Wasser sprang von oben mit zwei Sätzen in ein weites Becken, an dessen Rand ich eine Schicht des rötlich ockerfarbenen Gesteins entdeckte, das die Einheimischen Nondo nennen. Sie nutzen es, um ihre Haare zu färben, und auch zur Körperbemalung. Normalerweise kommt kein Einheimischer so hoch hinauf. Träger müssen diesen Stein während einer der Bergexpeditionen bemerkt und dann in einer Felsmulde zerstoßen haben.

Das Becken lud zu einem weiteren Bad ein. Ich watete so nah wie möglich an den Wasserfall und fand mich plötzlich mehr als zur Hälfte von einem kleinen Regenbogen umgeben. Trotz der Windböen und des eisigen Sprühnebels hangelte ich mich noch etwas näher heran, um ihn genauer zu betrachten, denn etwas Schöneres hätte man sich nicht vorstellen können. Er tanzte in dem Sprühen wie ein Schauer Glitzersteine im Sonnenlicht, und gegen den dunklen Schatten auf dem Wasser so hell und klar, dass es mir schien, als könne ich ihn mit Händen greifen.

In diesem großen Becken sammelte das Wasser noch einmal Kraft und schoss als flinker Strom mit winzigen Wasserfällen, die über Felsbrocken sprangen, von einem Becken zum nächsten. Ich lag bäuchlings auf einem Fels mitten in der Strömung, das Kinn kaum über dem Wasser, und beobachtete, wie die beiden durch den Fels geteilten Wasserläufe wieder zusammenkamen, sich vermischten und dabei ein vollkommenes Wabenmuster bildeten. Der Schatten dieser Wabe fiel auf den goldenen Grund, einmal überwog der linke, einmal der rechte Strom, ein endloses Gewebe langer kristalliner Linien auf der Oberfläche.

Ich tauchte von einem dieser einladenden Becken ins nächste. Beim Eintauchen verschlug es mir regelmäßig den Atem, aber das Kribbeln, das mich erfasste, war so glühend, dass ich es kaum erwarten konnte, in der Sonne zu trocknen, um das Experiment sogleich zu wiederholen.

Ich erkundete das Terrain rund um das große Becken, wo die Sonnenstrahlen durch den zarten Vorhang aus Sprühnebel gemildert wurden, lag ruhig auf einem Felsen, wo die Schwalben nur wenige Zentimeter über meinem Gesicht hin und her schossen, sodass ich insgeheim hoffte, sie würden mich mit ihren Flügeln streifen. Fast unbemerkt waren die Stunden vergangen, wie Musik.

Ich lauschte dem schläfrigen Plätschern, hielt die Hand über die Augen, schaute zum Wasserfall hinauf und sah, dass er aus dem blauen Himmel wie eine kleine Wolke über die Klippe sprang, schimmernd wie flüssiges Kristall. Ich folgte seinem ungebrochenen Fall von oben nach unten. Er wurde nur kurz gestört, wenn er auf halbem Weg an einem Vorsprung aufspritzte. Als ich dann auf die schweren Felsen neben ihm blickte, schienen sie sich nach oben zu bewegen. Ich musste daran denken, wie ich einmal in eine Lawine geraten war und bestürzt zugesehen hatte, wie der Fels aufwärts glitt, bevor ich begriff, dass ich mit dem Schneefeld abwärts rutschte. Die gleiche optische Täuschung, der man beständig im Bahnhof erliegt, wenn der andere Zug zuerst ausfährt.

Zwischen dem sanften Grün erhoben sich zarte scharlachrote Orchideen, goldene Blüten, die wie Sterne leuchteten, und viele andere Blumen – ein herrlich grüner, schöner Ort, ich mochte mich kaum von ihm trennen. Erst als die Sonne hinter dem Bergrücken versank, zog ich mich schweren Herzens an und machte mich auf den Rückweg.

Nach dem Kampf durch das verkohlte Unterholz war ich von Kopf bis Fuß schmutzig und beschloss, mir den größten nur denkbaren Luxus zu gönnen: ein heißes Bad. Ich lag im heißen Wasser und dampfte fröhlich vor mich hin, und erst, als ich begann, mich forsch abzureiben, bemerkte ich, dass ich mir buchstäblich die Haut von Rücken und Schultern schrubbte. Ein Bad war das letzte, was ich mir hätte zumuten sollen. Mir war völlig entgangen, wie schlimm die Sonne mich verbrannt hatte. Jede Bewegung wurde danach zur Tortur.

Obwohl ich mich praktisch am Äquator aufhielt, setzte ich während der ganzen Zeit auf dem Berg nie einen Hut auf – was verrückt war, wie mir später gesagt wurde. Er steckte in meinem Gürtel, falls ich die Symptome eines Sonnenstichs spüren sollte. Jetzt weiß ich, dass der sich nicht immer höflich ankündigt. Doch abgesehen davon, dass mein Haar in unterschiedlichen Gold- und Gelbbraun-Tönen gebleicht war, was mir gefiel – ich fand, es sah aus wie eine Löwenmähne –, stieß mir nichts Schlimmeres zu.

Über Sonnenstich und Unfälle war im Vorfeld meines Aufenthalts diskutiert worden, außer mir betrachtete niemand die Hütte als einen Kurort, und Freunde hatten mich gefragt, was ich tun wollte, wenn ich dort oben krank würde. Bei der Aufzählung aller möglichen Missgeschicke, die mich ereilen könnten, hatte keiner an Zahnschmerzen gedacht. Eines Morgens sorgte ein elender Backenzahn für eine völlig veränderte Wahrnehmung der Welt. Ich versuchte es mit Nelken, wickelte mir einen Schal um den Kopf, unternahm alles, was man sich nur vorstellen kann, aber nach einigen Tagen wütete der Schmerz noch immer unvermindert. Es blieb nur noch eines übrig: den verflixten Zahn zu ziehen.

Seit diesem Tag ist jeder Besuch beim Zahnarzt eine helle Freude. Bevor man nicht versucht hat, sich selber einen Zahn zu ziehen, kann man seinen Zahnarzt gar nicht hoch genug schätzen. Eine schmerzlose Spritze, ein geschickter Schwung aus dem Handgelenk, und schon erklärt er, alles sei vorbei und: »Jetzt bitte mit einem Schluck Wasser nachspülen.« Ganz einfach.

Nun binde ein Stück Angelschnur um den Zahn, befestige das andere Ende an einem Balken – nicht vergessen, den Unterkiefer mit beiden Händen festzuhalten, damit du ihn dir nicht ausrenkst –, und dann spring. Mehr als Bände zahntechnischer Literatur öffnet dir das die Augen für das Geschick, die Kraft und Kunstfertigkeit deines Zahnarztes.

Alles, was mir passierte, war, dass die Schnur riss. Ich saß grübelnd auf der Bettkante, bis mir eine Idee kam.

Ich band die Schnur oben an der Tür fest, sodass sie gespannt war, wenn ich auf Zehenspitzen stand. Das klappte ausgezeichnet, selbst der Schmerz im Zahn war weniger qualvoll, als zwei Stunden lang auf Zehenspitzen zu stehen. Je weiter ich mich auf die Fersen hinunterließ, desto stärker der Zug. Aber es gelang nicht, den Zahn herauszuziehen. Mittlerweile war der Schmerz so unerträglich, dass ich die Kneifzange aus dem Werkzeugkasten holte und die Sache damit zu Ende brachte.

Ich fühlte mich schwach und elend, aber der Übeltäter war draußen, nach einem Kampf, der sich über drei Stunden und vierzig Minuten hingezogen hatte. Ich stoppte die Zeit genau, wirklich stolz auf diese Leistung. Zur Belohnung kam die Trophäe in die vornehme Gesellschaft einiger alter Krokodil- und Löwenzähne, Andenken, die ich auf der letzten Safari gesammelt hatte.

Auch diese Prüfung war bestanden. Ich ließ mich vor der Hütte in den Faltstuhl sinken und erfreute mich an meiner Arche Noah. Das Taubenpaar war noch nie so zutraulich – vor allem jetzt, ohne die Boys. Sie trippelten unbekümmert um den Stuhl herum, hüpften auf die Querstreben, und das kleine Weibchen ging unter meinen gekreuzten Beinen hindurch und rieb ihren Kopf an meiner Fußsohle.

Sie war noch zutraulicher als ihr Gefährte und hatte ein freundlicheres Wesen. Er war im Grunde genommen sehr diktatorisch, immer hieß es: »Komm sofort her, meine Liebe, ich sage dir immer wieder, du sollst kein Risiko eingehen!« Entdeckte sie einen Leckerbissen, schob er sie kurzerhand beiseite und pickte ihn selbst auf. Das alles diente aber nur ihrer Erziehung, denn er war unsterblich in sie verliebt und ließ sie keinen Moment lang aus den Augen. Ihr süßes, heiseres Gurren drang den ganzen Tag schläfrig durch die Luft.

Jetzt, da ich sie von Nahem betrachten konnte, sah ich, dass sie rubin-orangefarbene Augen hatten, von einem dunklen Ring umgeben, mit einer schwarzen Pupille. Ihre Füße waren rot und ihre Köpfe fast kobaltblau, mit einem Stich ins Lavendelfarbene. Ein dunkler Halbkreis umschloss ihren Hals, ein oder zwei zimtfarbene Streifen schmückten ihre Flügel.

Ich hatte noch nie so dunkle Tauben gesehen, und bei der nächsten Gelegenheit ging ich ins Naturkundemuseum von South Kensington, um sie zu identifizieren. Nichts, was es dort gab, stimmte mit meiner farbenfrohen Beschreibung überein. Ich fragte mich schon, ob ich nicht vielleicht eine neue Spezies entdeckt hatte. Dann zogen sie aus einer der vielen tausend Schubfächer eine große Pappschachtel mit mehreren Exemplaren eines sehr düsteren kleinen Vogels. Seine Flügel zeigten tatsächlich etwas, das zur Not als zimtfarbener Streifen durchgehen konnte. Er hörte auf den Namen *Streptopelia lugens*, eine Trauerturteltaube, eine der häufigsten afrikanischen Taubenarten.

»Aber wo sind denn die Lavendel- und Kobalttöne?«, rief ich vorwurfsvoll. »Ich habe sie ja nicht erfunden!« »Nun, das hier sind präparierte Exemplare«, lautete die Antwort. »Lebendige Vögel sehen immer ganz anders aus.«

Ich stimmte traurig bei, auch wenn ich wusste, dass es sich nur um die halbe Wahrheit handelte. Wie Muscheln oder Kieselsteine im Wasser, die in ihrem natürlichen Umfeld, besonders schimmern oder leuchten, sobald man sie aber nach Hause bringt und trocknet, blass und banal aussehen, so verdankten die kleinen Tauben wahrscheinlich einen Großteil ihres Zaubers der goldenen Atmosphäre jenes magischen Lichts.

Während ich sie beobachtete und Reiskörner in den Staub streute, sah ich, wie eine Ducker-Antilope zögerlich den Pfad heraufkam. Auch sie hatte mich gesehen – sie war bereits einige Male wegen des Steinsalzes gekommen, das ich für sie auslegte –, und obwohl sie sich nicht länger fürchtete, lag es doch an der ihr eigenen Art, so zu tun als ob. Es hatte etwas von einem Spiel: Sie lauschte angestrengt, wandte sich dann immer wieder rasch um, als hätte sie etwas gehört, zog sich zurück, kam wieder hervor. Dann und wann umgab die langsam sinkende Sonne sie mit einem Heiligenschein oder fiel rot auf ihre seidigen Flanken, wenn sie sich ihr zudrehte. Und immer wagte sie sich ein wenig näher, sodass ich mir nicht nur den vertikalen schwarzen Streifen genauer anschauen konnte, der sich von ihren Nüstern bis hoch auf die Stirn zog, sondern auch die zarten Hufe und das warme, weiche Fell. Ich bemerkte auch, wie nass und kalt ihre kleine graue Nase war. Ein paar Schritte vor mir blieb sie schließlich stehen, um beherzt den Kopf zu beugen und das Salz aufzulecken. In diesem Moment wusste ich, dass ich freudig Jahre warten würde, wenn sie es nur einmal aus meiner Hand nähme.

Die Sonne ging unter. Über dem schwarzen Relief des Hangs glühte der Himmel noch in den zarten Rosentönen des Abendrots, und die kleinen Papageien grüßten einander auf dem Weg zu ihrem heimatlichen Ast. Die Dunkelheit fiel herab, brachte den Tau, und von den Ebenen zog eine Brise herein und wirbelte die Blätter auf, ehe sie in einer neuen atemlosen, sternenübersäten Nacht Ruhe fanden.

So kamen und gingen die Tage, wie Perlen aneinandergereiht. Die Zeit verflog. Und ich sehnte mich nach Ewigkeit.

Zum zwanzigsten Mal schaute ich auf den Kalender, versuchte, besser mit den Daten zu jonglieren und vielleicht noch ein paar Tage hineinzuquetschen, ehe ich aufbrechen musste. Man sollte nie im Voraus planen. Mein Waldgeist war außer Reichweite, sonst hätte ich ihn gebeten, die ganzen Planungen mit einem einzigen Wink zu streichen und mir die Gnade zweier weiterer Monate zu gewähren. Als ich am nächsten Morgen mit den Sonnenstrahlen erwachte, die in blättrigen Mustern durch das Fenster fielen, zum trägen Rauschen der aus dem Schlaf geschüttelten Blätter, überfiel mich schwer wie Blei die unerbittliche Erinnerung, dass dies mein letzter Tag war.

Ich ließ den Gedanken daran entschlossen hinter mir, sprang aus dem Bett und stieß die Tür zu einem neuen Morgen auf. Ich konnte mich nie ganz an das Wunder des Morgens gewöhnen. Immer lief ich den Pfad hinauf, direkt in die Sonne, dort, wo die federleichten Gräser in einer feurigen Wolke aus Tautropfen in die Höhe schwebten. Der schwindende Raureif, noch spröde im Schatten, löste sich in silbrigen Nebel auf, dann war er fort.

Ich kam zurück, kochte Kamillentee und gab eine Zitronenscheibe hinzu – ein reines, bitteres Getränk, mit dem ich den Tag begann. Ich nahm es mit ins Heidekraut, wo ich in der Sonne liegen und einen Falken beobachten konnte, der den Hang nach seinem Frühstück absuchte. Die kleinen Vögel, in Chören zu dreien oder vieren, die unentwegt dieselben beiden Takte aus Brahms' Klavierquintett flöteten, flogen in einen Baumwipfel und brachen in einen kurzen, ekstatischen Gesang aus. Wenn ich mein Gesicht zur Sonne wandte, sprühte vor meinen mehr oder weniger geschlossenen Augen ein Kaleidoskop aus flammendem Orange, Scharlachrot und Gelb, in das ein Vogelflügel hin und wieder einen flüchtigen purpurnen Schatten warf.

Diese frühen Morgenstunden erfüllten mich mit einem solch außerordentlichen Glück, dass ich nicht wusste, ob ich singen oder weinen sollte. Das Leben bestand plötzlich aus dem einzig wirklichen und schlichten Bedürfnis, das alle Kreatur miteinander teilt: Lob zu preisen.

Die Natur verströmte sich in großzügigem Überschwang: Alles versprühte dreimal so viel Saft und Farbe als vorgesehen, das Blau des Himmels strömte in jeden Schatten und in jede Spiegelung auf dem Boden, und die Welt verfing sich in einem Lied aus Licht. Die Freude darüber wirkte ansteckend, ich solle in vollem Maß geben, rief sie mir zu, mehr noch, mich nicht zurückhalten oder kleinlich denken. »Du bist *du*«, sagte sie, »du wirst so wertgeschätzt, wie du bist, nicht mehr und nicht weniger, so wie ein Baum ein Baum ist und ein Fels nichts anderes als ein Fels. Wie nutzlos, mehr scheinen zu wollen, wie sinnlos, zu protestieren, dass man weniger sei. Sei natürlich, und wenn die ganze Erde im ewigen Rhythmus schwingt, schließ dich ihm strahlend an.«

Hezekiah und Magadi trafen spät am Abend mit den Trägern ein. Was sie von der Straße berichteten, war entmutigend. Sie bezweifelten, die Lasten an einem Tag durch den verbrannten Wald nach Chogoria hinunterschaffen zu können.

Ich musste also in aller Frühe aufbrechen und war daher am nächsten Morgen schon um vier Uhr auf den Beinen. Bis alles gepackt war, die Träger sich über die Verteilung ihrer Lasten geeinigt und wir die Hütte gefegt und aufgeräumt hatten, war es dann beinahe sieben.

Mtu Massara, reizend wie immer, war leider kein guter Häuptling. Das hatte sich schon vorher gezeigt und zeigte sich auch jetzt wieder: Die Träger machten sich davon, ehe er die Anweisung gegeben hatte, sodass ein paar von ihnen nur halb beladen gingen, während jede Menge Gepäck zurückblieb, aber keine Träger mehr da waren. Er sah sich den Stapel mit einem missbilligenden Lächeln an und zuckte die Schultern, wie einer, der nachsichtig zu verstehen gibt, dass Boys eben Boys sind. Ich hatte keine Lust, diese Ansicht zu teilen, und obwohl mir klar war, dass er normalerweise nichts anderes trug als einen Spazierstock, ließ ich ihn herzlos für seine Unfähigkeit bezahlen, indem ich ihm die größte Last aufbürdete, die zurückgeblieben war. Dann hängte ich mir die Kameras um, Hezekiah nahm den Rest. Es konnte es losgehen.

Wehmütig schloss ich die Hütte. Auf ihren freundlichen Wänden lag schon die Wärme des frühen Sonnenscheins. Der

Himmel, blauer denn je über ihrem Dach, mündete in die Schatten, an deren Rändern der Tau funkelte. Die Karawane war nicht mehr zu hören, einmal mehr ergriff die Stille Besitz von diesem Ort, obwohl sie mir jetzt wie die Stille der Verlassenheit erschien. Der kleine Vogelchor flötete zum Abschied die vertrauten Takte – und über allem die Berge, in Licht gebadet, zitternd im goldenen Morgen. Es gab keinen Vorwand mehr, noch länger zu bleiben, der Schlüssel knirschte unwillig im Schloss, ich drehte mich um und lief, so schnell ich konnte, den Pfad hinab.

Siki sprang voran, schnupperte die frische, würzige Luft. Neben uns blitzte der Tau auf Heidekraut und Spinnweben, der Fluss floss kristallklar durch den Schatten, Rebhühner kollerten, und nach Kurzem stand der Bambus federleicht und golden vor uns im Sonnenlicht … Das Scheiden schmerzte nicht länger, so sicher war ich plötzlich, dass ich wiederkommen würde.

Am Rande des Plateaus, das zum Berg gehörte und zugleich die Welt überblickte, ließ ich mich nieder, um einen letzten Blick auf den Gipfel und das wogende Heideland zu werfen, voller Sonne und der unbeschreiblichen Gelassenheit, die zu allem gehörte. Dann ging ich in den Wald hinein.

Der Tau lag schwer auf dem Springkraut, den Veilchen und den winzigen blauen Lobelien, die den Boden bedeckten. Schon bald jedoch stieß ich auf die Verwüstungen durch das Feuer, und ab da wurde der Abstieg harte Arbeit.

Die Straße war unpassierbar. Hunderte von Bambusstämmen waren darüber gestürzt. Einige Minuten später überholte ich die Träger, die vergeblich versuchten, sich einen Weg durchzubahnen. Durch den Wald ging es nicht, er war zu dicht. Wir mussten ein ganzes Stück von unserer Route abweichen. Auch dort standen die Stämme so eng beieinander, man kam kaum durch, ohne sich seitwärts zwischen ihnen hindurchzuzwängen. Wie es den Trägern mit den sperrigen Lasten auf dem

Kopf gelang, blieb mir ein Rätsel. An diesem Tag bewunderte ich ihren Gleichmut und ihre Geduld. Stunde um Stunde kämpften sie sich voran, hievten ihre Lasten über umgestürzte Bäume, die den Weg versperrten, oder krochen auf Knien unter den niedrigen Wölbungen der Zweige und Äste hindurch. Schon bald gab es kein Zurück mehr. Das Feuer hatte den ganzen Wald verbrannt. Wie Seiltänzer bewegten wir uns auf der schwingenden, rutschigen Plattform aus Bambushölzern, die kreuz und quer fast zwei Meter hoch übereinander lagen. Es gab mehr Klüfte als festen Halt. Ich schlitterte in meinen Nagelboots über die lackartige Oberfläche und brach immer wieder ein. Jedes Mal erhielt ich tosenden Applaus. Eine spezielle Art der Fortbewegung, die zu einem neuen Spiel wurde – jeder war stolz auf seine eigene Beweglichkeit.

Nach einer Weile ließ aber auch der oberirdische Pfad zu wünschen übrig, es gab jetzt nur noch Klüfte, und uns blieb keine Wahl, als auf allen Vieren durch Tunnel verkohlter Baumreste über die heiße Asche zu kriechen. Wir blieben mitten darin sitzen, schmutzig von Kopf bis Fuß, die Lungen voller Aschestaub und die Herzen voller Verzweiflung. Seit fünf Stunden kämpften und quälten wir uns jetzt schon voran und hatten eine Strecke zurückgelegt, für die man unter normalen Umständen nicht mal eine brauchte. Aber es ging nicht anders. Selbst wenn wir an diesem Tag nicht bis nach Chogoria kommen sollten, wir mussten uns durch diesen Albtraum aus Asche kämpfen, der sich unter den Baumstämmen noch verdoppelte und uns tyrannisch in die Knie zwang.

Kaum hatten wir ihn hinter uns, stießen wir auf das Feuer und kamen in den lodernden Flammen vom Weg ab. Es war beängstigend, rings um uns brannten die Bäume, von überall schossen Flammen empor, und der Lärm des brennenden Bambus war ohrenbetäubend wie Gewehrfeuer. Ein Schuss nach dem anderen, von allen Seiten, und schließlich eine unaufhörliche Salve.

Wie die Kinder Israels zwischen den Wogen des Roten Meeres bahnten wir uns in sengender Hitze den Weg zwischen zwei Feuerwänden, die aufeinander zuliefen, über uns eine riesige Zeder oder ein Kampferbaum wie riesige weiße Flammensäulen. Es war ein Wunder, dass nichts auf uns herabstürzte.

Unvermittelt trafen sich die beiden Feuer und schlossen sich vor uns zu einer Front. Ein Rückzug war unmöglich: Hinter uns hatte sich alles in einen tosenden Raum aus Flammen verwandelt. Wir mussten nach vorn und waren sofort voneinander abgeschnitten, orientierungslos und blind vor Rauch. Nach allen Seiten hin versuchten wir zu entkommen, trafen jedoch auf immer neue Flammen, die uns aus dem trüben Zwielicht aus Qualm und Schatten entgegensprangen. Verzweifelt schreiend machten wir auf uns aufmerksam, und endlich hörten uns die Träger, die mit Äxten vorausgegangen waren, um einen Pfad zu schlagen, kamen zurückgelaufen und lotsten uns hindurch.

Es war höchste Zeit für unsere Befreiung und unvergesslich die Erleichterung, als wir aus dem wütenden Inferno hinaus und ins Sonnenlicht gelangten. Nicht lange darauf betraten wir kühlen, grünen, jungfräulichen Wald. Wie breit und gut uns jetzt die Straße erschien, die offen vor uns lag!

Als wir das Feuer in sicherer Entfernung hinter uns gelassen hatten, rief ich eine einstündige Rast aus. Wir waren in der Nähe des Zwischencamps, jeder konnte zum Fluss gehen und seinen Durst löschen. Unseren ausgedörrten Kehlen fiel das Sprechen schwer. Wir waren nicht nur schmerzhaft versengt und verbrannt, das Feuer hatte alle Feuchtigkeit und Vitalität aus uns gesogen.

Hezekiah brachte mir mein Mittagessen. Ich ließ mich damit jämmerlich erschöpft im Dschungel unter einem Baum nieder und badete meine Füße in den kühlen grünen Blättern. Die arme Siki lag neben mir und leckte ihre schlimm verbrannten Pfoten. Die Stunde war schnell herum. Alle machten sich von Neuem zum Aufbruch bereit. Hezekiah ließ mich nur sehr ungern allein und unbewaffnet im Wald zurück – selbst Siki schloss sich jetzt der Karawane an. Ich beruhigte ihn und lag, nachdem sie alle fort waren, noch lange dort im Laub.

Allmählich trat wieder Stille ein, dann hörte ich, wie sich ein Tier vorsichtig durch das Unterholz auf mich zubewegte. Es könnte ein Buschbock gewesen sein oder ein Schwein, vielleicht ein Leopard. Ich werde es nie erfahren. Ich lag müßig da, glücklich in der vollkommenen Sicherheit, die der Wald zu verströmen schien. Das, dachte ich, ist der Gipfel der Herrlichkeit, allein und unbewaffnet im Wald. Auf der Welt kann es nichts Schöneres geben als dieses Gefühl der Geborgenheit, nichts, das einen so mit Demut erfüllt.

Durch die Rast erfrischt, machte ich mich mit neuem Schwung wieder auf den Weg, verließ den Bambuswald und ging über Lichtungen voller Spreublumen und Schmetterlinge, wo die Sonne die stille, heiße Luft mit würzig aromatischen Gerüchen durchzog.

Ich holte die Träger am Bach bei den Baumfarnen ein, kletterte dort zu einem unter den anmutigen Blattspitzen verborgenen Teich hinab und paddelte im eisigen Wasser. Jeder Bach stellte eine Erfrischung in Aussicht, und beim letzten Wasserlauf, der sich in der Nähe der Brücke in einer Lichtung befand, blieb ich noch eine Weile zurück, die Stimmen der Männer waren längst verklungen. Da Chogoria nur noch eine Stunde entfernt war – das nahm ich zumindest an –, würde ich mich mit dem Abschiednehmen nicht allzu sehr beeilen müssen. Obwohl ich versprochen hatte, eines Tages zurück zu kommen, war es bitter, die Finger, die mich hielten, jetzt bewusst nacheinander zu lösen. Und noch nie hat wohl jemand so wie ich auf die geliebten Züge dieser Landschaft geblickt. Ich schaute auf die Strömung des Baches und die hohen, stillen Bäume, die im Sonnenuntergang träumten und versuchte, all diese Bilder in meinem Herzen zu verwahren.

Eine goldene Wolke aus Heuschrecken flog über mich hinweg, ohne Eile, doch mit einem bestimmten Ziel, so wenig aufzuhalten wie das Schicksal. Ich folgte ihnen. Auch sie waren auf dem Weg in die Ebenen.

Mein Herz war schwer, und ich schleppte mich unter solchen Schmerzen dahin, dass ich hätte weinen mögen. Doch in der bernsteinfarbenen Dämmerung und der stillen Schönheit des Waldes erschien im Grunde selbst der Schmerz nur als Lapalie. Um nichts in der Welt hätte ich diese letzten Stunden unter den Bäumen verkürzen wollen.

Als sich der Wald dann lichtete, hinter mir zurückblieb und ich mich auf der langen, staubigen Straße wiederfand, hätte ich viel darum gegeben, wenn die Reise zu Ende gewesen wäre. Die Straße war elend lang, ich hatte den Hinweg im Wagen zurückgelegt und darüber vergessen, wie lang sie wirklich war. Mir taten die Beine zu diesem Zeitpunkt so weh, es hätte mir nichts ausgemacht, auf allen Vieren zu kriechen. Immer wieder begegneten mir aber Einheimische, die von der Arbeit kamen, und um des Stolzes willen bemühte ich mich um einen forschen Schritt. Als sie außer Sicht waren, ließ ich mich einfach in den Graben fallen und sammelte meine ganzen Kräfte für das letzte beschwerliche Stück.

Als ich dann um die allerletzte Kurve kam, leuchteten die Lichter der Mission zwischen den Bäumen. Jetzt, das Ende vor Augen, bestand kein Grund mehr, sich zu beeilen. Ich setzte mich neben einen Baum, der sich in der Dunkelheit freundlich zu mir hinabbeugte. Über dem Wald zeigte sich der Gipfel wieder und ragte in unendlich weiter Ferne bis zu den Sternen. Ganz oben konnte man einen schwachen Schneeschimmer erraten. Es war vorbei. Morgen wäre ich wieder in der Zivilisation …

Während ich zum Gipfel blickte, ließ ich meine Reise in Gedanken noch einmal Revue passieren, von Anfang an, als ich vor fast zehn Monaten von Kiu aus zum Wasserloch in Selengai aufgebrochen war. Wenn man den ganzen Tag in Hitze und Staub unterwegs ist und seine Belohnung in der kurzen Schönheit des Sonnenuntergangs findet, der selbst den Staub verwandelt, wird diese Suche nach Einsamkeit, die mitunter eine Tortur sein kann, tausendfach durch ihre ungewöhnlichen, wenn auch flüchtigen Erscheinungen belohnt. Für einen kurzen Augenblick ist alles Einfachheit. Der Nebel hebt sich und enthüllt die Gipfel, die gelassen und stark vor einem stehen.

Vor allem diese Erscheinungen wollte ich zum Ausdruck bringen und teilen. Am Grunde unseres Leben liegt eine große, beängstigende Einsamkeit, aus der es früher oder später kein Entrinnen gibt.

Wenn man ihr jedoch auf halbem Weg entgegengeht, entdeckt man, dass ihre Schrecken täuschen. Einsamkeit wird zum Verbündeten, es gibt nichts zu fürchten, denn »die Natur hat nie das Herz verraten, das sie liebte«.

Mit unendlicher und liebevoller Geduld versicherte sie es mir wieder und wieder durch Symbole, die heller leuchten als Worte: »Du bist keine Fremde, die über die Erde zieht, um an dieser oder jener Freundschaft festzuhalten und dadurch Trost zu finden. So sicher, wie du schließlich zu mir zurückkehren wirst, so gewiss bin ich, solange du lebst, mit jeder Faser des Lebens verwoben. Du bist nie verloren oder allein, solange du dich mit allem, was ist, verwandt fühlst. Du bist nicht mehr allein als der Fluss allein ist, als die Berge allein sind, oder irgendetwas anderes im Universum, denn du bist *ein Teil des Ganzen* und keine vereinzelte, ziellos umhertreibende Einheit des Nichts. Errichte keine Mauern der Einsamkeit um deinen Geist. Bleib im Fluss, damit du jeden Tag hinausgehen und dir selbst in der Spiegelung des Himmels, im Tau, der auf den Blütenblättern liegt oder in jedem anderen natürlichen Ding begegnen kannst. Erneuere dich in diesen Dingen, identifiziere dich mit ihnen. Denn alles ist aus demselben Stoff gemacht, geformt von derselben Eingebung und belebt vom selben Odem.«

Erde und Geist verkündeten mit tausend Zungen die Einheit des Geistes. Weder das Leben, noch das Schicksal, noch die Vorsehung sind grausam, sondern wir selbst, die wir darauf bestehen, zu trennen, statt zu vereinigen. Die gleiche Liebe zum Trennen und Einteilen, die uns dazu bringt, uns in fünfzig religiöse Sekten zu zerschneiden, die alle nach ein und derselben Wahrheit suchen, oder die uns in verschiedene soziale Schichten sortiert, in verschiedene politische Parteien trennt oder Volk gegen Volk stellt: Dieser Wahn, zu trennen und einzuteilen, rächt sich schließlich am Einzelnen. Im Grunde sind wir aber nur an der Oberfläche geteilt. Der Geist wird immer wie Quecksilber sein, bereit, bei der ersten Gelegenheit wieder zusammenzufließen.

Natur kann ein grausamer Widerspruch sein – Leben, das für immer gegen Leben kämpft –, doch ihre höchste Botschaft ist die Freundschaft Gottes. Dieser Freundschaft sicher, brauchen wir keine Angst zu haben. Das Leben ist das herrliche Experiment, und der Tod ist das große Abenteuer, wenn sich der Nebel endlich soweit lichtet, dass wir klar sehen können.

Die kühne Reisende

Lieferbare Titel

Frances Caldéron de la Barca
Viva Mexiko!
Im Wirbel der Revolution
336 Seiten | ISBN 978-3-7374-0040-4

Isabella Bird
Durch die Wildnis der Rocky Mountains
Allein unter Goldgräbern und Desperados
288 Seiten | ISBN 978-3-7374-0041-1

Gertrude Bell
Das Raunen und Tuscheln der Wüste
Eine Reise durch das alte Syrien
312 Seiten | ISBN 978-3-7374-0019-0

Alexandra David-Néel
Im Herzen des Himalaya
Unterwegs in Nepal
208 Seiten | ISBN 978-3-7374-0020-6

Alexandra David-Néel
Mein langer Weg in die verbotene Stadt
Briefe aus Tibet
192 Seiten | ISBN 978-3-7374-0046-6

Isabelle Eberhardt
Nomadin war ich schon als Kind
Meine algerischen Tagebücher
272 Seiten | ISBN 978-3-7374-044-2

Emily Lowe
Palermo, oh Palermo!
Eine gewagte Reise durch Sizilien
256 Seiten | ISBN 978-3-7374-0022-0

Maud Parrish
Mit leichtem Gepäck
Siebzehn Mal um die Welt
280 Seiten | ISBN 978-3-7374-0031-2

Vita Sackville-West
Bombay, Bagdad, Teheran
Meine Reise nach Persien
192 Seiten | ISBN 978-3-7374-0032-9

Freya Stark
Auf der Weihrauchstrasse
Eine Reise durch das südliche Arabien
384 Seiten | ISBN 978-3-7374-0037-4

Ethel B. Tweedie
Ins Land der Sagas und Geysire
Ein wilder Ritt durch Island
184 Seiten | ISBN 978-3-7374-0038-1

Edith Wharton
In Marokko
Vom Hohen Atlas nach Fès
216 Seiten | ISBN 978-3-7374-0021-3

Kate O'Brien
Wolken über Spanien
Eine Reise vor Ausbruch des Bürgerkriegs
216 Seiten | ISBN 978-3-7374-0049-7

Die Reihe DIE KÜHNE REISENDE
wird herausgegeben von Susanne Gretter

Trotz intensiver Bemühungen ist es uns nicht gelungen, in allen Bezügen Rechteinhaber ausfindig zu machen. Sollten Sie Ansprüche geltend machen, wenden Sie sich bitte an den Verlag.

Bibliografische Information der Deutschen Nationalbibliothek
Die Deutsche Nationalbibliothek verzeichnet diese Publikation in der Deutschen Nationalbibliografie; detaillierte bibliografische Daten sind im Internet über http://dnb.d-nb.de abrufbar.

Die hier vorliegende, leicht gekürzte Übersetzung folgt der Ausgabe:
Vivienne de Watteville, Speak to the Earth. First published in Great Britain 1935 by Methuen & Co. Ltd. This edition first published 1986 by W. W. Norton & Company, Inc., New York / London.
Covergestaltung: Anja Carrà, Weimar
Bildnachweis: Cover und S. 2: © Naturhistorisches Museum Bern
Satz und Bearbeitung: SATZstudio Josef Pieper, Bedburg-Hau
Der Titel wurde in der Dante MT Pro gesetzt.
Gesamtherstellung: CPI books GmbH, Leck – Germany

ISBN: 978-3-7374-0050-3

Mehr über Ideen, Autoren und Programm des Verlags finden Sie auf www.verlagshausroemerweg.de und in Ihrer Buchhandlung.